立足新发展阶段　应对劳动力市场变革

2021

中国劳动力市场发展报告

——新发展阶段劳动力市场变革新趋势

China Labor Market Development Report 2021:
The New Trends of Labor Market Changes in the New Development Stage

赖德胜　孟大虎　高春雷　王琦　等　著

北京师范大学出版集团
BEIJING NORMAL UNIVERSITY PUBLISHING GROUP
北京师范大学出版社

图书在版编目（CIP）数据

2021 中国劳动力市场发展报告 / 赖德胜等著. —北京：北京师范大学出版社，2023.10

ISBN 978-7-303-28944-8

Ⅰ.①2⋯　Ⅱ.①赖⋯　Ⅲ.①劳动力市场－研究报告－中国－2021

Ⅳ.①F249.212

中国国家版本馆 CIP 数据核字（2023）第 029881 号

图　书　意　见　反　馈　gaozhifk@bnupg.com　010-58805079
营　销　中　心　电　话　010-58807651
北师大出版社高等教育分社微信公众号　新外大街拾玖号

2021 ZHONGGUO LAODONGLI SHICHANG FAZHAN BAOGAO

出版发行：北京师范大学出版社　www.bnup.com
　　　　　北京市西城区新街口外大街 12-3 号
　　　　　邮政编码：100088
印　　刷：北京盛通印刷股份有限公司
经　　销：全国新华书店
开　　本：787 mm×1092 mm　1/16
印　　张：16.5
字　　数：300 千字
版　　次：2023 年 10 月第 1 版
印　　次：2023 年 10 月第 1 次印刷
定　　价：120.00 元

策划编辑：王则灵　　　　　责任编辑：钱君陶
美术编辑：李向昕　　　　　装帧设计：李向昕
责任校对：陈　民　　　　　责任印制：马　洁

课题总顾问

赵人伟　中国社会科学院荣誉学部委员

课题顾问(以姓氏音序排序)

吕国泉　中华全国总工会政策研究室主任

莫　荣　中国劳动和社会保障科学研究院院长

王亚栋　国际劳工组织劳动力市场政策高级专家

杨宜勇　国家发展和改革委员会市场与价格研究所所长

余兴安　中国人事科学研究院院长

张　莹　人力资源和社会保障部就业促进司司长

张车伟　中国社会科学院人口与劳动经济研究所所长

课题负责人

赖德胜　中央党校(国家行政学院)社会和生态文明教研部副主任

报告撰稿人(以姓氏音序排序)

卜　涛　北京交通大学博士研究生

常欣扬　北京师范大学助理研究员

高春雷　北京市工会干部学院讲师

何　勤　首都经济贸易大学教授

黄金玲　河北大学讲师

赖德胜　中央党校(国家行政学院)教授

李　飚　郑州大学讲师

李长安　对外经济贸易大学教授

刘亚红　北京交通大学博士研究生

陆晨云　北京工商大学硕士研究生

孟大虎　北京师范大学编审

石丹淅　三峡大学副教授

苏丽锋　对外经济贸易大学研究员

唐代盛　北京交通大学教授

田永坡　中国人事科学研究院研究员

王　琦　北京联合大学副教授

王　轶　北京工商大学研究员

王新媛　北京交通大学博士研究生

张倩倩　对外经济贸易大学博士研究生

摘　要

"十四五"时期，我国已经进入新发展阶段，在发展主题、发展目标和发展动力等方面都将有重大调整。在新发展阶段，我国劳动力市场将面临重大结构性调整，劳动力市场的要素配置效率直接影响经济的高质量发展、广大人民群众对美好生活的追求和共同富裕的实现。在新发展阶段，更加充分更高质量就业是构建以国内大循环为主体、国内国际双循环相互促进的新发展格局的关键。同时，新发展阶段也更加重视劳动力市场从"保量"到"提质"的路径调整，并深入挖掘劳动力要素对实现高质量发展和"两个一百年"奋斗目标的潜在驱动力。

在新发展阶段，我国要主动进行劳动力市场变革，坚持就业优先政策，把劳动力要素配置提升到更高水平，为高质量发展提供强大持续动力。新发展阶段的发展主题要求劳动力市场把就业质量的提升作为核心；做实做强做优实体经济的目标要求劳动力市场主动做好结构性调整；扩大内需战略和共同富裕目标的实现需要改善劳动者收入水平和收入分配格局；数字经济和"三新"模式的快速发展提升了新就业形态的重要性；国民经济的循环畅通需要提升劳动力要素配置效率；绿色发展模式在长期将创造大量绿色就业机会。

本报告从就业结构、就业质量、新就业形态、绿色就业、城市群就业、老龄化与就业以及新发展格局和共同富裕背景下的就业等维度出发，对新发展阶段中国劳动力市场变革的新趋势、新特征进行了较为详细的分析。这些新趋势、新特征突出表现为八个方面：第一，就业结构调整将加速；第二，就业质量呈现分化性提升；第三，新就业形态将成为新常态；第四，绿色就业将成为一道亮丽的风景线；第五，劳动力市场空间格局将被重塑；第六，城乡劳动力市场将更加朝一体化发展；第七，劳动力市场政策将深度调整；第八，就业优先政策将全面强化。

在新发展阶段，我国劳动力市场仍面临着许多挑战，与此同时，也蕴含着不少机遇。本报告认为，为了有效应对劳动力市场变革，可以从如下几个方面来进行政策选择：坚持以人民为中心，夯实就业之基；把发展作为解决就业问题的基础和关键；进一步强化就业优先政策；继续推动就业结构升级优化；持续推动"大众创业、万众创新"；完善新就业形态劳动权益保护政策体系；进一步强化劳动力市场融合政策；大力推动以"人力资本红利"替代"人口红利"的政策；积极稳妥推进延迟退休政策。

Abstract

During the 14th Five-Year Plan period, China has entered a new development stage, with major adjustments in development themes, development goals, and development motivation. In the new development stage, China's labor market will face major structural adjustments. The efficiency of the allocation of factors in the labor market will directly affect the high-quality economic development, the broad masses' pursuit of a better life and the realization of common prosperity. In the new development stage, more adequate and higher-quality employment is a key node in the construction of a new development pattern with the domestic cycle as the main body and mutual promotion of domestic and international cycles. At the same time, the new development stage also pays more attention to the adjustment of labor factors from "quantity maintenance" to "quality improvement", and deeply explores the importance and potential driving force of labor factors to the high-quality development of the national economy and the realization of the two centennial goals.

In the new development stage, China must take the initiative to reform the labor market, adhere to the employment priority policy, and upgrade the allocation of labor factors to a higher level, so as to provide strong and sustained impetus for China's high-quality development through the promotion of labor factors. The development themes of the new development stage require the labor market to take the improvement of employment quality as the core; to strengthen and optimize the real economy requires the labor market to take the initiative to make structural adjustments; the effective implementation of the strategy of expanding domestic demand and the common prosperity goal requires improving the income level of laborers and the pattern of income distribution; the rapid development of the digital economy and the three new models have increased the importance of new employment forms; the smooth circulation of the national economy requires the improvement of the efficiency of the allocation of labor factors; the large countries require more adequate and higher-quality employment.

This report starts from the dimensions of employment structure, employment quality, new employment patterns, green employment, employment in urban agglomerations, aging and employment, and employment in the context of new development and common prosperity. The new features are analyzed in more detail. These new trends and new features are prominently manifested in eight aspects. Firstly, the adjustment of employment structure will accelerate. Secondly, the quality of employment will show a differentiated improvement. Thirdly, new employment forms will become the new normal. Fourthly, green employment will become a beautiful scenery. Fifthly, the spatial pattern of the labor market will be reshaped. Sixthly, the urban and rural labor markets will develop more integrated. Seventhly, the labor market policy will be adjusted in depth. Eighthly, the employment priority policy will be comprehensively strengthened.

In the new development stage, China's labor market is still facing many challenges, and at the same time, it also contains many opportunities. This report believes that in order to effectively respond to changes in the labor market, policy choices can be made from the following nine aspects. Firstly, persist in taking the people as the center to consolidate the foundation of employment. Secondly, regard development as the basis and key to solving the employment problem. Thirdly, further strengthen the employment priority policy. Fourthly, continue to promote the upgrading and optimization of the employment structure. Fifthly, continue to promote "mass entrepreneurship and innovation". Sixthly, improve the labor rights protection policy system for new employment forms. Seventhly, further strengthen the labor market integration policy. Eighthly, vigorously promote the replacement of "demographic dividends" with "human capital dividends". Ninethly, actively and steadily promote the delayed retirement policy.

目　录

Contents

第一篇

科学把握新发展阶段
有效应对劳动力市场变革

第一章

发展的阶段性新特征、新要求与劳动力市场变革

　　我国已经进入新发展阶段，在发展主题、发展目标和发展动力等方面都有了重大调整。习近平总书记指出，"今天我们所处的新发展阶段，就是社会主义初级阶段中的一个阶段，同时是其中经过几十年积累、站到了新的起点上的一个阶段"，新发展阶段是我们党带领人民迎来从站起来、富起来到强起来历史性跨越的新阶段，是我国社会主义发展进程中的一个重要阶段。① 新发展阶段中国将经历跨越"中等收入陷阱"、迈向高收入国家等关键节点。② "十三五"期间，我国在脱贫攻坚和就业等民生领域取得了举世闻名的成就，在新型冠状病毒感染疫情肆虐全球和逆经济全球化思潮抬头的国际环境中赢得了一致认可。然而，我国仍然面临多重复杂的国际国内环境和"百年未有之大变局"，在防范化解重大风险、乡村振兴、污染防治等攻坚战上仍需苦下内功。实现更加充分更高质量的就业是构建以国内大循环为主体、国内国际双循环相互促进的新发展格局的关键一环。③ 在新发展阶段，我国劳动力市场将面临重大结构性调整，劳动力市场的要素配置效率直接影响经济的高质量发展、广大人民群众对美好生活的追求和共同富裕的实现。这就意味着，新发展阶段要更加重视劳动力市场从"保量"到"提质"的路径调整，深入挖掘劳动力要素对实现经济高质量发展和"两个一百年"奋斗目标的潜在驱动力。

---

① 习近平：《把握新发展阶段，贯彻新发展理念，构建新发展格局》，载《求是》，2021(9)。
② 黄群慧、刘学良：《新发展阶段中国经济发展关键节点的判断和认识》，载《经济学动态》，2021(2)。
③ 赖德胜：《构建新发展格局更好地促进就业》，载《中国人口科学》，2021(1)。

第一节 新发展阶段与劳动力市场变革的关系

>>一、新发展阶段要求劳动力市场进行结构性变革<<

新发展阶段的发展主题决定了劳动力市场要更加"重质保量"。经济发展规律表明，当一个国家进入工业化中后期，只有将发展方式从规模速度型转向质量效益型，才能顺利完成工业化、实现现代化。进入高质量发展阶段，中国经济的需求状况、要素条件和潜在增长率发生了重要变化，对发展质量的追求提升到前所未有的高度。因此，需要充分发挥中国特色社会主义市场经济体制的优势，利用体制机制手段提升就业质量，提振劳动者的消费信心和发展需求。

新发展阶段劳动力市场将出现重大结构性调整。构建新发展格局是与时俱进提升中国经济发展水平的主动选择，是重塑中国国际合作和竞争新优势的战略抉择，将推动增长动力、产业结构、区域结构、国际经贸关系等的转型与升级。就业是供给和需求的连接点，在构建新发展格局中具有特殊重要的地位。[1] 在新发展阶段，我国劳动力市场的结构性矛盾将更加突出。一方面，产业结构调整对劳动力市场提出了新要求。高科技产业作为制造业的核心部分，是我国未来科技竞争的主要领域，劳动力市场的技能结构调整要适配先进制造业和高端服务业的发展需求。全要素生产率(total factor productivity，TFP)的提升是劳动生产率提升的关键路径之一。近年来，制造业的全要素生产率有所提升。以装备制造业为例，1994—2018 年，我国装备制造业技术进步呈现出资本偏向性特征，并且在发展过程中资本不断深化。然而，在要素互补的情况下，提升劳动的相对效率增长率能够对促进全要素生产率增长起到积极作用。[2] 目前，我国服务业全要素生产率在全球处于中下游水平，但其增速较快。2001—2014 年，我国通信业、金融业和交通业的全要素生产率在全球处于中上游水平。全要素生产率在服务业增长中的贡献越来越大，要实现服务业的高质量发展，必须充分发挥服务业全要素生产率的驱动作用。[3] 另一方面，扎实推动共同富裕对劳动力市场提出了新要求。在新发展格局下，我国逐步转向以内循环为主，更加注重提振国内消费能力

---

① 赖德胜：《构建新发展格局更好地促进就业》，载《中国人口科学》，2021(1)。
② 胡亚男、余东华：《有偏技术进步、要素配置结构与全要素生产率提升——以中国装备制造业为例》，载《软科学》，2021(7)。
③ 邢宏洋、高俊、谭辉：《国际空间溢出与服务业全要素生产率——基于空间随机前沿分析方法的测度》，载《数量经济技术经济研究》，2021(5)。

和实现共同富裕。研究表明，1978—2008 年，我国居民收入差距基本呈现显著扩大的变化态势，而自 2008 年以来，我国居民收入差距总体呈现高位徘徊的相对稳定状态。[①] 其中，工资收入相对于总收入的集中率呈下降趋势，这意味着在工资收入份额不变的情况下，工资收入分布的变化有助于缩小总体收入差距。与此同时，转移性收入在居民收入中所占份额也呈现显著上升的发展趋势。在构建新发展格局的进程中，中等收入群体在增强需求驱动力方面发挥着中流砥柱的作用。目前我国的中等收入群体虽然已超过 4 亿人，但仍需进一步扩大，争取到 2035 年基本实现社会主义现代化时人数倍增。为此，关键是要使低收入群体有更加稳定和更高质量的就业，使其有可能更快地成为中高收入群体。[②] 随着扎实推动共同富裕的有序实施，我国的收入分配格局和就业质量都将发生重大变化。

>>二、劳动力市场变革是实现新发展阶段高质量发展的重要驱动力<<

一方面，劳动力市场变革是新发展阶段提升劳动生产率的关键所在。一般而言，提升劳动生产率主要是通过资本深化、提升人力资本、提升全要素生产率三种途径实现。[③] 改革开放以来，我国资本相对于劳动占比一直在加深，进而出现了较为明显的资本深化现象。在经济下行阶段，随着我国资本回报率的持续下降，提升人力资本存量和人力资本质量成为提升劳动生产率的重要途径。第七次全国人口普查数据表明，2020 年，我国 15～64 岁劳动年龄人口规模虽然已经缩减到 9.68 亿人，但中国依然是世界上劳动年龄人口规模最大的国家。同时，至 2020 年，我国具有大学文化程度的人达到 2.18 亿，与 2010 年相比，每 10 万人中具有大学文化程度的人口数由 8 930 人上升到 15 467 人，劳动力质量的大幅提升成为我国经济高质量发展和推动劳动力市场变革最大的底气。此外，劳动力比较优势和竞争优势逐渐丧失，迫使我国进一步改善人口结构并释放人力资本红利。我国的劳动力成本比较优势正在逐渐消失，全要素生产率出现反弹。在未来发展过程中，人口仍然是最大的发展基础，是释放第二次人口红利[④]和制度红

---

① 罗楚亮、李实、岳希明：《中国居民收入差距变动分析（2013—2018）》，载《中国社会科学》，2021(1)。

② 赖德胜：《构建新发展格局更好地促进就业》，载《中国人口科学》，2021(1)。

③ 蔡昉：《生产率、新动能与制造业——中国经济如何提高资源重新配置效率》，载《中国工业经济》，2021(5)。

④ 蔡昉：《如何开启第二次人口红利？》，载《国际经济评论》，2020(2)。

利①的基础和前提。

另一方面，劳动力市场变革是促进动能转换的主动力。在先进制造业与高端服务业融合背景下，劳动力市场的高效配置是促进动能良性转换的主导力量。根据测算，我国 2018—2035 年经济的平均潜在增长率区间为 5.02％～5.25％，其中 2018—2025 年为 5.72％～5.91％，2026—2030 年为 4.69％～4.96％，2031—2035 年为 4.22％～4.50％。② 发达国家的经验表明，各国在经济快速增长阶段都主要依赖物质资本积累，当经济增速减缓且经济体量较大时，人力资本对经济增长的推动力逐步显现，人力资本质量提升成为推动经济增长的重要驱动力，也是影响经济发展潜力的关键要素。③ 在经济增速放缓的背景下，释放人口素质红利主要依靠劳动力市场配置能力和配置效率的有效提升。人力资本配置效率提升不仅有利于提升创新绩效、促进实体经济与虚拟经济的协调发展、提升人力资本质量，而且能够提升经济活力。反之，人力资本要素错配则会降低资源的有效利用程度，降低劳动力市场的空间回旋能力，并给经济长期发展带来严重负面影响。

第二节　新发展阶段的主要特征与劳动力市场变革要求

在新发展阶段，我国要主动进行劳动力市场变革，坚持就业优先政策，把劳动力要素配置提升到更高水平，通过劳动力素质的提升持续为高质量发展提供强大动力。

>>一、新发展阶段的发展主题要求劳动力市场把就业质量提升作为核心<<

劳动力市场高质量发展是经济高质量发展的重要基础。高质量就业不仅是劳动力市场运行的内在要求，也是新时代实现经济高质量发展的内在要求。④ 在新发展阶段，我国人均国内生产总值（GDP）水平将逐渐提升至一个更高的位置上，而提升人均 GDP 的一个重要政策机制是提高劳动力市场运行效率。据估算，我国将在 2025 年左右跨越"中等收入陷阱"，成为高收入国家；到 2035 年，我国经

---

① 蔡昉：《生产率、新动能与制造业——中国经济如何提高资源重新配置效率》，载《中国工业经济》，2021（5）。

② 孙金山、李钢、汪勇：《中国潜在增长率的估算：人力资本变化的视角》，载《中国人口·资源与环境》，2021（7）。

③ 刘伟、张立元：《经济发展潜能与人力资本质量》，载《管理世界》，2020（1）。

④ 赖德胜、苏丽锋：《人力资本理论对中国劳动力市场研究的贡献》，载《北京大学教育评论》，2020（1）。

济总量和人均 GDP 水平可较 2020 年增长一倍，人均 GDP 将基本达到中等发达国家水平。[①] 此外，高质量发展的着眼点是惠及全体人民，因此要真正实现高质量发展，就必须提升劳动者的就业质量，重构就业质量指标体系，把精神层面的提升和对美好生活的追求放到劳动力市场变革的突出位置。

劳动力市场高质量发展是经济高质量发展的重要动力。在新发展阶段，创新驱动是我国跨越中等收入陷阱、迈入高收入国家的不竭动力。创新驱动的核心仍然是人力资本质量的提升。2020 年以来，中共中央、国务院先后发布了《关于构建更加完善的要素市场化配置体制机制的意见》《关于新时代加快完善社会主义市场经济体制的意见》，一个重要目的就是通过制度性变革，更充分地发挥市场在资源配置中的决定性作用，更好地发挥政府的作用，使各类市场主体能平等有序竞争，提高要素配置效率。深化供给侧结构性改革，进一步激发全社会创造力和市场活力，推动经济发展质量变革、效率变革、动力变革。全面深化劳动力市场体制机制变革，是进一步打破城乡二元壁垒，缩小收入差距，提升劳动者收入水平和就业质量的重要举措，也是提升创新发展水平和实现人才强国战略的重要路径。

>>二、做实做强做优实体经济要求劳动力市场 主动做好结构性调整<<

第一，劳动力"脱实向虚"现象逐渐凸显。随着实体经济和虚拟经济的工资水平差距拉大，劳动供给增速水平差距拉大，行业收益率差别趋于显著。[②] 我国实体经济的劳动力外溢情况逐渐凸显，"宁做快递员，不做工厂汉"等现象已经严重影响到制造业的高质量发展，从高效率部门向低效率部门的劳动力转移问题尤其值得注意。研究表明，制造业与服务业就业互动以制造业对服务业就业的单向促进作用为主。[③] 推动服务业和制造业的融合发展，促进专业服务产品进入制造业产品分工是解决我国劳动力市场供需结构性不匹配、防范潜在的"产业空心化"问题的关键举措。[④] 目前，服务业仍然在快速发展和占比快速上升阶段，而制造业

[①] 黄群慧、刘学良：《新发展阶段中国经济发展关键节点的判断和认识》，载《经济学动态》，2021(2)。

[②] 李飚、孟大虎：《如何实现实体经济与虚拟经济之间的就业平衡》，载《中国高校社会科学》，2019(2)。

[③] 陈龙、张力：《单向促进还是双向加成——中国制造业与服务业就业互动关系研究》，载《北京师范大学学报（社会科学版）》，2020(6)。

[④] 铁瑛、崔杰：《服务业发展"抢夺"了制造业技能吗？——来自中国微观层面的经验证据》，载《财经研究》，2020(12)。

逐渐走向"后工业化"和"去工业化"阶段。相比较而言，服务业对于扩大就业数量具有更大价值，而制造业则在提升就业质量上具有更大价值。[①] 保持制造业份额基本稳定正契合新发展阶段的发展要求。

第二，要重视制造业区域差异导致的劳动力市场分化问题。2020 年之前的大宗商品价格超预期下跌是中国经济发展呈南快北慢、南北分化的直接原因，而在中国长期的引进式技术进步方式下所形成的南北分工格局是其根本原因。[②] 一方面，过快过早去工业化降低了各地区的工业产业需求，这使得重化工业等产业的发展速度开始下降，最终导致以这些产业为主导的北方经济增速开始大幅度下滑。另一方面，过快过早去工业化也意味着地区工业产业的发展进入了存量竞争时代，南方工业大省与北方工业省份围绕固定的市场份额展开激烈竞争，而南方长三角与珠三角的政府能力是明显强于北方的，最终的结果就是南方夺取了存量市场的较大份额从而维持了经济增长。

第三，安全问题要求主动调整劳动力市场技能结构。习近平总书记指出，构建新发展格局最本质的特征是实现高水平的自立自强。因此，构建新发展格局集中凸显和强调"安全"二字，要进一步统筹发展和安全。在新型冠状病毒感染疫情影响和国际上反经济全球化声音持续出现的情况下，西方主要国家陆续提出要重塑产业链供应链，而我国加快推进的重塑产业链供应链进程也将影响产业结构，进而影响劳动力市场的技能结构和配置效率。因此，要着重解决当前实体经济招工难、就业质量差、高技能劳动力不足等问题，把高等教育和劳动力市场的衔接作为重要抓手，在实现实体经济和虚拟经济之间的就业平衡方面要有更准确的把握。

>>三、扩大内需战略和共同富裕目标的实现需要改善劳动者收入水平和收入分配格局<<

一方面，激发劳动力市场活力是确保扩大内需战略实施的重要手段。我国拥有 14 亿多人口和 4 亿多中等收入群体，消费需求规模巨大。2019 年，仅社会消费品零售总额就超过 41 万亿元。[③] 然而，我国当前个人和家庭资产配置结构不合理，仍然存在劳动收入占比偏低的问题。因此，劳动力市场要更加重视工资机制改革，提升劳动者的工资性收入和实际可支配收入；同时，要改善社保机制，保

---

① 郭克莎、彭继宗：《制造业在中国新发展阶段的战略地位和作用》，载《中国社会科学》，2021(5)。

② 周晓波、陈璋、王继源：《中国南北方经济分化的现状、原因与对策——一个需要重视的新趋势》，载《河北经贸大学学报》，2019(3)。

③ 刘伟：《经济发展新阶段的新增长目标与新发展格局》，载《北京大学学报（哲学社会科学版）》，2021(2)。

障广大人民群众的养老和医疗需求，提升劳动者抗击失业、重大灾害等风险的能力。

另一方面，扎实推动共同富裕的目标要求劳动力市场在劳动者增收和调整收入分配格局上下苦功夫。在已经全面建成小康社会的情况下，我国提出"到 2035 年全体人民共同富裕取得更为明显的实质性进展"。共同富裕是新时代解决我国社会主要矛盾的重要抓手，是中国特色社会主义现代化的鲜明特征，也是党巩固执政地位、提高执政能力，带领人民顺利推进现代化进程的内在要求。① 共同富裕不是把高收入群体水平拉下来，而是要把低收入水平提上去，更不是要"杀富济贫"，而是要通过提升劳动者收入水平、扩大中等收入群体和缩小收入差距来实现。因此，共同富裕的发展目标要求劳动力市场必须主动通过多维治理手段提升劳动者的幸福指数和就业质量，通过改善税收制度、教育环境、医疗环境、住房环境、就业环境等多维手段提升劳动者的工资、劳动保障和就业质量等，通过劳动力市场的主动调整为中等收入群体扩大和共同富裕的实现提供保障。

>>四、数字经济背景下"三新"模式快速发展提升新就业形态重要性<<

数字经济背景下"三新"经济的快速发展推动新就业快速发展。2019 年，我国数字经济规模增速远远高于同期 GDP 增速。同时，以数字信息、大数据等为关键要素的数字市场的出现和发展也改变着供给市场的结构，从供需两个方面为经济由高速发展向高质量发展的转型提供有效可行的发展新思路，成为驱动中国经济增长的关键力量。近年来，各种基于现代信息技术、对社会资源进行有效整合的新产业、新业态、新模式蓬勃发展。经核算，2019 年我国"三新"经济增加值为 16.19 万亿元，占 GDP 的比重为 16.3％。特别是新型冠状病毒感染疫情暴发以来，数字经济新业态新模式展现出强大的活力和韧性，在保障人民生活、带动经济复苏等方面发挥了不可替代的作用。在这种背景下，各种新型用工模式脱颖而出，成为吸纳就业的重要渠道，为稳就业、扩就业做出了重要贡献。数字经济的发展潜力非常巨大，能够优化产业结构，提高市场配置效率，推进基础设施完善，推动经济高质量发展。数字经济对于推动效率变革、动力变革、质量变革都具有显著作用。随着数字经济占比的提升，我国的新型用工规模从 2015 年的 5 200 万人增加到 2020 年的 8 500 万人，年平均增速达到了 8.2％，远超 GDP 增速。其增长趋势与中国移动互联网接入流量波动有高度相关性，2017 年、2018

① 刘培林、钱滔、黄先海等：《共同富裕的内涵、实现路径与测度方法》，载《管理世界》，2021(8)。

年移动互联网接入流量的突增伴随着新型用工规模的快速增加，当年新型用工规模增速达到了 31%。

数字经济背景下"三新"模式对劳动力市场产生广泛影响。其一，新就业群体的就业质量问题逐渐突出。新就业模式仍然以吸纳中低技能劳动者，尤其是农民工为主。随着"平台独大、算法为王"现象的出现，劳动者在工作时间、工资待遇、社会保险等诸多方面的劳动权益受到侵害。2021 年，我国出台的《关于维护新就业形态劳动者劳动保障权益的指导意见》正是应对劳动力"内卷化"①、强化职业伤害保障，完善劳动者诉求表达机制的重要政策举措。其二，数字经济和"三新"产业发展对区域就业格局的影响值得关注。将数字技术运用到传统生产行业之中，可以极大提高资源的配置和利用效率，实现投入产出精准配比，避免造成资源消耗、环境污染的情况，促进低碳环保。另外，由于不同地区的经济基础和发展的阶段性目标有所不同，除了数字经济的发展水平，数字经济对经济高质量发展的影响力也存在地区差异。有研究基于传统人口分布密度和数字化产品发展的情况，提出了"数字胡焕庸线"的概念，指出我国数字化产业正在向中西部地区渗透，显示出互联网无边界普惠的优势。然而，目前的地区差距仍然是十分明显的：沿海地带的数字化产业发展迅速，集中度明显高于内陆地区，显示出很好的聚集效应。②

新就业形态主要集中在服务业领域，并且已经成为服务业的重要就业形态。相对于传统就业，服务业领域的新就业更加强调全产业链的跨空间、协调同步等特征，势必对就业技能提出更高要求，也对劳动力要素的配置提出更高要求。因此，要提高对新就业形态的重视程度，随着新就业占全部就业比重的迅速上升，需要把新就业的定位从劳动力市场的"重要补充"变成劳动力市场的"重要部分"，为新就业形态的发展提供具有前瞻性、保障性的体制机制措施。

>>五、国民经济循环畅通需要提升劳动力要素配置效率<<

人力资本质量提升是劳动力配置能力提升的关键。2020 年，全国各类高等教育在学总规模 4 183 万人，比上年增加 181 万人。高等教育毛入学率 54.4%，比上年增加 2.8 个百分点。③ 到 2030 年，成熟劳动年龄人口中（25 岁及以上）大

---

① 蔡昉：《谨防数字经济时代的劳动力"内卷" 数字经济时代应高度重视就业政策》，《上海企业》，2021(8)。

② 张青春、范秋辞：《数字化产业带崛起："数字胡焕庸线"下的增长引擎》，阿里研究院产业研究中心，2021。

③ 《2020 年全国教育事业发展统计公报》，http://www.moe.gov.cn/jyb_sjzl/sjzl_fztjgb/202108/t20210827_555004.html，2021-11-01。

学本科毕业生的比例将达到 40％，研究生的比例将达到 10％左右，平均受教育年限将达到 14 年以上，处于劳动年龄的大学本科学历人口规模和研究生学历人口规模将分别达到 2 亿～3 亿人和 0.6 亿～0.8 亿人。[①] 人力资本质量的提升，将显著改善我国的创新能力、研发能力和产业链供应链的完备度，能够增强我国对复杂多变的国际经贸环境和公共安全问题的应对能力。此外，我国拥有门类齐全的制造业部门，以及主动扩大开放并逐步提升质量的服务业部门，人力资本质量的提升为第二产业和第三产业从以量为主转向高质量发展储备了大量高技能人才。同时，人力资本质量的提升使得我国产业结构在面对国际竞争时能够有更大调整空间，而就业者能够在劳动力市场上选择合适的工作，且无论流动到何种工作岗位上，都能够获得相对均衡合理的劳动收益。

国民经济循环要求把劳动力要素配置放到一个更重要的位置。当前，既要重视劳动力市场的外部要素循环，如资本深化对劳动力要素份额的挤占问题、劳动生产率与全要素生产率不匹配的问题，也要重视劳动力市场的内部要素循环。此外，劳动力空间格局分布的变动趋势，以及地区间、城乡间、县域间、城市群间劳动力要素的配置效率问题等均值得重视。目前，中国区域发展格局形成了以京津冀、长三角、珠三角、成渝地区为核心增长极的菱形结构。[②] 不同地区人口和就业承载能力差距逐步扩大，例如，产业转型升级和提质增效推动了以长三角和珠三角地区为代表的高端制造业和生产性服务业的发展，推动了这些地区人口和就业规模的扩大。因此，我国要提升劳动力要素的配置效率和配置能力，主动适应劳动力市场化、结构化、多样化的调整趋势。

>>六、绿色发展在长期将创造大量绿色就业机会<<

绿色发展是新发展阶段通向社会主义现代化的有效路径。在新发展阶段，低碳经济将成为经济活动和要素循环的内核之一，绿色发展诉求会影响绿色就业和就业空间。[③] 当前和今后一段时期我国都将面对紧迫的减碳任务。其中，化石能源产生的二氧化碳是碳达峰和碳中和的主要着力点。据统计，2020 年，我国的煤炭行业、钢铁行业、石油行业的生产量均占全球产量的一半以上，碳达峰的任务非常艰巨。与此同时，西方国家从碳达峰到碳中和的周期普遍在 80 年以上，

---

① 王金营、刘艳华：《经济发展中的人口回旋空间：存在性和理论架构——基于人口负增长背景下对经济增长理论的反思和借鉴》，载《人口研究》，2020(1)。

② 樊杰、梁博、郭锐：《新时代完善区域协调发展格局的战略重点》，载《经济地理》，2018(1)。

③ 韩晶、蓝庆新：《新发展阶段中国绿色发展的理论逻辑与实践路径》，北京师范大学经济与资源管理学院工作论文，2021 年 9 月。

而我国仅有 30 年的周期，目标的实现需要更多的政府干预和政策支持。① 可见，我国需要在煤炭、钢铁、石油等行业进行更加快速的低碳化转型，而这些行业也是低技能劳动力相对集中的行业，给我国劳动力结构转型造成巨大压力。此外，随着国际形势更加复杂多变，制造业的产业链供应链安全问题更加凸显，与大量能源行业的低碳化转型交织在一起，给诸多行业的劳动力供给结构调整和劳动力结构转型升级带来了多维压力，劳动力市场的就业风险和就业压力更加严峻，需要进一步考虑制造业发展和双碳目标的平衡问题，为劳动力市场调整赢取更多的时间和空间。短期来看，"双碳"目标将给能源行业造成较为显著的失业压力。而长期来看，随着财政金融等宏观经济政策向绿色化低碳化行业倾斜，未来我国将创造大量绿色就业岗位，促进就业向技术偏向型、环境友好型岗位转型，从而实现劳动力市场的整体优化，为低碳经济的快速发展提供强大和持续的动力。

---

① 史丹、邓洲：《平衡好"保持制造业比重基本稳定"与实现"双碳"目标的关系》，载《光明日报》，2021-07-13。

第二章
中国劳动力市场变革的新趋势、新特征

党的十九届五中全会提出，我国进入了一个新发展阶段。习近平总书记强调，要准确把握新发展阶段，深入贯彻新发展理念，加快构建新发展格局。适应我国社会主要矛盾的变化，更好满足人民日益增长的美好生活需要，必须把促进全体人民共同富裕作为为人民谋幸福的着力点。因此，我国仍然将发展作为第一要务，提高平衡性、协调性和包容性，在高质量发展中促进共同富裕。为了有效夯实高质量发展的动力基础，需要着力提高劳动力要素的配置能力和配置效率，劳动力市场要寻求更加积极主动的政策干预，充分预见到经济增长和潜在经济增长的周期性规律，主动适应人口结构和"三孩政策"的劳动力供给结构，积极提高就业质量。本章从就业结构、就业质量、新就业形态、绿色就业、城市群就业、老龄化与就业以及新发展格局和共同富裕背景下的就业等维度出发，对近年来中国劳动力市场变革的新趋势和新特征进行了较为详细的分析。这些新趋势新特征突出表现为：就业结构调整将加速；就业质量呈现分化性提升；新就业形态将成为新常态；绿色就业将成为一道亮丽的风景线；劳动力市场空间格局将被重塑；城乡劳动力市场将更加一体化发展；劳动力市场政策将深度调整；就业优先政策将全面强化。

第一节　就业结构调整将加速

就业结构又称为劳动力分配结构，是指劳动力在国民经济各产业部门、地区和领域的分布、构成及联系。就业结构的概念外延非常广泛，具体包括就业的供需结构、就业的产业结构、就业的技能结构、就业的区域结构、就业的城乡结构、就业的人群结构等。本节将分别从不同视角对就业结构调整情况进行分析。

>>一、就业结构与产业结构偏离程度趋于协调<<

在充分竞争的市场中，劳动力可以实现在产业之间的顺畅流动。产业结构的调整，会吸引相应结构的劳动力的流动，逐渐形成与产业结构大致相似的就业结构。根据国家统计局门户网站发布的中国三次产业产值占 GDP 比重和三次产业的就业数据，我们绘制了如图 2-1 所示的 2011—2020 年中国产业和就业结构的历史轨迹图。

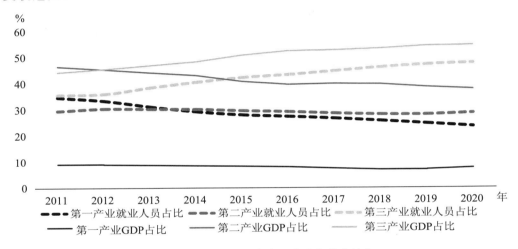

图 2-1 2011—2020 年中国产业和就业结构

数据来源：中华人民共和国国家统计局。

从图 2-1 可以看出，近 10 年来，中国的就业结构发生了明显变化，第一产业的就业比例大幅下降，第二产业在 2011—2013 年小幅度上升之后呈现逐渐下降趋势，第三产业升幅明显。中国第一产业 GDP 占比从 2011 年的 9.2％下降到 2020 年的 7.7％，与此同时，就业人员占比从 34.74％下降到 23.6％；第二产业 GDP 占比从 46.5％下降到 37.8％，就业人员占比从 29.58％下降到 28.7％；第三产业 GDP 占比从 44.3％上升到 54.5％，就业人员占比从 35.68％上升到 47.7％。可见，2011—2020 年中国三次产业产值占 GDP 的比重和就业的曲线图呈现了基本相似的走势，但差距仍然较大，就业结构与产业结构还不够吻合。

为了更清晰地考察近 10 年中国就业结构与产业结构的吻合程度，我们计算了中国三次产业产值占 GDP 比重与就业比例之差，绘制了 2011—2020 年中国产业结构与就业结构离差的历史轨迹图，如图 2-2 所示，进一步证实了中国就业结构与产业结构之间差异很大。

2020 年，第一产业以 7.7％的 GDP 占比集聚了 23.6％的就业规模。未来一

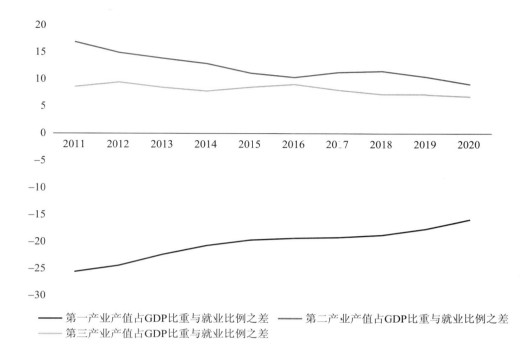

图 2-2　2011—2020 年中国三次产业占 GDP 比重与就业比例之差

数据来源：中华人民共和国国家统计局。

段时期，第一产业 GDP 占比将进一步下降，预计"十四五"时期第一产业增加值年均增长 3％左右，期末第一产业增加值占国内生产总值的比重下降至 6％左右。[①]　未来一段时期，第一产业需要在很大程度上提高劳动生产率，转移出大量的劳动力。

第二产业以 37.8％的 GDP 占比集聚了 28.7％的就业规模。未来一段时期，第二产业 GDP 占比也将呈现继续下降的趋势。目前，中国工业产能过剩还比较严重，产能利用率较低，成为制约经济高质量发展的"顽疾"之一。为了化解产能过剩，中国于 2009 年、2011 年和 2013 年先后推出化解产能过剩的相关政策和重要举措，但效果却不够理想。[②]　在这种情况下，国内经济发展模式必须转变，产业结构主动调整，第二产业就业需求随之减少。除了产业转移、去产能等因素，环保要求提高也具有一定的影响，随着环保未达标企业面临限产、限排和关停，第二产业就业需求减少。然而，作为一个国家实体经济的主要成分，第二产业对国民经济的贡献需要保持，为了避免经济的空心化，第二产业 GDP 占比不能大幅度下降，只能适度下降。即便如此，也将有一定数量的劳动力面临着从第二产

[①]　叶兴庆等：《"十四五"时期的乡村振兴：趋势判断、总体思路与保障机制》，载《农村经济》，2020(9)。

[②]　韦朕韬、张腾：《高铁开通、资源错配与我国工业产能过剩》，载《经济经纬》，2021(5)。

业中转移出去的境况。

第三产业以 54.5％ 的 GDP 占比集聚了 47.7％ 的就业规模。在有效提高第一产业和第二产业劳动生产率的前提下，生产要素和劳动力逐渐向第三产业转移，进而推动和实现产业结构逐渐向第三产业的转移。同时，随着第三产业的快速发展，更多劳动力被吸引进来，这不仅能够促进人民生活质量的显著提高，同时还有利于降低环境污染程度。因此，未来中国将大力发展第三产业，大幅度提升第三产业占 GDP 比重，第三产业的就业比例也将大幅提升。

>>二、就业区域结构逐渐向经济欠发达区域倾斜<<

(一)中西部地区后发优势凸显，增速开始反超

近年来，我国区域经济发展差距经历了一个由扩大到缩小的过程。2000 年后，随着西部大开发、中部崛起等区域发展战略的实施，东部、中部、西部区域发展的差距不断缩小。就业结构发生的变化，折射出我国新型城镇化和中西部崛起带来的产业区域性转移和增长，正在影响就业区域性格局。

1. 吸纳农民工就业上呈现出东减西增趋势

国家统计局《2019 年农民工监测调查报告》数据显示，东部地区吸纳外来农民工就业规模达 15 700 万人，与上一年相比下降 0.7％，占农民工总量的 54％。其中，京津冀地区吸纳农民工就业 2 208 万人，与上一年相比增长 0.9％；江浙沪地区、珠三角地区吸纳农民工就业分别为 5 391 万人和 4 418 万人，与上一年相比分别下降 1.1％ 和 2.6％。中部地区吸纳外来农民工就业达 6 223 万人，与上一年相比增长 2.8％，占农民工总量的 21.4％。西部地区吸纳外来农民工就业达 6 173 万人，与上一年相比增长 3.0％，占农民工总量的 21.2％。

2. 中西部城镇就业增速开始反超东部

近年来，伴随着产业梯度转移，中西部地区的后发优势显现，西部城镇就业增速开始反超其他区域。据国家统计局发布的分省份城镇单位就业人员数据，我们进行了东部、中部、西部区域统计，得出各区域城镇单位就业情况走势图，如图 2-3、图 2-4 所示。需要指出的是，关于东部、中部、西部区域的划分，我们依据的是国家统计局的统计标准。具体地，东部地区包括北京、天津、河北、辽宁、上海、江苏、浙江、福建、山东、广东、海南 11 个省（直辖市）；中部地区包括山西、吉林、黑龙江、安徽、江西、河南、湖北、湖南 8 个省；西部地区包括内蒙古、广西、重庆、四川、贵州、云南、西藏、陕西、甘肃、青海、宁夏、新疆 12 个省（自治区、直辖市）。

通过计算可知，以 2011 年作为基期，2019 年中国城镇单位就业规模增长19.07%。东部、西部两个地区城镇单位就业规模增长幅度均在全国水平之上，分别为 22.91% 和 19.86%。由图 2-3 可发现，2019 年东部、西部两个地区城镇就业占全国比重比 2011 年分别提高 1.65 和 0.14 个百分点，而中部占比下降1.79 个百分点。但是，2019 年东部地区城镇单位就业人员总数比 2011 年减少了135.4 万人，而中西部两个区域与之形成鲜明反差，其城镇单位就业规模较 2011年分别增长 26.5 万人和 12.6 万人。

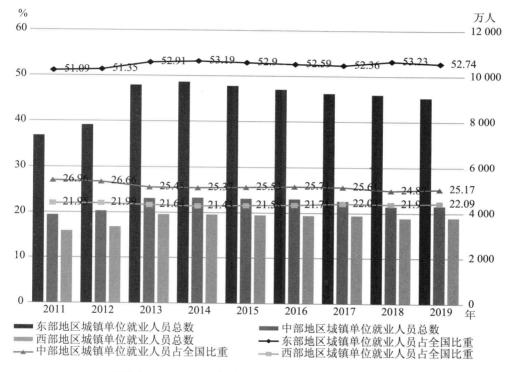

图 2-3 2011—2019 年中国不同区域城镇单位就业规模

数据来源：根据中华人民共和国国家统计局相关数据整理计算得出。

为了深入了解不同区域城镇单位就业变化情况，我们根据国家统计局相关数据，对不同区域城镇单位就业人员占全国比重较上一年的增速进行了统计分析和比较，具体结果如图 2-4 所示。正如阴影部分标记的一样，2019 年，中部和西部城镇单位就业人员占全国比重增速反超了东部，分别增长 1.21% 和 0.87%，而东部地区则表现为下降 0.92%。

可见，无论是在城镇单位的就业规模上，还是在占比增速上，东部地区与中西部地区均形成了此消彼长的走势。随着产业结构不断升级和调整，以及国家对中西部地区的大力支持和政策导向，这种趋势将不断深化。

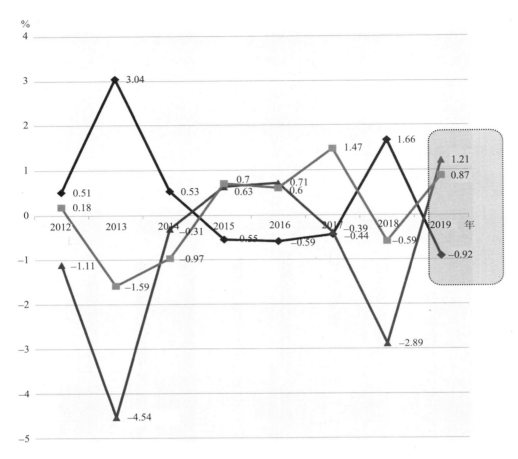

图 2-4　2012—2019 年中国不同区域城镇单位就业增速

数据来源：根据国家统计局相关数据整理得出。

(二)城镇就业占比不断攀升

　　党的十九大报告提出，农业农村农民问题是关系国计民生的根本性问题，必须始终把解决好"三农"问题作为全党工作的重中之重。实施乡村振兴战略，在一定程度上增加了产业新动能。一方面，为有效推进和扶持返乡农民工创业，安徽等一些地区积极开展返乡农民工创业园建设，为返乡农民工搭建快捷的创业平台。大部分返乡创业者只需购置设备，投入部分流动资金即可投产。创业园平台的上线，吸引了大量返乡农民工来创业园区内安家落户、投资兴业，更是带动了创业园周边乡镇(村)的劳动力实现就业，创业带动就业效应明显。另一方面，随着乡村振兴战略的实施，各种长效化的政策机制为乡村产业发展带来了战略机遇。近年来，各级政府紧抓城乡规划契机，建立健全以工促农、以城带乡、城乡互动的长效机制，推动多产业配套发展。在政府统筹与市场推动的共同作用下，产业发展的市场需求空间逐渐扩大，促进多类型产业齐头并进，带动就业机会明显增加。

根据 2011—2019 年《中国统计年鉴》，我们对城镇、乡村就业人员分别进行了绝对数的统计。同时，为了有效对比城乡就业差异，我们还计算了各年城镇、乡村就业人员占就业人员总数的比重之差，如图 2-5 所示。另外，随着就业的转移，人口的城乡差异也会随之而来。因此，我们也对近 10 年来中国人口在乡村的分布和增速进行了统计，具体如表 2-1 所示。

由图 2-5 可以看出，2011—2019 年中国城镇、乡村就业规模存在此消彼长的走势。其中，城镇就业人员持续增长，2011 年城镇就业人数为 35 914 万人，截至 2019 年，已经增长至 44 247 万人，增长幅度达 23.20%；而乡村呈现完全相反的境况，2011—2019 年乡村就业规模持续缩减，由 2011 年 40 506 万人，已经降至 2019 年的 33 224 万人，下降幅度达 17.98%。通过城乡就业占比折线图可以明显看出，近 10 年来，就业实现了从乡村向城镇的流动，而且，随着城镇化的不断加深和经济结构的不断升级，这种趋势将继续强化。伴随着就业的转移，乡村人口规模近 10 年来也呈现与之相呼应的走低态势。由表 2-1 可知，近 10 年来，中国乡村人口占比不断降低，2011 年该比重为 48.17%，截至 2020 年，已经下降了 12.06 个百分点。不仅如此，乡村人口占比下降的速度也越来越快。

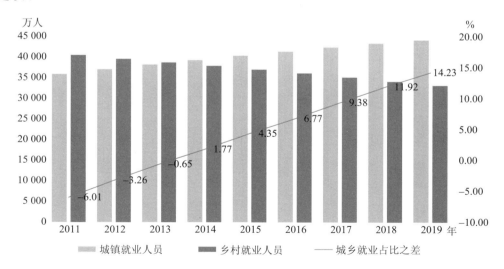

图 2-5　2011—2019 年中国就业城乡结构变化

数据来源：根据相应年份《中国统计年鉴》数据整理而得。

表 2-1   2011—2020 年中国乡村人口增长变化／%

年份	2011	2012	2013	2014	2015	2016	2017	2018	2019	2020
乡村人口占比	48.17	46.90	45.51	44.25	42.67	41.16	39.76	38.50	37.29	36.11
乡村人口比重变化	—	−1.27	−1.39	−1.26	−1.58	−1.51	−1.40	−1.26	−1.21	−1.18

数据来源：根据国家统计局门户网站人口数据、人社部事业发展统计公报计算整理而得。

（三）三大经济圈就业规模扩张有所放缓但集聚效应仍然显著

产业分布的区域差异是实现就业地区结构调整的重要影响因素。在新一轮产业转移中，东南沿海城市成为主要动力源。外向型经济活跃圈层包括长三角、珠三角、环渤海等，正逐渐将部分产业转移至中西部地区以及东部欠发达地区，通过"腾笼换鸟"提高土地资源配置效率，寻求新型经济发展模式，扎实推动产业转移和经济转型升级。①

根据国家统计局相关数据，我们分别统计分析了长三角、珠三角和环渤海三大经济圈就业的变化情况。结合数据获得的便利性和可操作性，我们在统计过程中，长三角经济圈涵盖了上海市、江苏省、浙江省、安徽省三省一市的就业数据，珠三角经济圈主要涵盖了福建、广东、广西、贵州、海南、湖南、江西、四川、云南9个省（自治区）的就业数据，环渤海经济圈主要涉及北京、天津、河北、山西、辽宁、山东及内蒙古7个省（自治区、直辖市）的就业数据。各经济圈具体指标统计结果如图2-6所示。

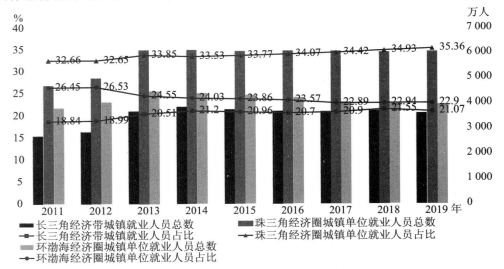

图 2-6   2011—2019 年中国三大经济圈就业变化

数据来源：根据《中国统计年鉴》相关数据计算整理而得。

---

①   莫荣、周宵、孟续铎：《就业趋势分析：产业转型与就业》，载《中国劳动》，2014(1)。

由图 2-6 可知，长三角、珠三角、环渤海三大经济圈 2011—2019 年城镇单位就业规模呈现逐渐缩减趋势，均存在先扩张后缩减的变化过程。相比其他两个经济圈而言，珠三角经济圈城镇就业规模一直保持更高水平，2011 年，其城镇单位就业人员总数达 4 707.2 万人；截至 2019 年，该指标数值已经增长至 6 069.1 万人，增长幅度为 28.93％。然而，近年来，珠三角经济圈城镇单位就业人员数量已经在 2013 年达到峰值 6 129.6 万人之后，呈现了逐年缩减的趋势。长三角和环渤海两个经济圈也发生了同样的现象，前者从 2013 年达到峰值 3 875.7 万人之后，逐年缩减，至 2019 年下降幅度达 6.68％；后者从 2013 年达到峰值 4 445.6 万人之后，逐年缩减，至 2019 年下降幅度达 11.58％。

为了更好地了解三大经济圈与其他区域就业集聚效应的差异，我们还计算了 2011—2019 年三大经济圈各年城镇单位就业人员占当年全国城镇单位就业人员总数的比重，如图 2-6 中的折线部分所示。可以看出，近 10 年来，三大经济圈的就业规模经历了从急剧扩张到有所放缓的过程。以 2013 年和 2014 年为分水岭，三大经济圈的就业规模纷纷呈现绝对数量递减的趋势。然而，三大经济圈城镇就业人数占全国比重在这一阶段并未发生较大变动，珠三角经济圈、环渤海经济圈、长三角经济圈就业规模占比分别在 33％、23％、20％的水平线上下浮动。可以看出，三大经济圈仍然保持着就业集聚效应，而且，这种集聚效应在一定时期内将持续下去。

>>三、重点群体的就业保障任务依然繁重<<

通过对劳动力市场中不同群体的就业状况进行分析，我们发现近年来中国就业人群结构特征突出。在实际研究中，我们主要关注了农民工和高校毕业生两个比较有代表性的群体，通过分析总结出以下几方面特征。

（一）农民工规模不断增加但增速持续回落

在我国户籍制度改革之前，农民工从农村到城镇务工成为浪潮。作为一种利益载体，户口与人们就业、住房、教育、医疗及社会保障等息息相关。户籍制度给那些希望留在城市生活的农民工竖起了高墙。随着户籍制度的改革，壁垒被打破，农民工进入城市稳定生活和工作的愿望也更加强烈。同时，在就业方面，农民工有了公平竞争的机会、同等的就业培训和升迁机会，这些无疑会吸引更多农民工进入城市生活，实现劳动力转移。此外，我国社会保障制度建立在户口之上，户籍制度改革将为农民工带来公正的社会福利待遇，增强他们在城市生活的安全感和主人翁意识，增加他们迁往城市工作和生活的动力。

根据国家统计局各年度《农民工监测调查报告》的相关数据，我们绘制了2011—2019 年中国农民工规模变化图（见图 2-7）。2011 年以来，农民工总体规模不断扩张，由 25 278 万人增长至 2019 年的 29 077 万人，增长了 15.03 个百分点。然而，与该趋势形成鲜明对照的是，2011 年以来，农民工总量增速在持续回落，由图 2-7 可知，农民工数量增速已经由 2011 年的 4.4% 骤降至 2019 年的0.8%，其中，2018 年农民工数量增速跌至谷底，仅为 0.6%。可见，近年来，农民工返乡现象十分明显，对劳动力市场产生了较大影响。

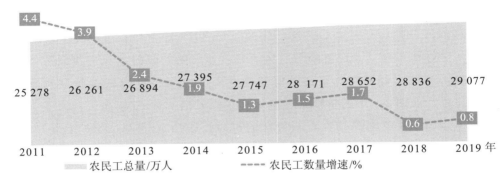

图 2-7　2011—2019 年农民工规模变化

数据来源：国家统计局各年度《农民工监测调查报告》。

（二）农民工失业风险将有所增强

一方面，农民工被动失业状况依旧严峻。城市发展中的产业结构转型升级，极大地提升了对劳动力的要求。部分农民工由于其自身的人力资本水平较低、观念相对落后，无法胜任新的工作，面临被淘汰的处境。新型冠状病毒感染疫情以来社会经济结构的快速变动，加之劳动力市场供需矛盾和信息不对称，导致了岗位空缺与农民工失业现象并存。特殊时期，企业招聘方式明显改变，现场招聘减少甚至关闭，线上招聘成为主要方式。农民工信息闭塞、对网络手段不熟悉和不信任等原因造成了企业用工荒与农民工难就业并存的尴尬局面。此外，大学毕业生数量不断增加的情况，更加挤压了青年农民工的就业空间。

另一方面，越来越多的农民工倾向于主动选择返乡创业。城镇就业环境的严峻挑战，尤其是这几年新型冠状病毒感染疫情的冲击，使包括农民工在内的相当一部分人失去了工作，而对于那些没有失去工作的农民工而言，时下劳动力市场环境无疑会加剧其对就业的悲观预期，担心未来某一天会失业，不得不开始重新思考就业的方向。与城镇就业环境形成鲜明反差，近年来，随着乡村振兴战略的不断推进，我国相继出台《关于支持农民工等人员返乡创业的意见》等有关政策，大力鼓励支持返乡农民工创业。乡村振兴，人才是关键。返乡农民工将为乡村振兴注入新动力,有力助推乡村建设行动。乡村环境的优化提高了农民工对美好生活的预期,从而增加了他们在城镇就业岗位上主动离职的可能性。

为了对农民工规模增速放缓进行深入探析,我们通过使用全国流动人口数据对农民工群体的失业风险情况进行了估计(见表2-2)。具体地,我们对流动人口总体失业率先做个粗略但口径一致的估算,将在过去一段时间没有从事有收入的工作,有就业意愿并且一旦获得合适的工作机会,就能去工作的人看作失业人口。2010年和2017年流动人口问卷中关于就业的问题设计有所不同,因此,我们根据问卷的具体情况,对失业人口的界定进行了区分。其中,2010年的问卷中,有专门针对被调查者就业状况的问题,设置的答案包括"就业""操持家务""在学""学龄前""离退休""无业失业"等,我们在研究中将最后一项"无业失业"答案的选择作为失业人口的界定准线;而2017年的问卷中并未设置专门的就业状况问题,我们将问卷中"您未工作的主要原因是什么?"一题选择"企业/单位裁员""企业/单位倒闭""因单位其他原因失去工作""因本人原因失去工作""临时性停工或季节性歇业""没找到工作"6种答案的人群,界定为失业人口。在失业率的统计定义上,则是以失业人口作为分子,以现有就业加上失业人口的总数作为分母。其中,对于就业人数的确定,2010年,根据选择"就业"一项答案作为标准进行界定,2017年则根据问卷中"您现在的就业身份属于哪一种?"问题的回答结果进行界定。

根据以上对于失业人口以及失业率的定义,2010年流动人口失业人数共计2 480人,失业率为2.36%;2017年流动人口失业人数共计4 466人,失业率为3.09%。2010年流动人口失业群体中农民工占比78.59%,2017年流动人口失业

表2-2 2010年和2017年流动人口就业状态与城乡分布

年份	就业状态	农村	城镇	总体
2010年	就业	86 711	15 991	102 702
		84.43	15.57	100
		97.8	96.79	97.64
	失业	1 949	531	2 480
		78.59	21.41	100
		2.2	3.21	2.36
	总体	88 660	16 522	105 182
		84.29	15.71	100
		100	100	100

续表

年份	就业状态	农村	城镇	总体
		110 014	29 828	139 842
	就业	78.67	21.33	100
		96.76	97.45	96.91
		3 685	781	4 466
2017 年	失业	82.51	17.49	100
		3.24	2.55	3.09
		113 699	30 609	144 308
	总体	78.79	21.21	100
		100	100	100

数据来源：根据国家卫健委全国流动人口数据计算得出。

注：每三行为一个维度，第一行表示人数，第二行、第三行表示百分比。

群体中农民工占比 82.51%。2010 年农民工群体失业率为 2.2%，低于城镇户籍劳动者失业率（3.21%），而这种情形到 2017 年发生了反转——农民工群体失业率为 3.24%，明显高于城镇户籍劳动者（2.55%）。可见，随着经济进入下行阶段，农民工就业情况受到较明显的影响，其失业风险增强。

（三）高校毕业生在银发经济等领域的就业机会有待开发——

银发经济指的是与老年人群相关的经济。根据全国第七次人口普查数据，我国现有 60 岁及以上人口 26 402 万人，占比 18.70%，其中，65 岁及以上人口占比 13.50%，与 2010 年相比，60 岁及以上人口比重上升了 5.4 个百分点。[①] 如图 2-8 所示，根据预测，2025 年和 2030 年，我国 65 岁及以上人口将分别达到 14% 和 16.9%。由此可以看出，未来五到十年，中国人口老龄化程度将进一步加深。

"银发群体"蕴含着亟待开发的经济价值，这就产生了银发经济的市场。随着人口老龄化不断加深，养老产业逐渐成为市场经济的新蓝海。然而，银发经济领域的就业供需结构错配严重，该领域对高校应届毕业生的需求较低，而且往往集中于门槛较低的基础型岗位。根据 Boss 直聘研究院《2021 应届生就业趋势报告》，2021 年前 5 个月，养老产业相关岗位招聘仍然保持着火热形势，而面向应届生的岗位需求规模和薪资竞争力都相对较弱；面向应届生的岗位需求有 64% 都集中在销售、行政与运营类，然而，有从事销售类岗位意愿的高校应届毕业生往往对

---

① 付金祥：《公共视角下人口老龄化现状与政策分析》，载《今日财富（中国知识产权）》，2021(10)。

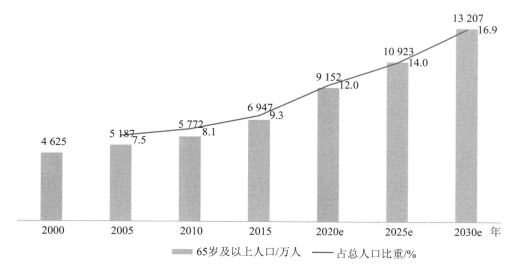

图 2-8 2000—2030 年中国 65 岁人口及其占比

数据来源：United Nations，World Population Prospects 2019。

该产业关注很少。就业岗位需求和供给两端的错位，使得高校毕业生在银发经济领域的就业机会不足。

与此同时，高端人才抢夺大战也在持续升级。企业重视研发的程度不断增加，直接体现为对博士等高端人才的抢夺大战不断升级。2021 年春季招聘期，企业对应届博士的需求同比增长幅度高达 75.7%，薪资竞争力相对较强。对博士需求最大的领域为数字技术、医疗健康和智能制造。其中，医疗健康领域对博士的需求同比激增 110%，生物制药、基因治疗、疫苗研发、高端医疗器械、在线医疗服务等细分方向均存在明显的人才紧缺现象。相似地，对硕士毕业生的需求同样集中于数字技术、教育、医疗健康和制造业领域。

第二节 就业质量呈现分化性提升

自"十二五"时期开始，政府强调重视就业质量，将更高质量的就业作为努力方向，为此出台了很多政策措施，效果是明显的。高质量就业已成为高质量发展的有机组成部分。构建新发展格局，将更加重视改善人民生活品质，扎实推动共同富裕，不断增强人民群众的获得感、幸福感、安全感，促进人的全面发展和社会全面进步。在这一过程中，就业质量将会进一步提升。然而，就业质量的提升很难实现全民同步，不同人群的就业质量有可能进一步分化。

>>一、正规就业与非正规就业的质量将进一步分化<<

非正规就业人员包括非正规经济部门的从业者和在正规经济部门从事非正规工作的人员。非正规就业者与雇主没有签订劳动合同，甚至没有雇主，也很少参加工会组织。相对来说，正规就业比较稳定，质量也比较高，而非正规就业稳定性差，抵御外部冲击的能力差。这两种就业的质量差异在新型冠状病毒感染疫情期间表现得相当明显。"十四五"时期，随着中国数字经济的发展和平台经济的进一步壮大，基于数字经济和平台经济的新就业形态将会有更大的发展，非正规就业占比可能还会提高。[①]

一方面，中国人口红利逐渐缩减，中国劳动年龄人口逐年下降，就业人口不断减少，劳动力供给结构性失衡，招工难问题凸显；另一方面，随着产业结构调整升级，我国第三产业蓬勃发展，在很大程度上也释放了更多灵活用工的市场需求，催化了灵活就业模式的成长。如果遵循国际惯例，将劳动年龄人口界定为15～64岁年龄段人群，按照国家统计局发布的数据可知，中国劳动年龄人口2011年大约是10.04亿人，此后逐年下降，到2019年首次跌破10亿，降至约9.96亿人。截至2020年年末，中国劳动年龄人口规模已经缩减至约9.67亿人。图2-9显示了2011—2020年中国劳动年龄人口规模走势。可以看出，中国劳动年龄人口逐年递减，中国就业人员占比逐年增长。

图 2-9 2011—2020 年中国劳动年龄人口走势

数据来源：中华人民共和国人力资源和社会保障部年度事业发展统计公报。

---

① 赖德胜：《构建新发展格局更好地促进就业》，载《中国人口科学》，2021(1)。

>>二、不同区域的就业质量将进一步分化<<

在构建新发展格局进程中，劳动力市场的空间格局将被重塑。有的区域科技和体制机制创新能力更强，将汇聚更多的产业和资源，经济增长动能强劲，在中国高质量发展中走在前列，就业质量有更大的提升空间。有的区域则由于种种原因，经济增长和产业转型比较慢，就业岗位创造力比较弱，高质量就业岗位少。2018 年以后，中国就业人员总数呈现逐年下降的走势，然而，就城镇而言，就业人员总数呈现逐年增长的趋势。图 2-10 显示了 2011—2020 年中国城镇就业状况走势。可以看出，近 10 年来，中国城镇就业规模呈现持续扩大的趋势，即使是受新型冠状病毒感染疫情冲击的 2020 年，城镇新增就业人数虽然明显缩减，由 2019 年的 1 352 万人骤然下降到 1 186 万人，降幅达 12.28%，但是，城镇就业人员总规模较 2019 年仍然是增长的，由上一年的 4.42 亿人上涨至 4.63 亿人，涨幅达 4.75%。

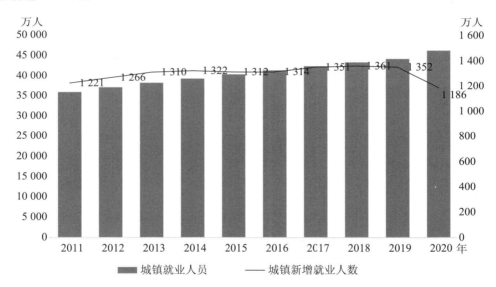

图 2-10　2011—2020 年中国城镇就业状况走势

数据来源：中华人民共和国人力资源和社会保障部年度事业发展统计公报。

城镇就业规模的不断扩展，还表现为失业人员再就业规模和就业困难群体帮扶规模的持续扩大。根据人力资源和社会保障部发布的各年统计公报数据，我们绘制了如图 2-11 所示的中国城镇失业状况走势。由图可知，2011—2020 年，中国城镇失业状况仍然不容小觑，每年城镇登记失业人员数量均保持在 900 万以上，且在一定程度上呈现逐年递增的趋势，其中，2020 年的规模为近十年来首次超过 1 000 万人，形势更加严峻。然而，2011—2019 年，中国城镇登记失业率基本呈现明显的下降趋势，由 2011 年的 4.09％下降至 2019 年的 3.62％，降幅达 11.49％。2020 年，中国劳动力市场受到疫情的严峻挑战，城镇登记失业率短暂飙高至 4.24％，随着疫情的缓和，这种情况将会有明显改善。

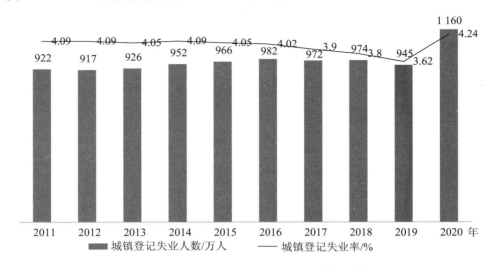

图 2-11　2011—2020 年中国城镇失业状况走势

数据来源：中华人民共和国人力资源和社会保障部年度事业发展统计公报。

近年来，中国城镇区域在扩大特定人群就业规模和就业帮扶方面取得显著成效。图 2-12 显示了 2011—2020 年中国城镇再就业和就业帮扶状况。首先，

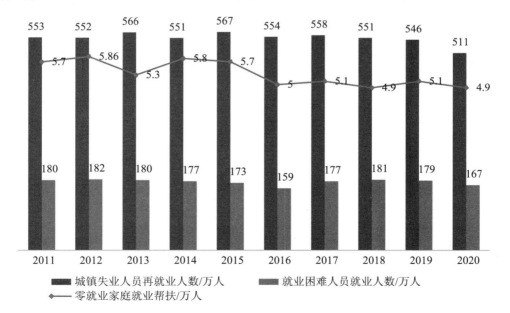

图 2-12　2011—2020 年中国城镇再就业和就业帮扶状况

数据来源：中华人民共和国人力资源和社会保障部年度事业发展统计公报。

城镇失业人员再就业规模保持了很高水准。由图可知，近年来，中国城镇失业人员年均再就业人数保持在 500 万人以上，其中，2011—2018 年，再就业规模均保持在 550 万人以上。其次，就业困难人员就业能力不断提高，得以顺利进入劳动力市场。由图 2-12 可以看出，中国每年都有一定规模的就业困难人员进入就业岗位，即使是就业环境受疫情影响不太景气的 2020 年，也有 167 万就业困难人员参与劳动力市场。最后，在就业相关部门的帮扶下，每年有大量零就业家庭实现至少一人就业。通过图中的就业帮扶曲线可以发现，政府平均每年帮助约 5 万户零就业家庭实现至少一人就业，在一定程度上扩大了就业规模。

>>三、高人力资本者与低人力资本者的就业质量将进一步分化<<

　　新一轮技术革命、人口变化、产业转型升级和不断变化的需求催生了数百万个新的职位需求。在数据科学、人工智能等技术的推动下，劳动力市场正发生迅速变化。技术进步使得增长方式逐渐转变，劳动力市场中的岗位特征也随之发生转变，主要表现为低技能岗位越来越少，社会分工越来越细，岗位类型越来越多，操作标准越来越高，就业环境越来越好。随着工作流程不断优化，劳动者技能不断提高，人力资本得到有效积累，逐渐不再是报酬标准的被动接受者，在不同就业岗位的流动性增强，实现了真正有质量的就业。例如，在电子商务、快递物流乃至文娱影视等行业，科技的发展都展现了超越想象的活力，不断优化不同岗位的劳动流程，改善劳动者的工作环境。[①] 新技术带来的工作便利化，在很大程度上解决了劳动者从事生产性劳动的准入性问题，帮扶弱势群体就业。

　　互联网基础设施的搭建，拓宽了传统劳动力市场弱势群体的就业渠道，为残疾人、"4050"人员等群体提供了公平就业机会，从而打破了这些群体因先天或后天的缺失难以在传统行业正常就业、获得平等机会的障碍。根据《阿里巴巴全生态就业体系与就业质量研究报告》，我们对技术进步背景下的工作便利化情况进行分析，形成了 2020 年技术进步催生的就业机会统计图。由图 2-13 可以看出，阿里巴巴的零售、服务新消费、大文娱和互联网基础设施四大类平台直接创造和带动就业超过 6 900 万人。其中零售平台所创造的就业超过 4 900 万人，占比 72.1%。

　　就业质量不仅取决于需求方，还取决于供给方，劳动者的素质是重要决定因素。"十四五"期间，随着科技进步和产业升级，新增的就业岗位将越来越倾向于

---

　　①　中国人民大学劳动人事学院课题组：《阿里巴巴全生态就业体系与就业质量研究报告》，https://www.sgpjbg.com/baogao/9957.html，2021-11-01。

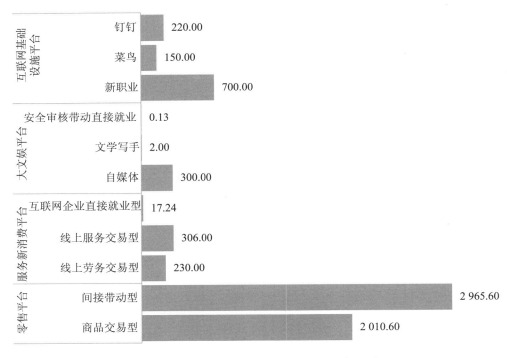

图 2-13　2020 年技术进步催生的就业机会/万人

数据来源：《阿里巴巴全生态就业体系与就业质量研究报告》。

技能偏好型。这对高人力资本者是利好，对低技能劳动者则是冲击。[①] 技术进步对劳动者素质的要求提高了，市场对高人力资本水平劳动者的需求增加，而低人力资本水平的劳动者面临着被淘汰的风险。不同人力资本水平劳动者的就业质量分化趋势将进一步深化。

据预测，2018—2022 年第四次工业革命带来的劳动力市场转型将在全球范围内创造 1.33 亿个新职位，并将有 7 500 万个职位被替代。在所有"工作转换"中，全新职位占总职位的 16%，而到 2022 年这一比例将上升至 27%，集中出现在数据与人工智能、工程、云计算、人文、软件产品开发、市场营销、销售与内容 7 大新领域。亟须扩充就业供给的行业，按照顺序依次是护理经济、销售、市场营销与内容、数据与人工智能。就业机会增长最快的行业是数据与人工智能、绿色经济以及工程与云计算。对各新领域所需的技能进行估计发现，销售、市场营销与内容行业和人文行业更加注重经营技能；护理行业明显更重视专业技能；数据与人工智能、云计算行业则更重视颠覆性技术技能，占比分别高达 45% 和

---

① 赖德胜：《构建新发展格局更好地促进就业》，载《中国人口科学》，2021(1)。

41％；基础技术技能对所有新兴行业都至关重要。[①]

第三节　新就业形态将成为新常态

我国经济发展进入新常态，"培育壮大新动能，加快发展新经济"的大方向已经明确。加之"互联网＋""AI＋"技术不断升级，以新产业、新业态、新模式为核心的新动能不断增强，成为推动我国经济平稳增长、经济转型升级的重要力量。2021年上半年，中国城镇新增就业达698万人，较2020年同比增长23.76％；6月全国城镇调查失业率为3.86％，较2020年同期下降1.84个百分点。就业形势总体稳定向好背后，除了得益于国家一系列保就业政策的实施，伴随新业态新模式发展起来的新就业形态也功不可没。技术创新应用催生的新就业形态，在推动经济增长的同时，直接创造新的岗位需求，成为吸纳就业的重要蓄水池，新就业形态劳动者也已成为中国劳动力大军的重要组成部分。

>>一、以网络平台为重要支撑的新型就业市场迅速扩张<<

在就业模式上，网络平台成为新就业形态不可或缺的重要支撑。近年来，平台型企业迅速崛起，区别于传统意义上的企业，各类平台通过大数据等技术手段促成服务供需两端实现低成本高效对接，新型就业市场已逐渐成形。根据《中国共享经济发展报告》所披露的数据，我们绘制了2016—2020年中国共享经济新就业形态走势图。由图2-14可知，这5年来，基于共享平台的新就业形态发展迅速，就业规模显著扩张。2016年，中国共享经济参与者大约6亿人，到2020年，参与者已经增长至大约8.3亿人，涨幅38.33％。其中，平台企业员工数从2016年的585万人增长至631万人，增加了7.86个百分点。

新就业形态具有更强的包容性，灵活的新型就业模式大大降低了就业门槛，丰富开放的平台资源大大提高了劳动者的就业能力。商务部数据显示，2019年全国农产品网络零售额达到了3 975亿元，比2016年增长了1.5倍；农村地区收投快递超过150亿件，占全国快递业务总量的20％以上；截至2020年3月，全国农村网商突破1 300万家，吸引了一大批农民工、大学生、退伍军人等人员返乡创业。同时，外卖骑手等新就业形态劳动者已经成为低收入劳动力群体进入城市快速就业的重要代表。《阿里巴巴本地生活骑手就业扶贫报告》显示，2019年7

---

① 赛迪译丛：《未来就业：新经济时代的就业机会》，https：//www.sgpjbg.com/baogao/16727.html，2021-11-01。

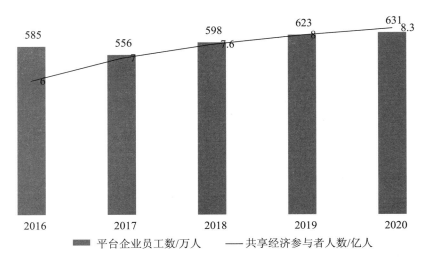

图 2-14　2016—2020 年中国共享经济新就业状况

数据来源：国家信息中心《中国共享经济发展报告》。

月至 2020 年 12 月，在饿了么平台有工作记录的外卖骑手共 380 余万人，其中，有 28.34 万建档立卡贫困人口在饿了么平台做过骑手、取得过收入，占同期全部骑手的比重为 7.5％，占全国建档立卡贫困人口的比重约为 0.4％。2020 年上半年，百度文库知识店铺的开店量超过 4 万家，直接带动近 100 万兼职或全职的内容创作者就业。

随着新就业形态的快速发展，网约配送员、电商主播、在线咨询师等大量新型灵活就业岗位涌现，大幅提升了助力经济平稳快速运行的就业承载力。国家信息中心分享经济研究中心发布的报告显示，2019 年和 2020 年，国家先后三批发布的新职业有 38 种，其中，数字化管理师、物联网安装调试员等与平台经济相关的职业占比超过一半。[①] 智联招聘发布的报告显示，2020 年春节复工后一个月内，企业整体招聘职位数与招聘人数分别同比下降 31.43％ 和 28.12％，但直播行业人才需求量却逆势猛增，直播相关兼职岗位数同比增长 166.09％，是全职岗位增速的 2 倍多。[②] 新职业的大量涌现，丰富着劳动力市场中的就业岗位种类，推动着就业结构的变化，是中国经济发展"量"与"质"变化的生动体现。

---

① 国家信息中心：《中国共享经济发展报告》，https://www.sgpjbg.com/baogao/30486.html，2021-08-20。

② 智联招聘、淘榜单：《2020 年春季直播产业人才报告》，https://www.sgpjbg.com/baogao/9591.html，2021-11-01。

>>二、新就业形态劳动关系有待厘清<<

与传统灵活用工不同，平台用工的一个重要特征在于，用工单位往往并非直接或者独自用工，而是采取"用工单位＋平台＋个人"的新型用工模式。与传统模式相比，新型用工模式下的组织管理、薪酬发放等都具有明显差异。例如，通过众包模式，企业将创意设计等工作任务进行碎片化分解，通过网络平台发包，然后平台为其提供匹配的劳动者，最终，劳动者通过平台完成来自企业的劳动任务，并获取报酬。新就业形态下，劳动者借助网络平台可以同时服务于多个雇主，在劳动时间、劳动强度、所受约束等方面都有了更多的选择权。然而，组织形态也就更加松散，越来越多的人不再依赖传统意义上的企业科层管理制度，而是依托平台组成非正式网络。

新就业形态大量出现，用人单位与劳动者之间的关系也随之发生了显著变化。"网签加盟""众包"等各种各样的新型用工关系，打破了建立在劳动合同基础上的传统劳动关系缔约模式。平台企业往往将自身定位于为劳动者和用人单位提供居间服务或信息服务，在撮合两者之间交易的过程中收取一定的服务佣金。当涉及平台与劳动者之间的法律关系时，平台企业大多坚持认为网络平台劳动者通过平台接单，属于灵活就业人员，并不属于其正式雇员，因此，他们之间不存在劳动关系。此外，许多网络平台劳动者属于有正式工作但利用空闲时间在平台兼职的群体，这使得工作和职业的边界愈发模糊，劳动关系难以界定。

新就业形态迅速扩张与发展过程，对劳动力市场中各要素提出了严峻挑战，一些问题亟待解决。例如，大型网络平台利用其市场支配地位，进行数据独占和垄断性扩张等不正当竞争；平台企业"跨界"提供金融等领域服务，难以对其实现有效监管，用户权益受损可能性增加，同时，金融风险等潜在风险不容忽视；流量恶意竞争问题日益突出；等等。对新就业形态下的劳动者而言，主要挑战在于劳动权益保护缺失，相关法律法规条款亟待完善和规范。例如，数据算法、定价不透明等带来的劳动者劳动时间和收入的公平性与规范性、工作条件、社会保护、集体谈判权等方面的问题。

中国就业形势总体稳定向好，在一定程度上得益于新就业形态提供了大量灵活就业岗位。发展新就业形态将作为中国稳就业的重要着力点，成为新常态。尽管如此，新就业形态的发展仍存在着诸多亟待面对和解决的问题，包括相关法律法规缺失、网络平台劳动者社会保障不足、配套公共服务亟待完善、制度障碍有待清除等。

>>三、新就业形态将得到国家政策不断助力<<

党中央对有效维护新就业形态劳动者的劳动保障权益给予了高度重视,大力支持和规范新就业形态的发展。习近平总书记对维护好新就业形态劳动者合法权益曾多次做出明确指示和要求。2020 年以来,相关部门出台了多项政策,多渠道鼓励和规范新就业形态的发展。

一是明确新就业形态的大方向,鼓励发展自主就业、分时就业、多点执业等,清理取消不合理限制政策,在审批管理、资金、场地等方面为新就业形态劳动者提供政策支持。2020 年 7 月 14 日,国家发展改革委等十三个部门发布《关于支持新业态新模式健康发展激活消费市场带动扩大就业的意见》,鼓励积极培育新个体,支持微商电商、网络直播等多样化的自主就业、分时就业;大力发展微经济,鼓励"副业创新",打造兼职就业、副业创业等多种形式蓬勃发展格局,引导"宅经济"合理发展;强化灵活就业劳动权益保障,探索完善与个人职业发展相适应的医疗、教育等行业多点执业新模式。

二是强化劳动者权益保障,促进用工和社会保障、薪酬等制度体系的更新和改革,以更好适应新就业形态发展态势,建立健全网络平台劳动标准体系等。中国工会第十七次全国代表大会报告中明确指出,要建立健全互联网平台用工等新就业形态劳动标准体系。2021 年 7 月 16 日,人力资源和社会保障部发布《关于维护新就业形态劳动者劳动保障权益的指导意见》,明确了规范用工的具体要求。企业应当与符合确立劳动关系情形的劳动者订立劳动合同;不完全符合确立劳动关系情形但企业对劳动者进行劳动管理的,企业与劳动者订立书面协议,承担相应权益保障责任;采取劳务派遣、外包等合作用工方式的平台企业,应与合作企业依法承担各自的用工责任。同月,中华全国总工会同步印发《关于切实维护新就业形态劳动者劳动保障权益的意见》,在协商事项上做了详尽列举,包括行业计件单价、订单分配、抽成比例、劳动定额、报酬支付办法、进入退出平台规则、工作时间、休息休假、劳动保护、奖惩制度等,使得协商工作具有更强的可操作性。

三是统筹组织各方共同发力提升新就业形态就业质量。2020 年 7 月 31 日,《国务院办公厅关于支持多渠道灵活就业的意见》,鼓励互联网平台企业、中介服务机构等降低服务费、加盟管理费等费用;要求加强审批管理服务,开通行业准入办理绿色通道,对需要办理相关行业准入许可的,实行多部门联合办公、一站式审批;取消涉及灵活就业的行政事业性收费;提供低成本场地支持,落实阶段性减免国有房产租金政策,鼓励各类业主减免或缓收房租。2020 年 5 月,人力资源和社会保障部还启动了新就业形态技能提升和就业促进项目试点工作,面向新就业群体提供岗前培训和技能培训,促进其就业或稳定就业。

第四节 绿色就业将成为一道亮丽的风景线

随着全球气候变化对人类社会构成重大威胁，越来越多的国家将"碳中和"上升为国家战略。2020年，中国宣布了碳达峰和碳中和的目标愿景。习近平总书记强调，要把碳达峰、碳中和纳入生态文明建设整体布局；要推动绿色低碳技术实现重大突破，抓紧部署低碳前沿技术研究，加快推广应用减污降碳技术，建立完善绿色低碳技术评估、交易体系和科技创新服务平台。"双碳"目标的实施将不可避免地对相关区域和产业造成冲击，导致经济效益下降和产能过剩，进而造成一定程度的失业风险。然而，需要同时看到"双碳"目标下的低碳发展也将提供更多的就业岗位，最直接的就业岗位增长体现在可再生能源领域。相比传统的煤炭生产领域工作岗位，可再生能源领域的工作环境往往更加清洁，对从业人员更加友好。

>>一、"双碳"背景下的绿色转型带来巨大机遇<<

从辩证的角度看，"双碳"目标的实现过程，也是催生全新行业和商业模式的过程，在绿色转型过程中孕育着巨大的发展机遇。

一方面，"双碳"背景下的绿色转型有助于提升国际竞争力。"双碳"目标指引了中国经济社会高质量发展方向，势必带来广泛而深刻的系统性变革。中国应抓住绿色低碳转型中与世界发达国家同起点的机遇，主动在能源结构、产业结构等方面推进全方位、深层次、系统性变革，促进国家能源安全水平的有效提升；通过对5G、人工智能等新兴产业进行科学合理布局，加快驱动自主创新与产业升级转型，进而提升国家综合实力，实现科技领先地位。

另一方面，"双碳"背景下的绿色转型将促进低碳零碳负碳产业迅速发展。2020年，中国可再生能源领域就业总数超过400万，占全球比重接近40%。[①]"双碳"背景下，新能源和低碳技术的价值链将成为重中之重，中国借此机遇，可通过大力发展水电、风电、太阳能等可再生能源，推动新能源技术开发、设备制造和安装维护等相关行业发展，促进绿色经济领域就业机会的进一步扩大。

---

① 白永秀、鲁能、李双媛：《双碳目标提出的背景、挑战、机遇及实现路径》，载《中国经济评论》，2021(5)。

>>二、"双碳"背景下绿色就业规模持续攀升<<

国际劳工组织将绿色就业定义为在经济部门和经济活动中创造的、可以减轻环境影响并最终实现环境、经济和社会可持续发展的体面工作。人力资源和社会保障部劳动科学研究所将绿色就业概括为三个方面：采用绿色技术、工艺和原材料进行生产的就业；从事绿色产品生产和服务的就业；直接从事环境和生态保护工作的就业。[1] 中国社会科学院城市发展与环境研究所的研究报告指出，能够促进低碳发展的一些部门和企业，其创造的就业也属于绿色就业。综合以上观点可知，绿色就业本质上是坚持低碳和环保发展的部门或企业创造的就业。

据联合国环境署统计，2011 年，全球直接和间接从事环保工作的员工分别达到 1 800 万人和 5 500 万人；吸收就业增长最快的部门是垃圾回收、处理、加工和营销，以平均每年 25%～30% 的速度增长。[2] 国际劳工组织发布的报告显示，如果采取并实施可持续的做法，到 2030 年，全球将新增 2 400 万个就业岗位。[3]

联合国环境署与国际劳工组织发布的《绿色就业：在低碳、可持续发展的世界实现体面劳动》这一报告，提及了多个能够促进温室气体减排、资源节约和促进绿色就业的重点领域，包括能源供应行业、交通运输部门、生产制造业、建筑行业、资源回收和利用业、零售行业、农业、林业等。2019 年，中国城镇单位就业主要集中在以下部门（见图 2-15）：（1）制造业，（2）建筑业，（3）教育业，（4）公共管理、社会保障和社会组织。这四个主要行业的就业人数占中国城镇单位就业人员总数的 58.29%。此外，能源供应、交通运输、资源回收和利用、零售物流等，也是中国城市近年来发展势头较快、就业增长较大的主要行业。2019 年，电力、热力、燃气及水生产和供应业，交通运输、仓储和邮政业，批发和零售业三个行业城镇单位就业人员占比分别为 2.17%、4.75% 和 4.84%。

为了更好地观测主要行业的绿色就业状况，我们根据国家统计局网站发布的城镇单位就业数据，形成了 2011—2019 年中国城镇单位绿色就业重点领域就业走势图。由图 2-16 可知，绿色就业重点领域的就业人员总占比一直保持在 70%

---

① 人力资源和社会保障部劳动科学研究所课题组：《中国绿色就业的发展》，载《中国劳动》，2010(4)。

② 《绿色就业 让更多人成为"绿领"》，http://www.weather.com.cn/climate/qhbhyw/03/1283249.shtml，2021-11-01。

③ 《绿色就业：唯一的出路》，https://www.un.org/zh/node/104306，2021-11-01。

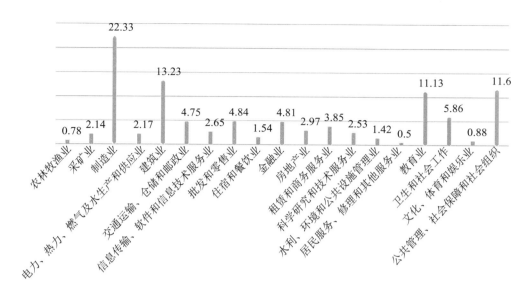

图 2-15　2019 年中国城镇单位各行业就业人员占比／%

数据来源：根据国家统计局门户网站城镇单位就业数据计算而得。

以上。随着绿色经济的不断发展，该占比将很有可能继续增长，绿色就业将成为中国甚至全球劳动力市场中一道亮丽的风景线。

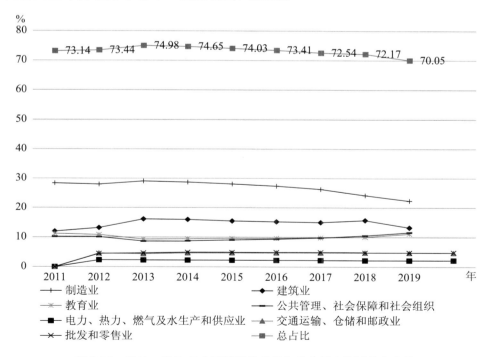

图 2-16　2011—2019 年中国城镇单位绿色就业重点领域就业走势

数据来源：根据国家统计局门户网站城镇单位就业数据计算而得。

参考郑艳对绿色行业的分类，根据相关资料，我们对中国城镇部门与绿色就业相关的传统绿色行业就业人数进行了粗略统计，可知，2019 年中国城市绿色就业总数已超过 4 500 万人（见表 2-3），与 2010 年相比，增长至少翻了一番。

表 2-3　2019 年中国城市绿色就业概算

绿色行业分类	相关部门	绿色就业人数/万人
（1）生态基础设施产业	林业 a	1 024～1 028
	水利、环境和公共设施管理业 b	244
（2）绿色交通产业	城市公共交通业 b	167
（3）绿色技术研发与服务产业	科学研究和技术服务业 b	434
（4）再生资源产业	废弃资源及旧材料回收加工业 c	8
	火电脱硫运行及维护 a	30
（5）绿色能源产业	风力发电及风电设备制造 a	71～87
	太阳能光伏制造业 a	5
（6）绿色制造行业	环保产品及设备制造业 d	253
（7）绿色建筑行业	既有建筑节能改造 e	2 257
（8）绿色管理与社会服务行业	环境保护类社会团体 e	31
总计		4 525～4 545

数据来源：a. 根据《中国低碳发展与绿色就业研究》中估算的 2005—2020 年林业实施低碳发展的直接就业总数、2008—2010 年节能减排和生态建设直接就业总数，我们取各指标数值在各年的均值之后，算得截至 2019 年的累计的直接就业规模；b. 根据国家统计局门户网站发布的数据获得。其中，城市公共交通从业人员的数据只更新到 2011 年，我们根据 2007—2011 年的数据，通过几何平均数算法算得城市公共交通从业人员数量平均增速为 4.59%，然后以 2011 年为基期，算得 2019 年城市公共交通从业人员数；c.《中国劳动统计年鉴》；d.《2020 中国环保产业发展状况报告》；e. 根据郑艳的《中国城市绿色就业现状及发展前景》，综合《中国劳动统计年鉴》中相关数据计算在 2010 年相应产业中的占比和 2019 年的结果。

>>三、绿色就业发展前景向好<<

随着环保监管力度的不断加强、循环经济建设的日益推进，绿色产业正逐渐成为一个新的经济热点。"十二五"以来，中国大力推进节能减排，倡导发展循环低碳经济，致力于建设资源节约型和环境友好型社会。2011 年，中国公共财政支出中用于节能环保的支出为 2 640.98 亿元，截至 2019 年，该支出已经增长近两倍。2020 年，节能环保产业 GDP 占比达 7.38%，成为国民经济的支柱产业之一。[①]

我们对近十年来中国政府关于绿色产业的支持政策进行了梳理并选取了其中部分重要的文件，如表 2-4 所示。可以看出，近年来，国家对绿色产业及其就业

---

① 启信灯塔数据研究中心：《2021 年中国节能环保产业发展分析报告》，https://www.sgpjbg.com/baogao/33222.html，2021-11-01。

的政策支持倾向非常直观。在国家政策支持下，绿色产业得到较快发展，预计未来行业发展前景广阔，绿色就业发展前景一片向好。

表 2-4　2011—2020 年中国绿色产业部分重要国家政策文件

政策文件	颁发部门	颁布时间	主要内容和目标
《关于加快发展节能环保产业的意见》	国务院	2013.8.1	围绕重点领域，促进节能环保产业发展水平全面提升；发挥政府带动作用，引领社会资金投入节能环保工程建设；推广节能环保产品，扩大市场消费需求等
《工业绿色发展规划（2016—2020 年）》	工业和信息化部	2016.6.30	到 2020 年，绿色发展理念成为工业全领域全过程的普遍要求，工业绿色发展推进机制基本形成，绿色制造产业成为经济增长新引擎和国际竞争新优势
《工业和信息化部办公厅关于开展绿色制造体系建设的通知》	工业和信息化部	2016.9.3	到 2020 年，绿色制造体系初步建立，绿色制造相关标准体系和评价体系基本建成
《"十三五"节能环保产业发展规划》	国家发展改革委科技部工业和信息化部环境保护部	2016.12.22	到 2020 年，基本形成节能环保产业发展的制度政策体系，节能环保产业成为国民经济的一大支柱产业
《关于加快推进环保装备制造业发展的指导意见》	工业和信息化部	2017.10.24	到 2020 年，明显提升行业创新能力，取得关键核心技术新突破，基本建成创新驱动的行业发展体系
《关于加快推进部分重点城市生活垃圾分类工作的通知》	住房和城乡建设部	2017.12.20	2035 年前，46 个重点城市全面建立城市生活垃圾分类制度，垃圾分类达到国际先进水平
《中共中央　国务院关于全面加强生态环境保护　坚决打好污染防治攻坚战的意见》	中共中央　国务院	2018.6.16	确保到 2035 年，节约资源和保护生态环境的空间格局、产业结构、生产方式、生活方式总体形成；到本世纪中叶，生态文明全面提升，实现生态环境领域国家治理体系和治理能力现代化
《关于构建市场导向的绿色技术创新体系的指导意见》	国家发展改革委科技部	2019.4.15	到 2022 年，基本建成市场导向的绿色技术创新体系
《关于组织开展绿色产业示范基地建设的通知》	国家发展改革委	2020.7.7	到 2025 年，绿色产业示范基地建设取得阶段性进展

第五节　劳动力市场空间格局将被重塑

改革开放四十多年来，我国劳动力市场空间格局不断被重塑，劳动力资源空间配置不断优化。党的十九大报告要求实施区域协调发展战略，这是党中央在新时代针对区域协调发展新特征做出的重大战略部署。其中，劳动力资源在区域间协调配置是该战略的重要组成部分。人口流动促进经济增长，有利于解决贫困问题，人才集聚促进科技发展。劳动力市场空间格局的重塑是经济、技术、政策等诸多因素共同作用的结果。未来，以超大城市为中心的人口吸纳特征将逐步演变为以城市群为中心的"中心—外围"辐射特征。

>>一、发达地区和非发达地区劳动力吸纳能力差异显著<<

人力资本作为重要生产要素，对经济增长和社会发展的作用尤为突出。[①] 劳动力市场空间格局的形成受诸多因素的影响。一是经济因素，经济发展好的地区会吸引劳动力等要素跨区流动到该地，产生规模效应，表现为外围向中心的人力资本流向，最终在经济发达地区形成人力资本高地。二是技术因素，随着互联网的发展，电商经济下沉农村，城乡基本生活差异缩小，加之疫情常态化发展下的网络办公兴起，导致中心向外围的人力资本流向或者外围向中心的人力资本流向减弱趋势，最终对人力资本区域差距产生"熨平"效果。三是政策因素，户籍、教育、医疗、脱贫等一系列关系劳动者切身利益的政策也是劳动力市场空间格局发生变化的重要因素，劳动者会流向户籍制度更加开放、教育医疗等公共设施更加完善的地区，脱贫地区劳动者外出打工的概率也会降低。四是其他因素，包括劳动者流动意愿、家庭状况等。近年来，尽管国家力求从各方面对劳动力市场空间格局的优化和劳动力市场的合理配置给予政策支持[②]，但是，我国劳动力市场的空间分布格局与区域协调发展战略规划还存在差距，劳动力过度集聚于发达地区，而欠发达地区劳动力匮乏的问题依然突出。

东部沿海城市凭借良好的经济环境、政策环境吸纳了大量就业人口。伴随城镇化进程的推进，多数地区的城镇单位就业人员呈现增加趋势，农村剩余劳动力转移到城市就业。不过区域特征差异显著（见表2-5），广东、上海、江苏位列城

---

① Romer P. , 1987, "Growth Based on Increasing Returns Due to Specialization", *American Economic Review*, 77(2).

② 蔡昉、王德文、都阳：《劳动力市场扭曲对区域差距的影响》，载《中国社会科学》，2001(2)。

镇单位吸纳就业人口前三甲，2010—2019 年，三省市城镇单位就业人员增幅分别达到84.6％、82.3％和74.4％。

东北地区成为人口流失"重灾区"，第七次全国人口普查数据结果显示，东北三省总流失人口数达到了941万，其中，劳动年龄人口流失数超过800万。分省来看，黑龙江、辽宁两省的城镇单位就业人口呈现减少趋势，减少幅度分别为24％和3.5％。另外，吉林在所有城镇就业人员增加的省份中增幅最低，只有3.6％。东北地区经济发展较慢，老工业基地传统产业规模大幅缩减，劳动者工资低、工作种类单一，出现了农村富余劳动力和城市人口的同步跨地区流出的现象。

表 2-5　城镇单位分省就业人员数、变动百分比和变动百分比排序

所属地区	省市	2019 年 /万人	2010 年 /万人	变动百分比 /％	变动百分比排序
东北地区	黑龙江	349.6	460.0	−24.00	30
	辽宁	499.9	518.1	−3.51	29
	吉林	277.3	267.6	3.62	28
东部地区	河北	576.0	519.6	10.85	27
	浙江	987.3	883.6	11.74	26
	山东	1 072.0	956.2	12.11	24
	北京	791.3	646.6	22.38	19
	海南	102.2	81.3	25.71	17
	福建	639.6	507.1	26.13	16
	天津	269.4	205.7	30.97	10
	江苏	1 332.3	763.8	74.43	3
	上海	716.1	392.9	82.26	2
	广东	2 064.6	1118.5	84.59	1
中部地区	山西	441.1	394.4	11.84	25
	湖南	596.7	505.7	17.99	21
	湖北	653.8	510.3	28.12	13
	河南	968.0	751.7	28.77	12
	江西	451.7	297.4	51.88	5
	安徽	581.0	372.9	55.81	4

续表

所属地区	省市	2019 年 /万人	2010 年 /万人	变动百分比 /％	变动百分比排序
西部地区	内蒙古	280.9	249.2	12.72	23
	云南	367.5	322.8	13.85	22
	宁夏	70.0	59.3	18.04	20
	新疆	318.8	255.0	25.02	18
	青海	67.0	52.6	27.38	15
	广西	404.1	316.7	27.60	14
	甘肃	253.0	194.3	30.21	11
	陕西	501.3	364.8	37.42	9
	四川	788.9	570.6	38.26	8
	重庆	374.4	266.4	40.54	7
	贵州	321.1	224.3	43.16	6

数据来源：国家统计局。

发达地区和非发达地区劳动力吸纳力差异显著，不过经济增长极与人力资本增长极又相得益彰。在未来城市发展进程中，劳动力市场的空间复杂性将会更加明显，以城市群为地理特征、以经济增长极为引擎的京津冀、长三角、大湾区、成渝等经济圈将成为主要人才流入地。后疫情时代，世界级产业链集群建设、国家城市群现代化产业体系形成、世界级多中心网络型区域协调发展均会影响劳动力市场地域空间的重构。

>>二、雄安新区是京津冀劳动力市场 均衡发展的持久动力<<

雄安新区的设立为实现京津冀地区"功能互补、区域联动、轴向集聚、节点支撑"打下了良好基础，功能、产业布局的革新推动了劳动力良性流动。由图2-17可以看出，2017 年宣布建设雄安新区之前，河北省的城镇就业人口数呈现下降趋势，2015 年和 2016 年年底，分别为 643.6 万人、639.6 万人。2017 年年底，为 535.3 万人，较 2016 年减少 104 万人。不过这种急剧下滑的态势很快发生了反转，2018 年，河北省城镇就业人口数达到 550.3 万人，较上年增加 15 万人，且增加趋势持续至今。与此同时，在疏解非首都功能等政策影响下，北京市城镇单位就业人数增速放缓，并在 2019 年呈现下降趋势，从 2018 年的 819.3 万人，减少至 2019 年的 791.3 万人，下降了 3.4％。而天津市则保持了动态稳定。

雄安新区建设已经成为京津冀地区劳动力市场均衡发展的持久动力。经过四年建设，雄安新区不仅完成了大部分基建工程，还在政策上实现了从中央到地方的层层推进。作为雄安新区首部综合性地方法规，2021年9月贯彻执行的《河北雄安新区条例》特别指出，雄安新区将重点承接包括高校、事业单位、科研院所、创新平台等八类北京非首都功能疏解。就业人口增加趋势还将持续，劳动者群体技能结构也会随之调整。

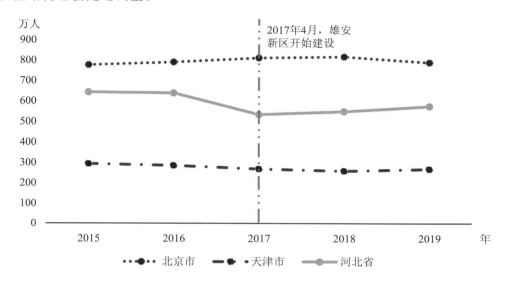

图 2-17　2015—2019 年京津冀三地城镇就业人口数

数据来源：国家统计局。

>>三、"一核心＋多辐射"的长三角经济区将实现人力资源市场的质量升级<<

根据 2016 年 5 月国务院批准的《长江三角洲城市群发展规划》，到 2030 年，以上海为核心，以南京、杭州、嘉兴、合肥等为卫星城的长三角城市群将全面建成具有全球影响力的世界级城市群。这一经济总量占全国 20% 的城市群能与世界五大城市群①媲美，不仅要在经济上有优势，还要在人力资本市场建设方面独树一帜，成为世界吸引人才的高地和实现"体面劳动"的先行者。国际劳工组织提出的"体面劳动"的六个基本理念和"共同富裕"的理念不谋而合。无论是工资合理增长、收入合理分配，还是劳动者权益的保障、人的生活与工作的平衡，"体面劳动"归根结底体现为人的"体面"，而"共同富裕"是"发展为了人民"的阶段性目标。提升人力资源市场服务质量是"一核心＋多辐射"的长三角城市群发展的一块

---

① 世界五大城市群具体包括美国东北大西洋沿岸城市群、北美五大湖城市群、日本东海道城市群、欧洲西北部城市群、英国中南部城市群。

"垫脚石"。包括浙江共同富裕示范区等在内的各个示范区建设的立足点也是劳动力市场建设的出发点。

《长江三角洲城市群发展规划》的推进产生了一定成效，劳动力市场的均衡发展在上海、江苏、浙江、安徽四地城镇就业人口变动趋势上有所体现（见图2-18）。安徽是长三角经济带相对落后的地区，不过近年发展势头迅猛，不仅 GDP 增速在中部地区名列前茅，而且 GDP 总量也超过了上海，经济发展与劳动力市场的优化同频共振。江苏、浙江的城镇就业人口数呈现下降趋势。其中以江苏最为明显，从 2015 年的 1 552.1 万人下降到 2019 年的 1 332.3 万人，五年内下降幅度达到 14.2%。浙江的城镇就业人口数也从 2015 年的 1 083.4 万人下降到 2019 年的 987.3 万人，下降幅度为 8.9%。与之形成鲜明对比的是安徽，城镇就业人口数从 2015 年的 513.8 万人上升到 2019 年的 581.0 万人，增幅为 13.1%。这意味着，安徽地区的经济跟跑有了显著效果，安徽与江浙的人力资源差距正在逐步缩小，劳动力资源的空间布局优化已经开始，城市群建设的成效在经济总量和劳动力总量层面都有体现。

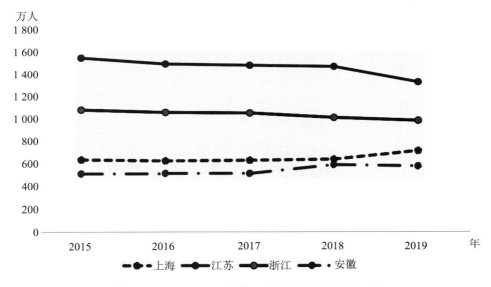

图 2-18 2015—2019 年长三角四地城镇就业人口数

数据来源：国家统计局。

>>四、大湾区呈现国际国内"资本—劳动力"双升趋势<<

2019 年 2 月，中共中央、国务院印发《粤港澳大湾区发展规划纲要》，其中明确提出，粤港澳大湾区要建成充满活力的世界级城市群、国际科技创新中心、"一带一路"建设的重要支撑、内地与港澳深度合作示范区。在粤港澳大湾区，人工智能、虚拟现实等前沿科技会蓬勃发展，其辐射效应为东莞、江门等地的产业升级创造历史机遇。技术的大规模应用有助于推动经济高质量发展，创造新就业并吸引外来人口。

一方面，经济体量铸就雄厚资本。雄厚的经济基础让粤港澳大湾区成立即成为世界瞩目的经济区。粤港澳大湾区与美国的纽约湾区、旧金山湾区以及日本的东京湾区并称为国际四大湾区。如果将其视作独立经济体，其 GDP 规模可与全球经济体量前 20 的国家和地区相媲美。根据世界银行 2018 年数据，位居四大湾区榜首的东京湾区，GDP 规模为 1.92 万亿美元，体量可排全球第九位，介于意大利和巴西之间。位居四大湾区第二位的纽约湾区 GDP 规模为 1.72 万亿美元，如果视作独立经济体，可排在全球第 10 位。粤港澳大湾区以 1.64 万亿美元的体量位居四大湾区中的第三位，若被视为独立经济体则位列全球第 12 位，且高于旧金山湾区(0.84 万亿美元)近一倍。另一方面，近年来粤港澳大湾区借力国际贸易形成雄厚资本。以广东为例，近年来受到国际形势和疫情影响，对外贸易受阻，四大经济带主要省市进出口总额均呈现下降趋势。不过，从图 2-19 可以看出，广东省依然以 4 029 亿美元处于领头羊位置，比第二、第三位的江苏、上海分别高出 418 亿美元和 781 亿美元，远超京津冀、成渝和长三角部分省市。

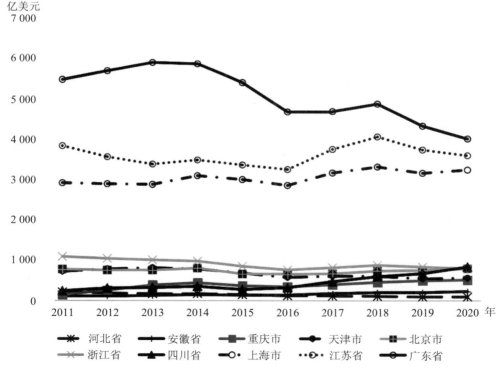

图 2-19　2011—2020 年四大经济带典型省市外商投资企业进出口总额

数据来源：世界银行和国家统计局。

既有的经济基础加上政策推动，资本积累与人口集聚相辅相成。国际国内资本、技术与人力资本的"拉锯"与"融合"已经在大湾区出现。大湾区领衔城市广州、香港的人口数均超过 600 万人，且深圳在 2019 年出现人口规模的陡增趋势，从 2018 年的 454.7 万人增加到 2019 年的 550.7 万人（见图 2-20），增速达到21.1%，比上年增速高约 16 个百分点。

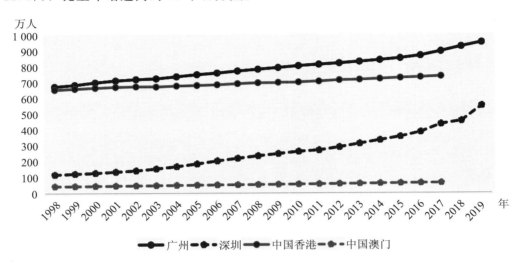

图 2-20　1998—2019 年广州、深圳、中国香港、中国澳门人口数

数据来源：世界银行和国家统计局。

尽管头部城市的人口增速很快，但从人口密度来看，珠三角九市依然有提升空间（见图 2-21）。2015—2019 年，珠三角九市净流入人口为 573 万。人口密度随之提升，2019 年珠三角九市的人口密度为 1 170 人/平方千米，比 2015 年增加

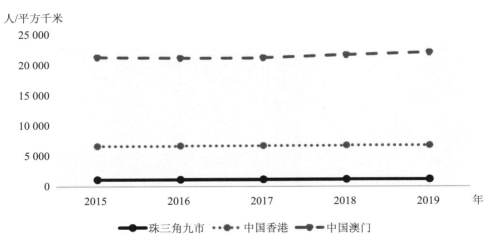

图 2-21　2015—2019 年珠三角九市、中国香港、中国澳门人口密度

数据来源：国家统计局。

9.7%。但较香港、澳门相去甚远。2019 年，香港和澳门人口密度分别为 6 779 人/平方千米和 22 065 人/平方千米。换言之，单从人口密度来看，珠三角九市只有香港的 1/6，澳门的 1/20。如果按照现在的增速，珠三角九市达到香港 2019 年的人口密度水平还需要 17 年，追平澳门则需要更长时间。因此，尽管未来一段时间，机器换人可能在技术发达的珠三角地区引发暂时性的就业问题[①]，但从长期来看，资本会撬动劳动力需求，带来更多的人口流动。

>>五、成渝经济圈将成为人力资本高地的"后起之秀"<<

经济的快速发展和低生活成本成为成渝与北上广深的比较优势，成渝地区已经成为新的人口吸纳地（见图 2-22）。根据 2020 年《中国城市统计年鉴》数据，2017—2019 年，重庆市常住人口分别增长了 27.0 万、26.6 万和 22.5 万；成都市分别增长了 12.7 万、28.5 万和 25.1 万。在成渝"双城经济圈"带动下，四川、重庆地区将可能成为中国人口迁移的新目的地。

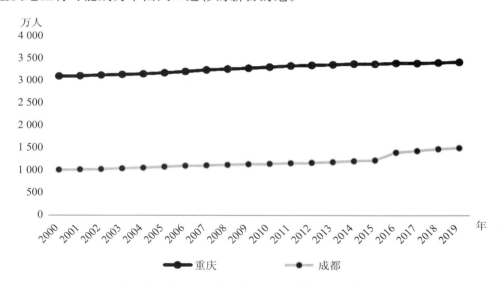

图 2-22　2000—2019 年重庆市、成都市年末总人口

数据来源：国家统计局。

注：2016 年 5 月，成都市调整了行政区划，原属资阳市代管的县级市简阳划归成都市管辖，所以当年年末常住人口增加较快，但剔除行政区划变更影响，人口增加趋势依然存在。

---

① Furman，J. and R. Seamans，2019，"AI and the Economy"，*Innovation Policy and the Economy*，19(1).

成渝两个城市之所以出现持续的人口集聚现象，产业聚集是最重要的原因之一，产业规模扩张带来了人口的增长。改革开放初期，沿海地区凭借开放的市场环境、优越的地理环境，吸引大量外资。成渝在这些方面优势不足，不过随着西部大开发战略的推进以及重庆直辖市的设立，产业向中西部地区转移，两个城市上演西部地区经济发展和劳动力转移的"双城记"，对促进四川省人力资本积累起到了积极作用。

一方面，2016 年四川省出现了省内转移超过省外转移的现象。城市发展让这一拥有 8 000 多万人口的大省更具内部吸引力。另一方面，作为人口流出大省的四川，人口返流现象十分突出。2000 年第五次全国人口普查数据显示，四川常住人口为 8 329 万人，到 2010 年第六次全国人口普查降至 8 041 万人，10 年净流出 288 万人。而第七次全国人口普查数据显示，全省常住人口达到 8 367.5 万人，占全国人口比重 5.9%，位居全国第五位。与 2010 年相比，常住人口增加 326.5 万人，增长 4.06%，年平均增速为 0.4%。这意味着省内人口出现了 U 型反转。在城镇化进程中后期，成都、重庆凭借低生活成本、人才优惠政策引才、留才成功。成都市 2020 年统计公报显示，全年城镇新增就业 25.5 万人，其中，新增吸纳大学生就业创业 7.8 万人。

2020 年 1 月 3 日，中央财经委员会第六次会议部署推动成渝地区双城经济圈建设，使之上升为国家战略，已经进入发展快车道的成渝地区正式开启二次提速征程。未来，成渝地区与其他经济带劳动力市场的区域差异会逐步削弱并实现劳动力市场的优化。

第六节 城乡劳动力市场将更加一体化发展

2021 年《政府工作报告》《中共中央关于制定国民经济和社会发展第十四个五年规划和二〇三五年远景目标的建议》中都提出要完善新型城镇化战略，全面推进乡村振兴。随着城乡一体化进程推进和服务型政府的建设，国家和地方政策着力点逐渐从资本、土地等要素转向了劳动力要素，地方政府的公共服务水平不断提高，对城市人口的集聚作用愈发凸显。中国目前正处于从城镇化的发展阶段向饱和阶段、从劳动力城镇化向家庭城镇化的过渡阶段。

>>一、劳动力流动是城乡劳动力市场一体化的基础<<

城乡一体化发展离不开城镇化的推进，而城镇化的推进以人的流动为本质特征。从城镇化率指标来看（见图 2-23），1953 年的第一次人口普查数据显示，中国的城镇化率只有 13.3%，该指标在改革开放之后迅速提升，到 2021 年已经达到 63.9％，增幅达到 50.6 个百分点。"十四五"规划纲要中提出的"至 2025 年常住人口城镇化率提高到 65％"的目标即将达成。城镇化可以分为土地城镇化、劳动力城镇化和家庭城镇化三个阶段。中国已经完成了从土地城镇化向劳动力城镇化的发展历程，正在经历从劳动力城镇化到家庭城镇化的过渡，正处于城镇化发展的关键历史节点。

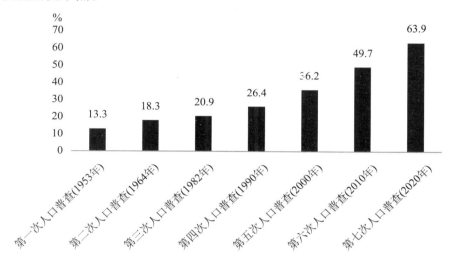

图 2-23　第一次至第七次全国人口普查城镇化率
数据来源：国家统计局。

从时间轴来看，这一节点也是中国城镇化发展趋向饱和的冲刺点。诺瑟姆（1979）认为城镇化过程有三个阶段[1]，根据城市人口占总人口的比重将城镇化进程分为：初始阶段，城市人口占比在 30％ 以下；发展阶段，城市人口占比为 30％～70％；饱和阶段，城市人口占比大于 70％。从这一分类标准来看，从新中国成立到 20 世纪 90 年代初的 40 年时间，中国都处于城镇化的初始阶段。新中国成立初期，中国城镇化率不足 10％，从 1949 年到 1978 年，城镇化率年均增加 0.25 个百分点，直到 1978 年也仅为 17.9％。城镇化率增速低与我国城乡分割的户籍制度、重工业化发展等因素有关。1978 年之后，知青返乡等系列政策推动了城镇化进程，此后乡村人口增速减缓。如图 2-24 所示，1995 年乡村人口减少的拐点出现，当年中国乡村人口总数为 8.6 亿人，到 2020 年已经减至 5.1 亿人，年平均减少 21.1％。

从 20 世纪 90 年代初到 21 世纪初，中国经历了城镇化的快速发展阶段。目前，中国正处于发展阶段的后期，即将进入饱和阶段。具体来看，2020 年全国城镇常住人口总数为 9.0 亿人，乡村常住人口为 5.□ 亿人。与 2010 年进行的第

---

① Northam，R. M.，1979，*Urban Geography*，New York：John Wiley & Sons，pp. 57-68.

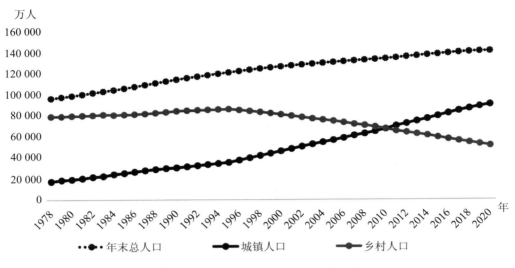

万人

图 2-24　1978—2020 年年末城乡人口数

数据来源：国家统计局。

六次人口普查相比，十年间城镇人口增加了 2.4 亿人，乡村人口减少了 1.6 亿人，城镇化率上升了 14.2 个百分点。虽然城镇化率显著提高，但是户籍人口城镇化率只有 45.4%。1.7 亿流动人口没有获得城镇户口，占城镇常住人口比例高达 28.9%。政府积极努力推动非户籍人口在城市落户，中小城市取消落户限制等一系列政策的实施成效显著，人户分离人口比 2019 年年末减少 613 万人。随着城镇化质量的提升和家庭城镇化的推进，将会出现更大规模的户籍分离人口缩减。

>>二、城乡收入差距持续扩大的趋势基本触底<<

客观来看，城乡收入差距的形成有其历史原因。新中国成立初期，我国农村人口占比高，且很长一段时间优先发展重工业，政府坚持农业支持工业、农村支持城市的政策，农村发展明显落后于城市，人口多、底子薄的状况一直持续到改革开放中后期。从"人民公社"式的乡村建设，到改革开放初期的市场化发展阶段，农村与城市的差距逐步拉大。近年来随着国力整体提升，从城乡统筹发展到乡村振兴战略，国家逐步开启了"补短板"模式。2017 年 10 月，党的十九大报告明确提出乡村振兴战略，强调"三农"问题是关系国计民生的根本性问题。政府加大了向农村地区的倾斜性投资，农村居民的人均可支配收入从 2013 年的 9 430 元增加到 2020 年的 17 311 元（见表 2-6），基本实现翻番。

表 2-6　2013—2020 年中国居民人均可支配收入/元

年份	居民人均可支配收入	城镇居民人均可支配收入	农村居民人均可支配收入	城镇—农村
2013	18 311	26 467	9 430	17 037
2014	20 167	28 844	10 489	18 355
2015	21 966	31 195	11 422	19 773
2016	23 821	33 616	12 363	21 253
2017	25 974	36 396	13 432	22 964
2018	28 228	39 251	14 617	24 634
2019	30 733	42 359	16 021	26 338
2020	32 189	43 834	17 131	26 703

数据来源：国家统计局。

注：从 2013 年起，国家统计局开展了城乡一体化住户收支与生活状况调查，2013 年及以后数据来源于此项调查。与 2013 年前的分城镇和农村住户调查的调查范围、调查方法、指标口径有所不同。

　　尽管农村居民收入不断增长，但是城镇和农村居民人均可支配收入差距依然较大，从 2013 年的 17 037 万元增加至 2020 年的 26 703 万元。不过该趋势将逐步发生反转，2020 年城镇和农村居民人均可支配收入差距和 2019 年基本持平，这意味着城乡收入差距扩大的趋势已经基本触底。国家的乡村振兴战略已经在收窄收入差距方面取得一定成效。这一特征在居民人均可支配收入同比增长率的变动趋势上体现得更为明显。如图 2-25 所示，2015 年，城镇和农村居民人均可支配收入同比增长率分别为 8.2% 和 8.9%，两者几乎持平，但是到 2020 年，城镇和农村居民人均可支配收入同比增长率分别为 3.5% 和 6.9%，前者低于后者 3.4 个百分点。

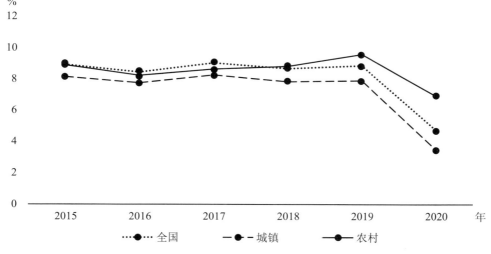

图 2-25　2015—2020 年中国居民人均可支配收入同比增长率
数据来源：国家统计局。

>>三、新型乡镇企业继续发挥吸纳就业的重要功能<<

私营企业历来是乡村发展的主要推动力。从历史上来看，乡镇企业发展迅速的阶段也是农村就业和农民增收的"黄金期"。自邓小平南方谈话以来，私营企业大量扩张，为吸纳就业做出了重要贡献。如图 2-26 所示，私营企业户数从 1992 年的 13.8 万户增加到 2019 年的 3 422.8 万户，年平均增速为 22.7%。特别是 20 世纪 90 年代末到 21 世纪初，私营企业在乡镇大量崛起，为农村人口从农业生产领域转向制造业奠定了基础。到 2000 年，中国城镇私营企业就业人数为 1 267.2 万，乡村私营企业就业人数为 1 138.6 万，城乡之比为 1.1∶1，农村私营企业在拉动就业方面的贡献与城市相当。

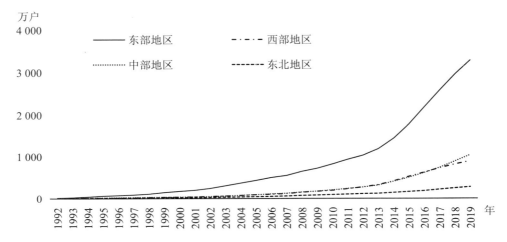

图 2-26　1992—2019 年东部、西部、中部和东北地区私营企业户数
数据来源：国家统计局。

随着城市经济发展，农村劳动力涌向城市，但近年来新技术引致新型乡镇企业活力再现，并再次凸显吸纳就业的重要功能。2010 年，中国城镇私营企业就业人数为 6 071.0 万，乡村私营企业就业人数为 3 346.8 万，城乡之比为 1.8∶1。之后，该比例逐年增加，到 2014 年已经达到 2.2∶1 的高点。近年来，互联网等技术的兴起推动电子商务等新产业迅速崛起，农村因其低廉的用地成本、人工成本成为产业下沉的新标地。2019 年，中国城镇私营企业就业人数为 14 566.5 万，乡村私营企业就业人数为 8 266.9 万，城乡之比为 1.7∶1(见图 2-27)。

电子商务的发展促使农村企业更新换代，政策保障为农村新就业带来希望。自 2014 年起我国连续 6 年开展电子商务进农村综合示范工作，推动全国农村电子商务发展，鼓励各地通过中央财政资金引导带动社会资本共同参与农村电子商务工作。到 2020 年已累计支持 1 180 个示范县，实现了对全国 832 个国家级贫困

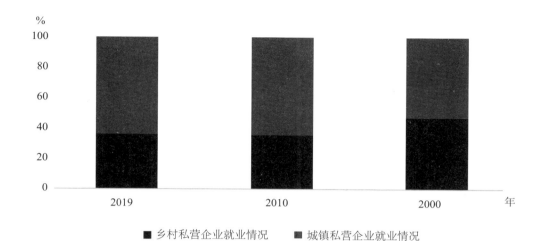

图2-27 2000年、2010年和2019年乡村和城镇私营企业就业者占比
数据来源：国家统计局。

县的全覆盖。①

　　2019年8月《关于加快发展流通促进商业消费的意见》发布，特别指出要扩大电子商务进农村覆盖面，培训农村电商人才。如图2-28所示，2019年，国家支持江苏、浙江国家级电子商务进农村示范县9个，安徽、福建、山西分别为8个、6个和4个，分列第三、第四、第五位。需要特别说明的是成绩与问题并存，首先是区域不均衡问题亟待解决。自1992年至今，东部、中部、西部地区私营企业户年平均增速均超过了22%，而东北地区的年平均增速只有18.9%，与其他地区的增幅相差4～5个百分点。因此在考虑城乡一体化建设过程中，需特别关注老工业基地的整体布局和城乡融合问题。不过东北地区已经开始借助新技术实现转型，并试图发掘"弯道超车"的机会，希望尽早走在乡村振兴的道路上。2019年，国家支持辽宁、吉林、黑龙江国家级电子商务进农村示范县均已达到3个，与河北、内蒙古持平。其次是重点人群的回乡就业问题。就业岗位增加的同时，针对返乡农民工、大学生、退伍军人、贫困户等农村电商普及和技能培训工作全面开展，这对解决特殊群体就业以及疫情下的"就业难"问题有一定成效。最后是城乡互联网发展环境差距大的问题。根据国家统计局数据，截至2020年12月，我国城镇地区互联网普及率为79.8%，农村地区互联网普及率为55.9%，城乡地区互联网普及率相差23.9个百分点。

---

① 《三部门启动2020年电子商务进农村综合示范工作》，载《经济日报》，2020-06-03。

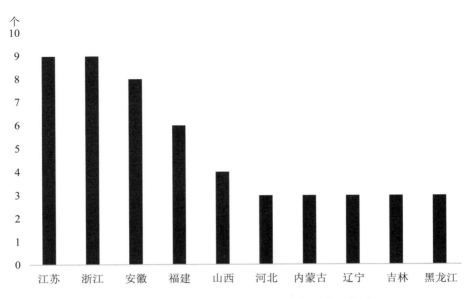

图 2-28　2019 年国家级电子商务进农村示范县数量

数据来源：农业农村部。

>>四、城乡公共服务一体化是未来趋势<<

劳动力流动与城乡公共服务水平高度相关，教育、医疗、社保等相关服务水平的差异也是劳动力市场脱离稳态、发生结构性变化的重要原因。本部分以教育、医疗、社保为例刻画城乡公共服务一体化的发展趋势。

(一)农村教育城镇化与人口城镇化趋势同频共振

农村教育城镇化作为家庭城镇化的伴生物，成为城镇化发展的大趋势。[①] 教育被认为是实现阶层流动的最公平途径之一，而城乡义务教育一体化的推进是实现城乡一体化的重要组成部分。考虑义务教育辍学率问题，我们借助毕业生数、招生数、在校生数三项指标进行分析。如图 2-29 所示，农村学生占比持续走低趋势明显，农村学生占比下降近 30 个百分点。具体而言，2019 年，城区、镇区、乡村小学毕业生数占比分别为 35.25%、39.86%、24.89%，招生数占比分别为 39.87%、36.59%、23.53%，在校生数占比分别为 37.53%、38.25%、24.22%。三组数据与 2010 年相比，差距明显。2010 年城区、镇区、乡村小学毕业生数占比分别为 17.50%、28.31%、54.19%，招生数占比分别为 18.56%、27.35%、

---

① 胡俊生：《农村教育城镇化：动因、目标及策略探讨》，载《教育研究》，2010(2)。

54.10%，在校生数占比分别为 18.31%、27.87%、53.82%。

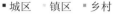

■城区 ■镇区 ■乡村

图 2-29　2010 年、2019 年城区、镇区、乡村小学毕业生数、招生数、在校生数占比

数据来源：中华人民共和国教育部。

注：左侧是 2010 年数据，右侧是 2019 年数据；内环、中环、外环分别为毕业生数、招生数和在校生数。

另外，初中阶段城区、镇区、乡村初中毕业生数、招生数、在校生数占比变化也有类似特征（见图 2-30）。具体而言，2019 年，城区、镇区、乡村初中毕业生数占比分别为 36.17%、49.95%、13.88%，招生数占比分别为 38.08%、48.72%、13.20%，在校生数占比分别为 37.43%、49.10%、13.47%。而 2010 年城区、镇区、乡村初中毕业生数占比分别为 19.01%、45.69%、35.30%，招生数占比分别为 20.28%、46.41%、33.31%，在校生数占比分别为 20.06%、46.10%、33.84%。

■城区 ■镇区 ■乡村

图 2-30　2010 年、2019 年城区、镇区、乡村初中毕业生数、招生数、在校生数占比

数据来源：中华人民共和国教育部。

注：左侧是 2010 年数据，右侧是 2019 年数据；内环、中环、外环分别为毕业生数、招生数和在校生数。

城乡学生占比反转现象一方面与人口流动有关，另一方面和教育政策的推进有关。2016 年为统筹推进县域内城乡义务教育一体化发展，缩小城乡教育差距，促进教育公平，国务院发布了《关于统筹推进县域内城乡义务教育一体化改革发展的若干意见》（以下简称《意见》）。《意见》提出推进城乡义务教育一体化的目标是加快推进"四个统一、一个全覆盖"[①]，着力破除城乡二元结构壁垒[②]。事实上，教育服务城镇化与人口城镇化趋势有同频共振特征。

流动人口的子女入学问题和留守儿童教育问题不容小觑。以小学教育为例，如表 2-7 所示，2019 年随迁子女小学毕业生数、招生数、在校生数占比分别为12.21%、13.58%、13.71%；进城务工人员随迁子女小学毕业生数、招生数、在校生数占比分别达到 9.05%、9.62%、9.87%；而农村留守儿童小学毕业生数、招生数、在校生数占比分别达到 8.46%、7.82%、8.76%。进城务工人员随迁子女、农村留守儿童占小学生总数的比例接近两成。考虑因残疾等各种原因无法接受义务教育的儿童群体，预计到 2030 年，在 15~24 岁青年劳动力中约 10%的人随迁接受异地教育，约 7%的劳动力曾经在接受义务教育阶段缺少父母陪伴。在过去相当长一段时间内，户籍制度是造成城乡劳动力市场分割的主要原因。许多城市学校在招收流动人口子女时缺乏积极性和主动性，甚至部分外出打工人群无法在打工地安置子女入学。针对随迁子女、留守儿童的心理教育问题一旦缺失，未来劳动力市场不稳定风险可能会提高，势必会对城乡劳动力市场一体化造成不利影响。

表 2-7　2019 年各类小学毕业生数、招生数、在校生数及占比

类型	毕业生数/人	毕业生占比/%	招生数/人	招生占比/%	在校生数/人	在校生占比/%
随迁子女	2 011 703	12.21	2 537 437	13.58	14 476 297	13.71
进城务工人员随迁子女	1 491 530	9.05	1 797 802	9.62	10 420 286	9.87
农村留守儿童	1 393 661	8.46	1 460 671	7.82	9 254 090	8.76

数据来源：中华人民共和国教育部。

注：毕业生数、招生数、在校生数占比公式中的分母均为相应学生总数，例如随迁子女毕业生占比＝当年随迁子女毕业生数/毕业生总数。

（二）城乡医疗技术人员合理配置待进一步推进

城镇劳动者医保全覆盖、农村合作医疗全覆盖已经基本实现。但是城乡居民医疗条件尚存在一定差异，特别是医疗领域人力资本在农村配备比率偏低。2010

---

① 所谓四个统一是指"推动县域内城乡义务教育学校建设标准统一、教师编制标准统一、生均公用经费基准定额标准统一、基本装备配置标准统一"，一个全覆盖是指"两免一补"政策城乡全覆盖。

② 褚宏启：《城乡教育一体化：体系重构与制度创新——中国教育二元结构及其破解》，载《教育研究》，2009(11)。

年全国每万人拥有卫生技术人员数只有 44 人，到 2019 年增至 73 人，年均增长 5.7%。然而城乡差距大，2010 年城市每万人拥有卫生技术人员数就已经达到 76 人，比 2019 年的全国平均水平还高，到 2019 年城市每万人拥有卫生技术人员数已经增至 111 人。相应地，2010 年农村每万人拥有卫生技术人员数只有 30 人，仅为当年城市水平的 40%。随着国家推行农村合作医疗，2019 年农村每万人拥有卫生技术人员数增至 50 人，为当年城市水平的 45%。城乡差异略有缩减，但是依然有较大提升空间。

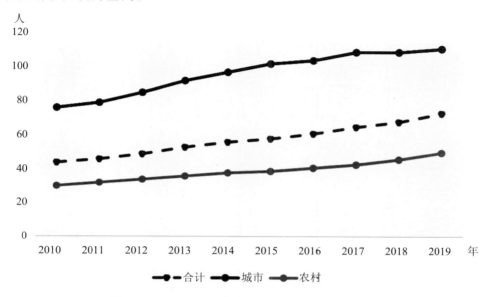

图 2-31　2010—2019 年每万人拥有卫生技术人员数

数据来源：国家统计局。

与此同时，每万人拥有执业（助理）医师数以及每万人拥有注册护士数也都体现了类似特征（见图 2-32、图 2-33）。2010 年全国每万人拥有执业（助理）医师数为 18 人，城市和农村分别为 30 人和 13 人。2019 年，全国水平提升至 28 人，城市和农村分别为 41 人和 20 人。每万人拥有注册护士数指标呈现出的差异特征更为显著。2010 年，全国每万人拥有注册护士数为 15 人，而城市和农村分别为 31 人和 9 人，前者是后者的 3 倍多。2019 年全国水平提升至 32 人，城市和农村分别为 52 人和 20 人，前者是后者的 2.5 倍。相比医疗服务，护理服务在农村更为落后。

目前，政府对农村医疗资源的投入更多体现在资金方面。譬如《关于做好 2020 年城乡居民基本医疗保障工作的通知》明确提出，2020 年城乡居民基本医疗保险人均财政补助标准将继续提高，达到每人每年不低于 550 元标准，旨在让城乡居民公平享有医保权益。与此同时，该项保障工作还与脱贫攻坚工作相互配合、同步进行，真正实现脱贫人群在医疗方面长期、稳定的权益保障。但是，未来城乡医疗一体化的趋势应该不仅体现在物质保障上，还要体现在医疗技术人员的合理配置上，

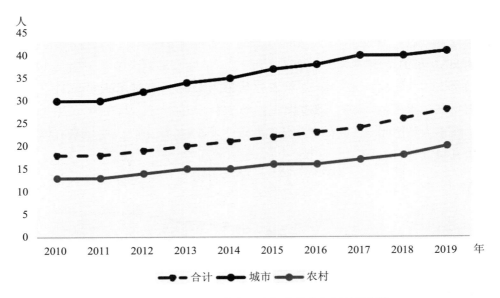

图 2-32　2010—2019 年每万人拥有执业（助理）医师数

数据来源：国家统计局。

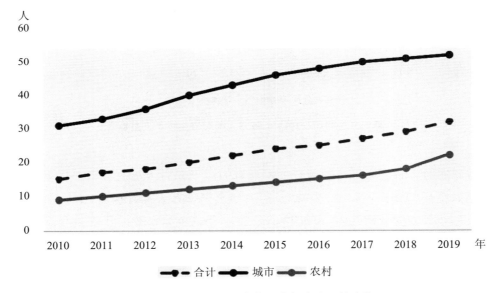

图 2-33　2010—2019 年每万人拥有注册护士数

数据来源：国家统计局。

真正解决乡村医疗和护理专业人才极度紧缺的问题。

（三）社会保障是农村劳动力市场托底的保护器

　　社会保障作为劳动力市场托底和再生产的保护器、社会发展和经济生产的稳定阀，具体包括社会保险、社会救济、社会福利等多方面内容。目前，我国在城乡社会参保方面已经基本做到全覆盖，在其他方面的工作也取得了较大进展。以社会救济中的低保制度为例，如图 2-34 所示，2006 年以前，城市低保人群数量高于农村，2007 年《国务院关于在全国建立农村最低生活保障制度的通知》强调，保障对象不仅包括因病残、年老体弱、丧失劳动能力的农村居民，还包括因生存条件恶劣等原因造成生活常年困难的农村劳动年龄人口。

在这样的政策背景下，农村居民最低生活保障人数突增，且超过城市人数，城乡发生反转。2006 年城市、农村居民最低生活保障人数分别为 2 240.1 万人和 1 593.1 万人，前者比后者高 647 万人；而 2007 年城市、农村居民最低生活保障人数分别为 2 272.1 万人和 3 566.3 万人，前者比后者低 1 294.2 万人。政策推动效果显著。2007 年之后，城乡居民最低生活保障人数差距持续扩大，并在 2014 年"触顶"，当年城市、农村居民最低生活保障人数分别为 1 877 万人和 5 207 万人，前者比后者低 3 330 万人。2014 年之后差距持续缩小。

2018 年，精准扶贫的重要思想被提出，更多贫困人口，特别是贫困劳动年龄人口被精确"定位"，通过异地就业等方式实现"造血式"脱贫。然而这些被精确"定位"的人群就业是需要过渡期的，而过渡期采取的最低生活保障及其他救助方式均可被视为"输血式"扶贫，因此数据显示，从 2018 年开始农村最低生活保障人数有小幅增加。截至 2020 年，城市、农村居民最低生活保障人数分别为 805 万人和 3 621 万人。

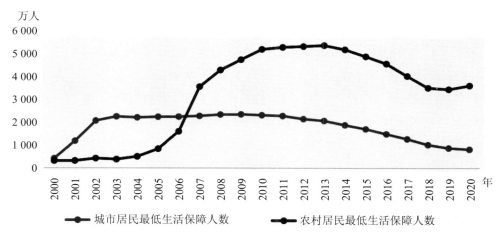

图 2-34 2000—2020 年城市、农村居民最低生活保障人数
数据来源：国家统计局。

第七节　劳动力市场政策将深度调整

"十四五"时期经济社会环境发生深刻变革，中国经济下行压力持续，城镇化进程趋近饱和，老龄化社会即将到来，美国等西方国家会在高科技领域继续推行"卡脖子"战略，叠加新型冠状病毒感染疫情常态化趋势，系列问题导致中国就业结构性矛盾突出：劳动年龄人口供给下降、抚养比上升；在乡村振兴进程中，农村劳动力面临新的就业选择；"机器换人"引发就业恐慌，网络就业导致部分岗位增加、部分岗位缩减，摩擦性失业、职位搜寻者会增加，"双碳"目标背景下部分产业缩减，培训再就业等问题也会叠加出现。然而，挑战与机遇并存，这也是优化劳动力市场配置、提升就业质量的"弯道"，劳动力市场政策将深度调整是未来政府治理工作的重要组成部分。

>>一、基于老龄化趋势的政策调整任重道远<<

老龄化已成定势，国家出台新政策应对人口年龄结构变动引发的劳动力市场供给问题。2021 年 7 月 20 日，中共中央、国务院发布《关于优化生育政策促进人口长期均衡发展的决定》（以下简称《决定》）。2020 年第七次人口普查结果显示，我国总和生育率为 1.3，低于低生育水平警戒线 1.5。以日本为例，1995 年，该国总和生育率跌破 1.5，日本政府在近 30 年中一直鼓励生育，但至今未能回升到 1.5 以上。与中国不同的是，1995 年日本的人均 GDP 达到了 4.35 万美元，然而 2020 年中国的人均 GDP 只有 1.04 万美元。虽然中国在地理资源、人口总量、经济体量、产业链结构等方面也有自身的优势，但是防患意识亦须加强。具体来看，2020 年年末全国 0～14 岁人口为 2.5 亿人，占总人口的 18.0%；15～64 岁人口为 9.7 亿人，占比为 68.5%；65 岁及以上人口为 1.9 亿人，占比为 13.5%。与 2011 年年末相比，2020 年 15～64 岁年龄人口减少 3 671 万人；老年人口占比上升，65 岁及以上人口增加 6 782 万人（见图 2-35）。系列数据表明，《决定》是在特殊历史时期的适时选择。根据经济学家蔡昉的预测，中国第二个人口转折点在 2025 年达到，即总人口达到峰值，之后便开始负增长。[①]

相应地，抚养比指标在逐年增加。如图 2-36 所示，总抚养比从 2011 年的 34.4% 增加到 2020 年的 45.9%，十年间增加了 11.5 个百分点；少儿抚养比从 2011 年的 22.1%，增加到 2020 年的 26.2%；老年抚养比则从 2011 年的 12.3%，增加到 2020 年的 19.7%。劳动力供给减少问题突出，从 2016 年中国全面放开"二孩"到 2021 年"三孩政策"出台，政府"下重拳"改善人口结构，积极应对人口老龄化问题，希望保持人力资源禀赋优势。

总之，我国正处于人口发展的关键转折期，准确把握其变化特征和趋势，对

---

① 蔡昉：《中国第二个人口转折点或在 2025 年到来，供需两侧应对"未富先老"》，中国金融四十人论坛报告，2021 年 7 月。

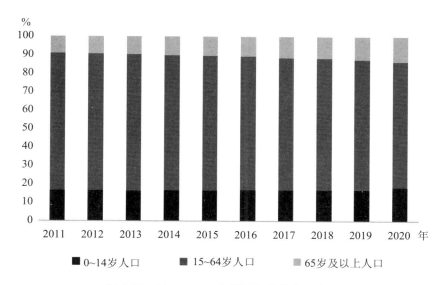

图 2-35 2011—2019 年不同年龄段人口占比

数据来源：中国人口和就业统计年鉴。

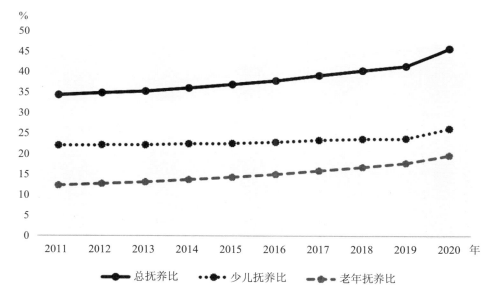

图 2-36 2011—2019 年总抚养比、少儿抚养比和老年抚养比

数据来源：中国人口和就业统计年鉴。

于完善人口发展战略、制定老龄化社会应对措施，促进劳动力市场均衡发展，促进人口和社会经济持续、协调、健康发展意义重大。政策层面的调整不应仅限于鼓励生育，还要在教育、医疗、住房以及生育多孩的劳动者就业等配套政策方面给予全方位支持和引导。

>>二、基于城镇化新阶段的劳动力市场政策待调整<<

城镇化与一个国家或一个地区的产业发展息息相关。一方面，第二次世界大战结束之后，以制造业为主的第二产业迅速发展，第二产业的特征是需要大量劳动力集聚，而城镇凭借其既有的公共设施基础为人口的集聚提供了先决条件。另一方面，城市拥有更好的医疗、教育等条件，为人力资本的提升提供了更多机会，劳动力也有主动流入城市的意愿。世界大部分城市都是通过第二产业的发展带动了人口的聚集，从而推动城镇化进程。

考虑到中国的城镇化特征与国际特征趋同，在政策设计过程中，高收入国家可作为城镇化新阶段的政策参照组。如图 2-37 所示，1978 年世界农村人口占比为 61.47%，中国为 82.1%，到 2020 年，世界农村人口占比降至 43.85%，中国为 38.57%，低于世界平均水平 5.28 个百分点，低于中等收入国家 6.16 个百分点，高于中高收入国家 8.17 个百分点，高于高收入国家 20.33 个百分点。换言之，中国的城镇化水平处于中等收入国家和中高收入国家水平之间的位置。

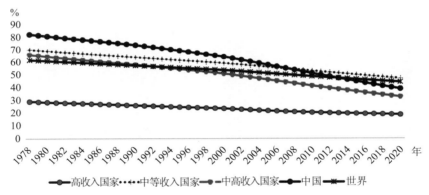

图 2-37 1978—2020 年中国和世界不同收入群体国家农村人口占比
数据来源：世界银行。

事实上，在城镇化发展过程中，第二产业并非一直占主导。随着信息化时代的到来，城镇化与第三产业的发展同步推进，高收入国家和中高收入国家以金融、信息行业为代表的第三产业占比不断提升，第二产业的占比则逐渐下降。中国也呈现类似特征，2013 年第三产业增加值首次超过第二产业。同年，中国和世界的农村人口占比持平，均为 47% 左右。

此外，人口流动推进城镇化进程，人口流动趋势放缓已成定势，高质量城镇化是未来发展的新目标。根据国家统计局数据，2020 年全国农民工总量 2.85 亿人，比 2019 年减少 517 万人。如图 2-38 所示，2020 年外出农民工 16 959 万人，比上年减少 466 万人，下降 2.7%；本地农民工 11 601 万人，比上年减少 51 万人，下降 0.4%。

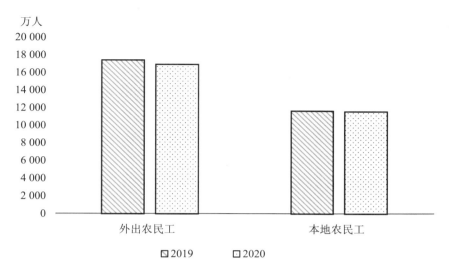

图 2-38　2019 年、2020 年外出农民工和本地农民工人数
数据来源：国家统计局。

人口流动趋势放缓意味着城镇化进程接近尾声，但是流动到城市的人口真正融入城市才是高质量城镇化的前提。流动人口中，绝大多数是农民工。2020 年，中国城市就业人口约有 4 亿，其中农民工有 2.85 亿。农民工数量庞大，但其受教育程度不高，接受培训不足。小学毕业、初中毕业、高中毕业、大专及以上学历占比分别为 14.7%、55.4%、16.7% 和 12.2%。不仅如此，接受职业技能培训的农民工较少，只占三成。在进城农民工中，参加过居住地所在社区活动的占29.3%；加入工会组织的农民工占已就业农民工的比重不足 15%。加之上节提到的农民工子女入学等问题，流动人口高质量就业与高质量城镇化建设须同步进行。基于城镇化新阶段的劳动力市场政策须从社区组织、工会工作、流动人口子女教育等多角度发力。

>>三、基于新就业形态的人口素质提升工程须持续推进<<

新技术发展和行业变革导致劳动者就业领域发生调整，就业形态发生变化。影响新技术发展和行业变革的因素和路径很多，目前最主要的路径有两条：一是以 5G、大数据、人工智能等为标志的技术创新与应用催生新业态，新业态又创造新就业。二是新发展目标引领下，政府会对当前行业产业发展方向进行调整。例如碳达峰、碳中和背景下，劳动者就业领域会随着产业结构的调整发生变化，更多就业群体从高耗能、高排放行业流转到节能环保、清洁能源等行业。因此，技术创新以及"双碳"目标引导下的新就业市场挑战和机遇并存。一方面，在新就业模式下，可能会发生失业、重新适应新岗位、就业极化等问题；另一方面，新就业倒逼劳动者素质提升，进而在长期实现就业质量提升。就中国劳动力现状而言，直面接受就业新挑战和新机遇，人口素质提升工程须持续推进。

首先，高等教育毛入学率还有提升空间。人力资本是促进经济发展的内生动力，特别是新科技革命深化的背景下，人力资本的重要性尤为突出。从世界高等教育整体发展情况来看，高收入国家、中高收入国家与其他国家在教育方面的差距愈加明显（见图 2-39）。1978 年，高收入国家、中高收入国家、中等收入国家高等教育毛入学率分别为 31.65％、7.94％和 7.31％。这种高收入国家遥遥领先、中高收入国家和中等收入国家"望尘莫及"的现象在中国高等教育扩招时期依然存在。1999 年高收入国家、中高收入国家、中等收入国家高等教育毛入学率分别为 55.01％、15.79％和 12.94％。然而，这一趋势在新科技发展的最近二十年间发生了调整，到 2019 年高收入国家、中高收入国家、中等收入国家高等教育毛入学率分别为 75.67％、53.23％和 36.87％，中高收入国家和中等收入国家的数据差距明显拉大，且三类国家阶梯式特征更加明显。总之，新时代教育和人力资本的长期积累对经济的贡献更为凸显。

中国的高等教育在改革开放后得到迅速发展，1978 年中国高等教育毛入学率只有 0.71％，而当年世界平均水平为 12.02％，在恢复高考、扩招等系列政策推动下，2020 年中国高等教育毛入学率已经达到 54.4％，与中高收入国家持平。但与高收入国家的差距仍有 21.9 个百分点，还有进一步的提升空间。

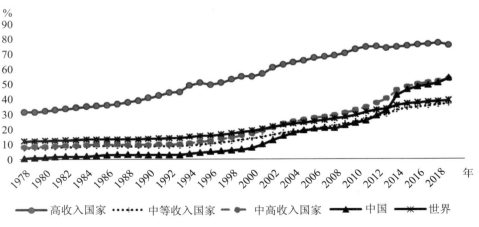

图 2-39 1978—2019 年中国和世界不同收入国家的高等教育毛入学率
数据来源：世界银行。

其次，抢占科技制高点，不再为"卡脖子"问题牵制，要抓好教育这项长期工程。我国科技人才队伍持续壮大，研发人员总量连续 10 年稳居世界首位，但是高学历教育与美国并非没有差距。截至 2020 年，全国接受过大学本科及以上教育的总人数为 4 976 万人，占 18 岁及以上人口的 4.72％；接受过研究生教育的总人数为 414 万人，仅占 22 岁及以上人口中的 0.43%。美国人口普查局数据显示，2018 年美国成年人口中，13.1% 的人拥有硕士及以上学位，而 2000 年该比例为 8.6%。2000—2018 年，25 岁及以上人口获得学士及更高学位的人数占比从25.6% 升至 35%。

再次，高中教育普及工作需提速。高中教育相关数据也佐证了中国和高收入国家的差距。第七次全国人口普查数据显示，全国具有大学文化程度的人口为2.2 亿人，15 岁及以上人口的平均受教育年限为 9.91 年，而美国、德国等国家已经达到 14 年左右。截至 2020 年，全国接受过高中及以上教育的总人数为 3.05亿人，占 15 岁及以上人口的 27.44%。也就是说，有 7 成多的 15 岁及以上人口没有接受过高中教育。不过，剔除年长者整体受教育水平低的因素影响，从学生入学比率来看，未来青年受教育水平会显著提升。但是，刚刚脱贫的集中连片特困地区的高中阶段教育毛入学率较低，发达地区和非发达地区差异依然存在，高中教育普及工作需提速。

最后，教育不均衡问题影响新型企业下沉。特别需要说明的是，一些拥有话语权的媒体在评价所谓的"内卷"问题时不够慎重。目前中国一线城市的过度教育（over education）与乡镇及以下地区的教育不足问题并存。与此同时，一线城市的过度教育问题主要集中在过早进行知识性灌输，而与创新、社会交往、健康心理等未来新岗位需要的能力相关的教育则并不存在过度问题，甚至严重不足。乡镇及以下地区的知识性、能力性教育不足问题并存，加之生源地为农村的大学生返乡动力不足，新型企业下沉乡镇受到人力资本的限制。

>>四、应对劳动力市场不确定性风险政策须加强<<

在应对新型冠状病毒感染疫情突发事件过程中，我国政府表现出全面、快速的反应能力。对突发性、不确定性风险的应对能力体现了一国和一地区劳动力市场的韧性。疫情暴发后，人力资源和社会保障部第一时间明确了若干方面的就业工作举措，包括确保重点企业用工、支持中小企业稳定就业、推广优化线上招聘服务等。这些政策能够及时出台，一方面取决于中国特色社会主义制度的优越性，各级政府能在短时间内统一思想、整体谋划、合理布局。例如，人力资源和社会保障部就业促进司在疫情防控期第一时间要求所有招聘活动由线下转到线上，并且确定重点企业名单，针对食品药品防护服生产、供水供电等行业用工需求比较大的企业推出用工需求，确保特殊岗位供给与劳动力失业救助相结合。

另一方面，应对不确定风险也与科学精准的研究有关。基于行业企业特征的分类研究，确保了重点企业、中小企业稳定就业。中国社会科学院 2020 年发布的《2020年中国经济前景分析》显示①，受新型冠状病毒感染疫情影响严重的行业包括餐饮、个人服务、交通旅行、娱乐以及其他敏感性制造业零售业（见图2-40）。其中，餐饮业受影响最为严重，第二季度失业劳动者达到335万人。

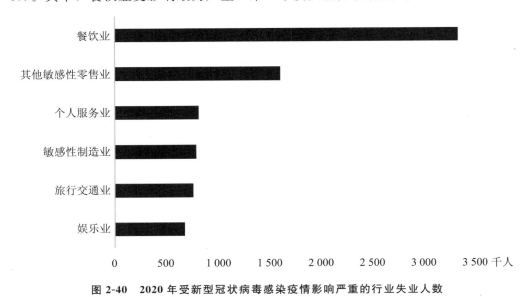

图 2-40　2020年受新型冠状病毒感染疫情影响严重的行业失业人数

从企业规模来看，小微企业受疫情冲击更为严重，小微企业失业雇员数占失业总人数的比例超过55.4％（见图2-41）。针对以上情况，政府出台了非常具体的政策措施。譬如，对受疫情影响的小微企业优先给予创业担保贷款支持，降低、

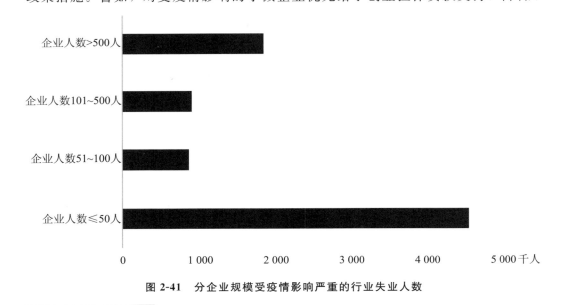

图 2-41　分企业规模受疫情影响严重的行业失业人数

　　① 李扬、李平、娄峰：《2020年中国经济前景分析》，23～46页，北京，社会科学文献出版社，2020。

减免场地租金等费用。

第八节　就业优先政策将全面强化

2021年3月5日，十三届全国人大四次会议上，政府工作报告明确提出，就业优先政策要继续强化、聚力增效。针对强化就业优先政策，报告具体提出了包括稳定现有岗位、降低失业和工伤保险保费率、拓宽市场化就业渠道、对灵活就业人员给予社保补贴等9个方面的政策举措。就业优先政策全面强化的信号已经释放。概括起来，就业优先政策有若干特征，并重点从以下几个层面发力。

>>一、稳岗托底是维护全体人民利益和社会安定的基础<<

我国将稳就业作为"六稳"工作的首位任务，而稳岗托底是就业工作层面的底线思维，是稳就业的基础工作。从统计上来看，很多学者力推城镇调查失业率，认为城镇登记失业率不能客观反映真实的就业数据，对托底政策的设计造成了影响。因此，2017年之后国家统计局开始公布调查失业率数据，并同步公布31个大城市城镇调查失业率。2017年以来，城镇登记失业率、调查失业率之间相差约1个百分点，但是波动趋势一致（见图2-42）。以2019年为例，受到新型冠状病毒感染疫情影响，全国城镇调查失业率和31个大城市调查失业率均达到5.6%，较上年高0.5个百分点；全国城镇登记失业率为4.2%，较上年同期增加0.6个百分点。

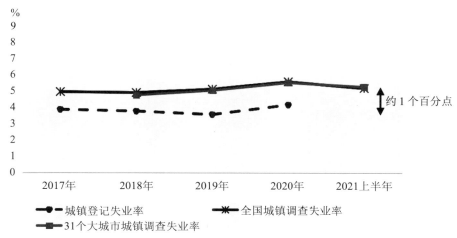

图2-42　全国城镇登记失业率及全国城镇调查失业率、31个大城市调查失业率

数据来源：国家统计局。

注：该数据是国家统计局公开调查失业率之后的年度数据。

事实上，脱贫攻坚也是稳岗托底工作的重要组成部分。中国在提高低收入人群收入方面做出了积极贡献，如图 2-43 所示，根据世界银行数据，我们计算 2016—2020 年最低 10％收入群体收入份额占比均值，中国为 2.7％，比德国低 0.2 个百分点，比英国低 0.1 个百分点。而在 2010 年，中国和德国、英国的差距分别为 1.4 个百分点和 0.9 个百分点。计算 2016—2020 年最低 20％收入群体收入份额占比均值，中国为 6.5％，比德国低 1.1 个百分点，比英国低 0.6 个百分点。而在 2010 年，中国和德国、英国的差距分别为 3.3 个百分点和 2.2 个百分点。在这些指标与欧洲代表性国家差距逐步缩小的同时，与美国相比，中国在提升低收入人群方面的表现已经占优。美国 2016—2020 年最低 10％收入群体收入份额占比均值为 1.8％，比中国低 0.9 个百分点。而在 2010 年，中国和美国最低 10％收入群体收入份额占比分别为 5.1％和 5.3％。

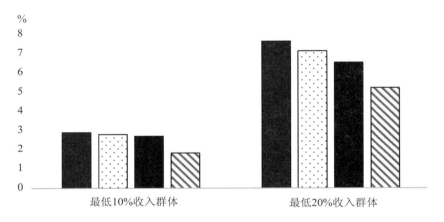

图 2-43　中国和德国、英国、美国最低 10％和最低 20％收入群体收入份额占比

数据来源：世界银行。

注：由于世界银行数据有缺失，本数据根据 2016—2020 年数据均值计算得到。

不过需要特别说明的是，这只能证明中国在收入分配合理化的道路上取得了一定成绩，但并非意味着中国劳动者的收入结构已经非常合理。一方面，如上所述，虽然中国最低 10％收入群体收入份额占比与典型欧洲国家（德国、英国）基本持平，但是最低 20％收入群体收入份额占比还有一定差距。这意味着脱贫工作维护了最底层收入群体的利益，但是未来一段时期，稳岗托底的任务范围可以适当扩大。条件允许的情况下，相关部门除了关注已脱贫群体是否有持续、稳定的收入，可以开始考虑最低 15％收入群体，再逐步扩大至最低 20％收入群体。另一方面，中国高收入群体收入份额占比依然较高。如图 2-44 所示，根据世界银行数据，我们计算了 2016—2020 年最高 10％收入群体收入份额占比均值，中国为 29.4％，比德国、英国分别高 4.8 和 2.6 个百分点，比美国低 1.0 个百分点。计算 2016—2020 年最高 20％收入群体收入份额占比均值，中国为 45.5％，比德国、英国分别高 5.9 个百分点和 3.5 个百分点，比美国低 1.2 个百分点。与收入分配更加合理的欧洲国家相比，中国的高收入阶层收入份额占比过高。因此，国家一直强调的"扩大中等收入群体"任务依然艰巨。

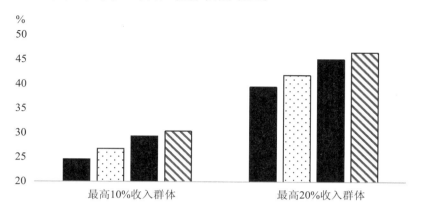

图 2-44 中国和德国、英国、美国最高 10％和最高 20％收入群体收入份额占比
数据来源：世界银行。
注：由于世界银行数据有缺失，此处根据 2016—2020 年数据均值计算得到。

>>二、重点行业就业调整是科技发展规律的客观要求<<

近年来，新技术在社会经济各部门的应用呈现爆发式增长。以制造业为首，生产自动化程度大幅提升。以人工智能技术应用为例，德国机器人联盟数据显示，2019 年中国新引进机器人数量和总保有量均位居世界第一，中国工厂的机器人保有量在 2019 年增长了 20.6％（见图 2-45）；当年新引进机器人数量相当于全球新引进数量的 1/3，是同期美国引进数量的 4 倍多。根据中国社会科学院的数据[①]，2013 年制造业部门每万人使用工业机器人为 2.66 台，2018 年增加到 39.55 台。事实上，人工智能、深度学习、大数据应用等技术已经与多行业深度融合，受其直接或间接影响，金融、物流、家政等领域的就业岗位数量、就业模式发生变革。新增就业提供了更多就业渠道，"十四五"时期，充分借助新技术对劳动力市场带来的溢出效应，遵循经济科技发展规律的要求，实施有效的政策引导，借力而为。但同时也要看到不少行业因"技术—人力"替代引发的岗位消失问题，要在相关制度和政策上做好准备。

---

① 都阳：《劳动力市场改革发展要抓住科技革命机遇》，《证券时报》，2020-09-30。

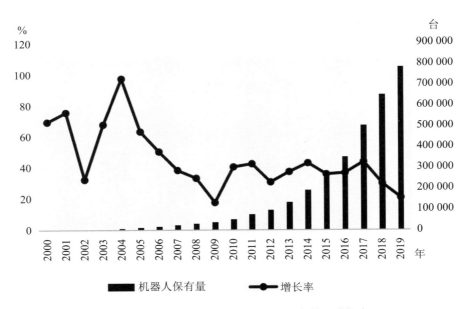

图 2-45　2000—2019 年中国机器人保有量和增长率

数据来源：世界机器人联盟。

　　根据研究①，2017 年，人工智能采纳率超过 5％的行业有五个，具体包括金融业，信息传输、软件和信息技术服务业，文化、体育和娱乐业，批发和零售业，住宿和餐饮业，采纳率分别达到 14.0％、8.0％、6.0％、5.6％ 和5.5％。采纳率在 3％到 5％之间的行业有四个，具体包括交通运输、仓储和邮政业，制造业，科学研究和技术服务业以及教育业，采纳率分别达到 4.5％、3.7％、3.5％ 和 3.0％。这些行业中，信息传输、软件和信息技术服务业以及科学研究和技术服务业本身属于技术密集型行业，其从业者大多是技能型劳动者，因此岗位消失或岗位替代问题不显著。但是，金融业中的柜台业务，批发和零售业中的搬运等业务，住宿和餐饮业中的点餐等业务，交通运输、仓储和邮政业中的打包等业务，教育业中的基础性知识讲授业务已经或者正在被人工智能大量取代。

　　除此之外，还要特别关注未来可能会大规模智能化的行业，如表 2-8 所示，2049 年人工智能采纳率将超过 60％的行业有农业、制造业、建筑业、批发和零售业、住宿和餐饮业，其中，制造业、批发和零售业、住宿和餐饮业领域的劳动者对未来就业方向有一定预期，且已经有部分劳动者开始接受新技能培训并完成转岗。但是，农业、建筑业当前的人工智能采纳率都不足 1％，且这两个行业的劳动者受教育水平较低，小学及以下文化程度劳动者占比均超过 20％。相比目

---

　　① Zhou，G.，G. Chu，L. Li，et al.，2020，"The Effect of Artificial Intelligence on China's Labor Market"，*China Economic Journal*，13(1)，pp. 24-41.

前受冲击较为明显的金融业、制造业，这些行业的劳动者转岗能力较弱，需要提早准备。

表 2-8 2017 年和 2049 年（预测）中国分行业人工智能采纳率/%

行业	2017 年	2049 年		
		最低	中间值	最高
农林牧渔业	0.5	42.1	60.0	77.8
采矿业	0.5	34.3	44.2	60.5
制造业	3.7	46.3	64.2	68.7
电力、热力、燃气及水生产和供应业	1.0	35.1	45.1	61.8
建筑业	1.9	48.4	67.1	71.7
交通运输、仓储和邮政业	4.5	52.1	55.7	79.4
信息传输、软件和信息技术服务业	8.0	35.3	41.1	61.4
批发和零售业	5.6	65.3	70.0	85.9
住宿和餐饮业	5.5	56.6	64.4	84.6
金融业	14.0	49.4	57.3	85.8
房地产业	1.9	34.2	39.7	59.4
租赁和商务服务业	2.0	11.6	12.4	17.7
科学研究和技术服务业	3.5	9.0	10.2	13.4
水利、环境和公共设施管理业	2.9	30.8	43.9	56.9
居民服务、修理和其他服务业	1.9	34.7	36.4	51.8
教育业	3.0	26.6	28.5	40.6
卫生和社会工作	0.5	21.2	22.6	32.3
文化、体育和娱乐业	6.0	21.2	24.6	36.9
公共管理、社会保障和社会组织	2.0	16.7	23.1	35.3

数据来源：Zhou, G., G. Chu, L. Li, et al., 2020, "The Effect of Artificial Intelligence on China's Labor Market", *China Economic Journal*, 13(1), pp. 24-41.

>>三、解决重点地区就业问题促进劳动力市场空间协同<<

从微观来看，劳动力市场空间格局的形成主要受价格，即工资的影响。而不同地区劳动者工资差异在一定程度上反映了区域劳动力市场的吸引力。事实上，我国劳动力市场在区域间和部门间均有不均衡的问题存在。[1] 因此，实现劳动力市场空间协同的过程中，在重点关注地区差异的同时也要适当结合地区差异考量重点部门的就业问题。

---

[1] 齐亚强、梁童心：《地区差异还是行业差异？——双重劳动力市场分割与收入不平等》，载《社会学研究》，2016(1)。

2019 年，如图 2-46 所示，中国城镇私营单位就业人员平均工资为 4 467 元/月，其中，北京最高，为 7 105 元/月。天津、上海、广东进入了"5 000 元俱乐部"，分列第二至第四位，分别为 5 379 元/月、5 353 元/月、5 210 元/月。黑龙江最低，为 3 056 元/月。另外，山西、吉林、青海、甘肃、辽宁均没有达到 3 500 元/月。2019 年，中国城镇非私营单位就业人员平均工资为 7 542 元/月，比城镇私营单位就业人员月平均工资高 3 075 元，部门间差距显著。其中，北京最高，为 13 900 元/月，超过万元的还有上海，达到 12 448 元/月。天津、浙江、广东、江苏也都超过了 8 000 元/月。河南、黑龙江、山西较低，均没有达到 6 000 元/月。

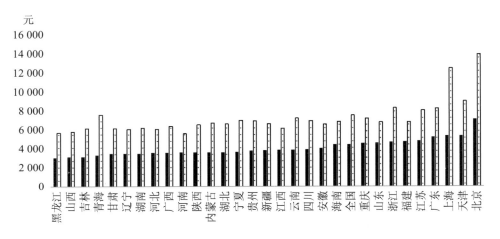

图 2-46　2019 年分地区城镇私营、非私营单位就业人员平均月工资
数据来源：国家统计局。

分低工资组和高工资组来看，这些工资低的地区又可以分为两类。第一类具有经济发展滞后、地理位置偏远、人力资本积累不足三个共同特征。首先是经济发展基础差。改革开放前 30 年注重效率优先，这些地区没有跟上经济发展的脚步。其次是地理位置不占优势。无论是私营单位，还是非私营单位，以上低收入地区均集中在中西部地区，且都没有在四大城市圈范围内，依托重点城市的辐射效应难以实现就业质量提升。因此，需要相关部门给予重视，并联合各方力量共同推进这些地区的劳动力市场建设，借力"一带一路"倡议开发中西部旅游、农村电商、清洁能源等绿色产业，实现经济转型和充分就业。再次是人力资本水平不高。除了"借外力"，练就人力资本"内功"亦颇为重要，否则一个地区仅靠政策推动的转移产业或新产业难以长久扎根。而上述单位就业人员平均月工资低的地区大多教育供给不足、劳动者人力资本素质较低。如图 2-47 所示，2019 年全国未上过学的就业人员占比平均值为 6.7%。分地区来看，未上过学的就业人员占比超过 15％的省份为甘肃、青海和贵州，分别为 21.7％、18.4％和 17.4％。大专及以上就业人员占比指标也有类似特征，2019 年全国平均值为 6.6％。分地区来看，大专及以上就业人员占比较低的省份为贵州、甘肃和云南，分别为 3.4％、3.4％和 3.6％。解决人力资本储备不足是未来低收入地区把握新发展机遇的抓手。

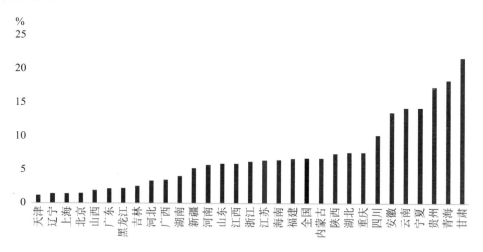

图 2-47　2019 年分地区未上过学的就业人员占比

数据来源：国家统计局。

第二类地区具有经济发展趋缓、地理位置优越、人力资本积累充足的特征。典型代表地区是辽宁、山西。以辽宁为例，其地理位置优越，属于沿海省份，但是在经历了老工业基地的繁荣之后，近年来经济发展趋缓。不过辽宁既有的人力资本优势尚存，未上过学的就业人员占比仅为 1.4％，位列全国第二，甚至高于北京市 1.5％的水平。大专及以上就业人员占比为 9.6％，位列全国第四。收入和人力资本特征的不匹配源自经济结构不合理引发的劳动力市场配置不合理。

高工资组数据显示，这些高工资地区也可以分为两类。第一，北京、上海、天津等地属于"四优"地带，即就业人员收入、经济发展水平、地理位置、人力资本均表现"优异"。前三个优势已有阐释，不再赘述。具体考察人力资本水平指标（见图 2-48），北京、上海、天津 2019 年未上过学的就业人员占比均未超过 1.5％，且大专及以上就业人员占比均超过 15％。从历史发展轨迹来看，这些地区都是现有人力资本积累、经济发展同步推进的地区。第二，特色突出地带，典型代表地区有广东、福建。以广东为例，其人力资本表现一般，但其他方面占优，沿着政策带动经济—经济反哺教育—人力资本和经济双向提升的发展轨迹前进。2019 年未上过学的就业人员占比为 2.2％，但是大专及以上就业人员占比不高，为 7.3％，与全国平均水平基本持平，甚至位列黑龙江、内蒙古等地区之后。改革开放初期，政策利好，广东聚集了大量人力密集型产业，具备一般技能的劳动力即可胜任。近年来，广东的高科技企业快速成长，人力资本需求结构发生改变，加之地方政府对教育的重视程度提高，经济反哺教育的态势显著。

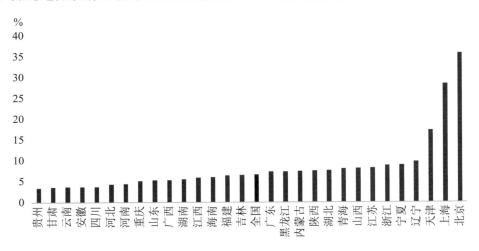

图 2-48　2019 年分地区大专及以上就业人员占比

数据来源：国家统计局。

综上所述，重点地区就业问题主要集中在两个方面，一是人力资本严重不足问题，二是产业结构矛盾突出引发的人力资本配置不合理问题。解决好以上两个问题是劳动力市场空间协同发展的前提。

>>四、解决重点群体就业问题是
补齐就业短板的重要措施<<

一是青年就业问题。中共中央、国务院 2017 年印发的《中长期青年发展规划（2016—2025 年）》明确指出，要关心、解决青年的现实问题和迫切需求，多方联动，多措并举，多管齐下，创造条件，实现制度包容、理念包容和文化包容，推动青年流动人口由生存型向发展型、由区隔型向融入型的转型，增强他们对居住地的认同感、归属感与获得感。新生代农民工进城潮已经结束，推动劳动力城乡融合成为当前优化劳动力结构所面临的最重要任务之一。

从数据来看（见图 2-49），2018 年以来 16～24 岁人口平均城镇调查失业率为12.5%，远高于城镇调查失业率，前者比后者高 7.3 个百分点。剔除正在接受教育者，16～24 岁人口城镇调查失业率比城镇调查失业率平均值依然低 2.6 个百分点。而且数据波动大，三年以来的月度值全距，即最大值和最小值之差达到 7.2个百分点。这意味着一旦经济危机到来，青年劳动者首当其冲。

二是女性就业问题。关注女性就业问题有多重意义。第一，促进和帮助女性就业是社会文明进步的重要标志；第二，女性也是重要的劳动力红利，在人工智

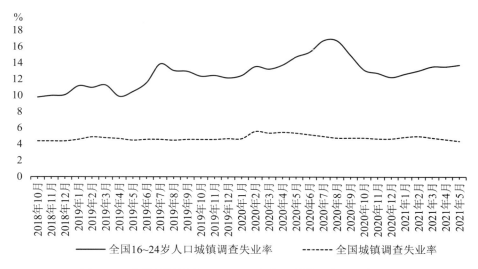

图 2-49　全国城镇及全国 16～24 岁人口城镇调查失业率对比

数据来源：国家统计局。

注：该数据是国家统计局公开公布调查失业率之后的月度数据。

能、互联网等新技术崛起的今天，体力劳动和超负苟的重复性劳动逐渐被取代，女性劳动者的红利优势逐渐释放；第三，少子化、老龄化趋势背景下，给女性更加平等的就业机会甚至更多就业选择是提升生育率的重要途径。国家历来重视女性就业问题，1988 年颁布《女职工劳动保护规定》以来，又先后颁布了《女职工禁忌劳动范围的规定》（1990 年）、《中华人民共和国妇女权益保障法》（1992 年）。2019 年人社部、全国妇联等十二部门联合印发《关于进一步规范招聘行为促进妇女就业的通知》，强调不得以性别为由限制妇女求职就业、拒绝录用妇女，不得差别化地提高对妇女的录用标准。政策的长期支持效果显著，与世界平均水平相比，中国女性劳动参与率①较高。根据国际劳工组织公布的数据，2019 年，中国女性劳动参与率达到 60.57％，比世界女性平均劳动参与率高 13.3 个百分点，甚至比世界劳动参与率总平均值还高约 2 个百分点。

　　但是，中国男性和女性劳动参与率差距扩大趋势明显。如图 2-50 所示，1990 年以来，世界男性和女性劳动参与率差距一直维持在 28 个百分点左右，但是中国男性和女性的劳动参与率却从 1990 年的 11.5 个百分点扩大至 2019 年的 15.1 个百分点。性别歧视，特别是隐形歧视问题依然存在，加之近年来生育政策放开，女性劳动参与率降低的趋势仍在持续。

---

　　①　劳动参与率是经济活动人口占劳动年龄人口的比率，根据国际劳工组织的数据解释，计算公式为劳动力参与率＝（有工作人数＋目前正在找工作人数）/15 岁以上人口数×100％。

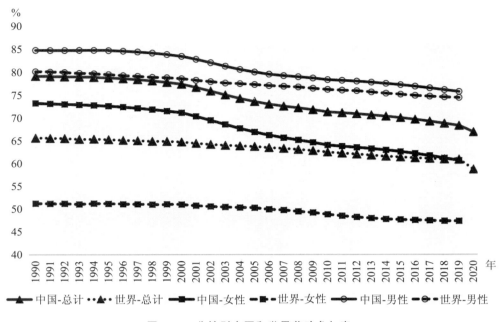

图 2-50　分性别中国和世界劳动参与率

数据来源：国际劳工组织。

　　三是农民工群体的就业质量问题。总体来看，农民工就业质量不断提升。月工资收入从 2010 年的 2 103 元增加到 2020 年的 4 072 元，基本实现翻番。不过也有部分问题尚待解决。

　　首先，农民工流动趋势放缓，须重点关注脱贫地区农民工返乡创业和城市常住农民工融入问题。2008 年金融危机过后，2010 年经济形势向好，迎来农民工外出的小高峰（见图 2-51）。农民工数量从 2008 年的 22 542 万人增加到 2010 年的 24 223 万人，两年内净增 1 681 万人。紧接着，从 2011 年开始，农民工数量持续增加、增速逐年下降的态势一直持续到 2019 年，当年农民工数量达到顶峰，为 29 077 万人。2020 年，农民工数量出现首次环比下降，为 28 560 万人，绝对量的拐点出现，增速为 −1.8％。农民工流动趋势放缓预示着中国城镇化进入新阶段，有关人口流动与城镇化的阐述见本章第五节，这里不再赘述，重点对群体就业问题进行分析。2020 年，中国脱贫攻坚取得胜利。部分地区通过发展电商、易地搬迁脱贫，吸引部分外地打工者回乡创业就业。未来需要在抵押担保、资金补给、完善抗风险机制等方面给予这部分劳动者更多倾斜。其次，常住城市的农民工群体大多在物质上已经达到城镇居民平均水平，他们希望长久居住在城市，但是在子女教育、社区生活、工会融入、医疗服务等方面尚有欠缺，有待保障制度的进一步完善。最后，伴随行业转型的农民工就业结构调整需要重点关注，防范因技术变革、产业转型引发的失业问题及其他新就业形态下的劳动关系问题。

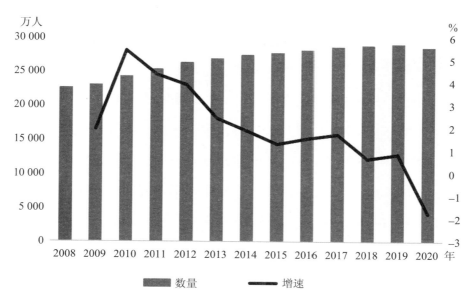

图 2-51 2008—2020 年中国农民工数量和增速

数据来源：国家统计局、国际劳工组织。

如图 2-52 所示，2015 年，从事制造业、建筑业的农民工占比分别为 31.1% 和 21.1%。2019 年，在这两个行业就业的农民工占比分别降为 27.4% 和 18.7%，两个行业农民工就业共减少 6.1 个百分点。转岗农民工流动到住宿和餐饮业，交通运输、仓储和邮政业以及居民服务、修理和其他服务业。具体来看，2015 年，这三个行业就业的农民工占比分别为 5.8%、6.4% 和 10.6%，2019 年增至 6.9%、

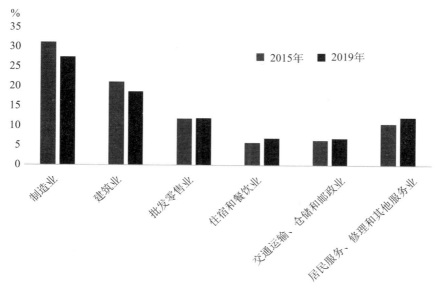

图 2-52 2015 年、2019 年中国部分行业农民工数量占比

数据来源：国家统计局。

6.9％和12.3％。农民工岗位流转和新技能培训须重点关注。另外，新岗位劳动关系问题亟待解决，以交通运输、仓储和邮政业为例，包括外卖送餐、快递、网约车司机在内的平台型就业农民工参加五险、三险和其他险的比例分别只有12.1％、4.9％和0.2％，且只有7.8％的人与平台公司建立了劳动关系。

第三章
致力于应对劳动力市场变革的政策选择

当前我国劳动力市场变革中出现了许多新趋势，包括就业质量整体呈现分化性提升、就业领域结构性调整加速、新就业形态成为新常态、绿色就业增多、劳动力市场空间格局改变、城乡劳动力市场更为一体化、劳动力市场政策调整、就业优先政策强化等。更进一步需要认识到的是，在新发展阶段，我国劳动力市场仍面临着许多挑战，譬如，劳动年龄人口数量下降带来了许多冲击，经济增长下行压力较大给扩大就业容量带来冲击，经济结构转型升级明显影响就业，我国的劳动力素质还不能完全适应当前高质量发展的要求，大量新就业形态涌现对实现更高质量就业提出了新课题，重点群体的就业问题突出。与此同时，劳动力市场也蕴含着不少的机遇：变革倒逼技术的推广和应用、促使"素质红利"取代"人口红利"，为实现更加充分更高质量就业提供了契机；老龄产业将获得发展机遇；新经济新业态为劳动者创造了大量新岗位；等等。基于此，本章提出应对劳动力市场变革的相关政策建议。

>>一、坚持以人民为中心　夯实就业之基<<

我国是人口大国，劳动力数量巨大，这是宝贵的资源。同时，解决好就业问题，又面临着巨大的压力。就业使人民美好生活的基础更加坚实，因此，党和政府一直把就业摆在经济社会发展的突出位置。党的十九大报告提出，就业是最大的民生，要坚持就业优先战略和积极就业政策，实现更高质量和更充分的就业。近年来，针对复杂严峻的外部环境和国内经济面临的下行压力，党中央提出了"六稳""六保"政策，其中"稳就业""保就业"始终被摆在第一位。党的十八大以来，经济发展进入新常态，经济由高速增长阶段转向高质量发展阶段。在劳动力市场变革中，我国要继续推进经济发展与扩大就业的良性互动，在高质量发展中创造更多高质量就业机会。一是要在巩固公有制经济主体地位的同时，不断发展非公有制经济。改革开放 40 多年来，非公有制经济从小到大、从弱到强，不断发展壮大，贡献了 50％以上的税收，60％以上的国内总产值，70％以上的技术创新成果，80％以上的城镇劳动就业，是扩大就业和稳定就业的重要力量。二是要在积极推进城镇化的同时，继续实施乡村振兴战略。劳动力不断流向城市是大势所趋，但美丽、富饶、宜居乡村的建设，是新时代中国特色社会主义事业的重要组成部分，将极大地促进城乡两个劳动力市场的均衡发展，有效地化解城镇就业压力。三是在促进区域协调发展的同时，打造多个经济集聚中心。从改革开放之初的经济特区和沿海开放城市，到后来的中部崛起、西部大开发和东北振兴，再到现在的京津冀协同发展、粤港澳大湾区建设、长三角区域一体化战略，都在不断发挥中心城市和城市群在经济发展和促进就业中的作用。坚持以人民为中心夯实就业之基的政策，符合新时代中国特色社会主义的内涵与要求，能够促进劳动力市场的平稳变革。

>>二、把发展作为解决就业问题的基础和关键<<

发展是解决一切问题的基础和关键。就业问题同样需要在发展中解决，只有通过经济社会发展才能实现更加充分更高质量就业。要贯彻新发展理念，构建新发展格局，不断提高经济发展拉动就业、提高就业质量的能力。在构建以国内循环为主、国际国内双循环相互促进的新发展格局过程中，调动国际国内积极因素，以扩大内需为主，同时大力开拓国际市场，畅通经济循环的各种渠道，努力创造更多的就业岗位。在当前阶段，要特别防止出现"无就业增长"的情况。要以稳市场主体为核心，通过搞活搞好市场主体来夯实扩大就业，提高就业质量的基础。应将减税降费政策长期化、规范化，根据实际情况调整社会保障费率，充分发挥失业保险在稳就业方面的功效，使减轻企业负担的各项政策落到实处。

>>三、进一步强化就业优先政策<<

党的十八大以来，我国坚持实施就业优先战略，大力推进积极就业优先政策，努力实现更加充分更高质量就业的战略目标。目前，我国的就业优先政策体系基本形成。从具体内容看，政府出台了一系列促进就业创业政策，加大了鼓励扶持的力度，完善了相关的配套措施，涵盖了财政政策、货币政策、产业政策、人力资源政策等多个方面。就业优先政策能有效促进就业增长，因而，要继续大力推进就业优先战略，健全和完善就业优先政策体系，将就业纳入宏观政策目标体系的首要位置。无论是财政政策、货币政策还是产业政策，都必须围绕着就业这个优先目标来进行。宏观政策在制定和实施过程中，都应对就业的影响进行科学的评估。大力发展就业友好型经济，扶持就业友好型企业。在经济结构转型升级的过程中，重视对技术替代岗位的评估和测算，做到未雨绸缪，努力减轻结构性就业难的问题。建立和完善失业预警机制，防范规模性失业的发生。

>>四、继续推动就业结构升级优化<<

在经济新常态时期，我国的就业结构有了进一步的升级和优化。从 2011 年至 2019 年，第三产业增加值占 GDP 比重由 44.3％上升到 53.9％，第三产业对我国经济增长的贡献率已经达到 59.4％。在我国全部固定资产投资（不含农户）中，第三产业所占比重也有明显提高，2011—2019 年，第一产业的比重由 2011 年的 2.2％提高到 2019 年的 2.3％，第二产业的比重则从 43.8％下降到 29.6％，而第三产业的比重从 53.9％提高到 68.1％。与此同时，第三产业在解决就业问题上的作用也日益显著。2011 年，就业三次产业的构成是 34.8：29.5：35.7，到 2020 年演化为 23.6：28.7：47.7，其中第一产业下降了 11.2 个百分点，第二产业下降 0.8 个百分点，而第三产业则上升了 12 个百分点。[①] 在经济发展的新阶段，由于技术进步、工业智能化提高等原因挤出了大量劳动力，第三产业便是吸纳转移劳动力的主力军。从上述数据也可以看出，第三产业不仅成为吸纳农村转移劳动力的主要流向产业，也成为承接第二产业转移人员就业的重要阵地。快速发展的第三产业，成为经济下行阶段保持就业基本稳定的主要力量。因此，要继续支持和促进第三产业发展，以促进就业及就业结构的优化升级。

>>五、持续推动大众创业、万众创新<<

在经济下行阶段，更加积极的就业政策的一个显著特征是将就业与创业结合在一起，大力推行大众创业、万众创新。近些年来，我国大众创业、万众创新的热潮始终未减，新设市场主体的数量逐年增加，而创造的就业岗位也同步增加。2012—2020 年，全国新登记企业数量的增长速度均在 10％以上，特别是在 2014 年，新登记企业的增幅达到 45.88％，而且平均每天新登记企业的数量首次突破了 1 万户。2019 年，新登记市场主体 2 377 万户，日均新登记企业 2 万户，活跃度 70％左右，年末市场主体总数达 1.2 亿户。即使是在受疫情冲击严重的 2020 年，全年新设市场主体 2 500 万户左右，实现了逆势大幅增长。[②] 与此同时，创业带动就业的效应也开始显现，国家工商总局"个体私营经济与就业关系研究"课题组的研究表明，我国个体工商户平均就业吸纳能力是 2.6 人，私营企业平均就

---

① 数据来源于国家统计局历年《中国统计年鉴》。
② 数据来源于国家统计局历年统计公报。

业吸纳能力则达到 12.6 人，全国共有 2.73 亿人在私营个体经济中就业。大量创业创新企业的涌现，标志着我国开始进入了改革开放以来的第四次创业高潮。创业不但能够解决自身的就业问题，还能够发挥一人创业带动大家就业的倍增效应。因此要继续推行大众创业、万众创新。与此同时，还要重视创业质量的提升，提升创业企业的市场适应能力，延长创业企业的生命周期，不断增强创业带动就业的能力。

>>六、完善新就业形态劳动权益保护政策体系<<

随着新就业形态逐渐成为新常态、绿色就业逐渐增多，完善与之相关的支持与保障政策越来越迫切。新就业形态创造了大量的就业机会，是扩大就业容量、缓冲失业风险的重要载体。同时，互联网平台能够缩短劳动供给方与需求方匹配的时间与成本，一定程度上可以缓解"就业难"与"招工难"并存的结构性就业矛盾。绿色就业不仅能够促进社会可持续发展、优化生态环境，还能够创造更多的就业岗位，如利用太阳能光伏、风力等发电所创造的岗位与煤炭、天然气等传统能源创造的岗位相比多了 2 至 10 倍。① 故而，推动新就业形态与绿色就业的发展，是确保未来实现充分就业的保障。在新就业形态方面，第一，加大对新就业形态的劳资双方的政策支持。对于新兴业态的企业，政府应构建更完善的配套扶持政策，提供信贷、融资等方面的优惠政策；对新就业形态的就业人员提供培训和指导，以规范行业工作标准；发挥政府购买服务的作用，推动政府部门带头购买新兴业态企业的产品和服务。第二，完善有关新就业形态的用工和社会保障制度。要把保障新就业形态从业人员的合法权益落实到法律层面，指导新业态企业与从业者签订就业合同；探索适应灵活就业人员的用工和社会保障方式，加快建设"网上社保"，为新就业形态从业者参保及社保转移接续提供便利。在绿色就业方面，一是通过补贴、减税等方式支持绿色企业的发展。二是加大对开发利用可再生能源的投资，实现就业效应与经济效应的双丰收。三是开展相应的绿色就业培训和指导，使劳动力能够适应新岗位的要求。四是普及绿色消费观念，绿色消费观念的普及将为绿色就业企业创造更多的市场，促进绿色就业的发展。

>>七、进一步强化劳动力市场融合政策<<

城乡劳动力市场一体化水平的提高不仅有助于社会稳定转型，推动新型城镇化的顺利进行，也有利于劳动力资源的合理配置和农业剩余劳动力的有效转移，

---

① 李虹：《包容性增长与绿色就业的发展》，载《宏观经济管理》，2011(2)。

还可以帮助进城务工人员提升劳动技能和素质水平，推动国家实现共同富裕。首先，要完善城乡一体化的劳动力就业制度，包括深化户籍制度改革、城乡社会保障制度改革、建立城乡统一的用工制度等，以推动城乡劳动力同工同酬。其次，要完善城乡劳动力就业服务制度，包括完善劳动力市场中介组织，健全和规范劳动关系矛盾调解处理机制等。再次，完善城乡劳动力就业培训制度。要根据城市劳动力市场的要求对乡村劳动力进行培训，逐渐缩小城乡劳动力素质的差距，通过培训机构进村、制定培训激励政策等让更多乡村劳动力参与到培训中来。最后，要建立完善城乡劳动力市场管理制度。建立城乡劳动力市场监督调控体系，维护劳动力供求双方的合法权益。当前，我国劳动力市场的空间格局有所变动，劳动力的流向开始发生改变，但是流动劳动力总量依然庞大，且主要流入东部地区，这也从侧面反映出各地区经济发展水平、基础设施水平及教育环境等依然不均衡。基于我国流动劳动力总量庞大这一基本国情，针对流入人口的相关政策也要完善起来，以促进流动人口的发展。一是适当放宽户籍制度，对满足一定要求的流动人口准予落户。二是重视未落户流动人口子女的教育问题，避免与原住居民子女区别对待。三是在流动人口住房问题上，适当给予补贴，避免飘而不落、流而不迁、迁而难居的现象大量出现。四是提高针对流动人口的医疗及社会保障措施。流动人口规模庞大、人才分布不均现象出现的根本原因是地区经济发展不平衡，因此，要通过人才引进、外资引入、给予当地企业一定税收补贴等政策来继续大力扶持中西部地区的经济发展，争取早日实现各地区经济共同发展的局面。

>>八、大力推动以"素质红利"替代"人口红利"<<

改革开放以来，我国利用数量大、年轻化的劳动力队伍，充分发挥劳动力比较优势，将人口红利有效运用到推动经济社会发展上来。但在多种因素叠加的影响下，我国劳动年龄人口近十年出现比较明显的下滑。毫无疑问，当前我国依然保有一定程度的人口红利，劳动力的比较优势也依然存在。不过从未来人口演变的规律来看，我国人口红利已经出现加速衰减的趋势，人口红利的消失甚至有可能会提前到来。在这个大背景下，我们必须加快以素质红利逐渐取代人口红利的步伐，以高素质劳动力队伍推动实现高质量发展。不断完善教育培训体系，努力提高培训质量。采取多种鼓励性和激励性措施，激发劳动者自觉参加职业技能培训的主动性。加快职业教育改革的步伐，尽快使职业教育摆脱掉入"差生教育"的陷阱，努力提高生源质量和教师队伍素质。高职院校在持续扩招的同时，必须将提高教育培训质量作为重中之重。坚持以市场急需的人才为导向，培养更多优秀的技术技能型人才。

>>九、积极稳妥推进延迟退休政策<<

自 2012 年开始，我国城镇新增劳动力出现历史性的拐点，而且劳动力减少的趋势日益明显，迄今减少总量已经超过 3 000 万。在这种情况下，充分开发老年人力资源是进一步延续人口红利，减轻人口负担的有效途径。事实上，我国老年人力资源十分丰富。根据第七次全国人口普查数据，目前我国 60～64 周岁的人口有 7 338 万人，占人口总量的比重为 5.2%，也几乎相当于全部劳动力的 10%。如果能够在自愿的前提下将该年龄段人口转化为有效劳动力，那么我国"招工难""用工荒"现象就会得到一定程度的缓解。面对劳动年龄人口持续下降的趋势，要大力推行更加积极的人口政策，化挑战为机遇。延迟退休意味着劳动者有更长的工作年限，因此对劳动者职业阶段的理解也要做相应的调整。通过实行积极稳妥的延迟退休政策，扩大劳动年龄人口的范围，积极挖掘老年人力资源的潜力。这是充分开发老年人力资源、实现"老有所为"的必要之举。

第二篇

劳动力市场变革专题研究

第四章

新发展阶段中国四大经济增长极的人力资本集聚及其经济效应研究

优化国土空间布局，推进区域协调发展已经成为我国新发展阶段的重要内容。从改革开放之初的设定经济特区和沿海开放城市，到后来的中部崛起、西部大开发和东北振兴，再到现在的京津冀协同发展、粤港澳大湾区建设、长三角一体化发展，我国的区域发展战略充分体现了由点到面的逐渐转变，中心城市和城市群在经济社会发展中将发挥越来越重要的作用。在不断的历史积累和开拓前进中，京津冀、长三角、珠三角和成渝地区逐渐发展为我国的四大经济增长极。城市经济发展中的人力资本和创新是现代经济增长的重要来源。创新是我国现代化建设全局中的核心，当前我国正向经济高质量发展转型，创新驱动发展将成为发展新优势。而人力资本既是经济发展的重要驱动力，也是创新的重要载体。人力资本不仅可以作为生产要素促进经济发展，还可以通过传播知识、促进技术扩散等对经济增长产生间接效应。本章研究发现，人力资本集聚，尤其在四大经济增长极城市群的人力资本集聚的创新中介效应十分显著，因而应充分发挥增长极城市群人力资本与创新的交互作用。非增长极城市群则既要注重人力资本的培养与引进，也要优化区域创新环境，做到"内外兼修"。

第一节　问题的提出

增长极是推动现代经济发展的重要单位。增长板理论认为，一个国家难以实现平衡发展，经济增长通常是从一个或者数个增长中心逐渐向其他地区传导的。2018 年《中共中央　国务院关于建立更加有效的区域协调发展新机制的意见》提出，以京津冀、长三角、珠三角等城市群推动国家重大区域战略融合发展，建立以一线城市引领城市群发展的模式。这表明我国区域协调发展的实现机制向更加微观的层面倾斜，少数城市群和北上广、深港澳等发达城市将扮演带领者和引航员的角色，促进周围板块融合发展。2020 年，党的十九届五中全会通过的《中共中央关于制定国民经济和社会发展第十四个五年规划和二〇三五年远景目标的建议》提出，"推进京津冀协同发展、长江经济带发展、粤港澳大湾区建设、长三角一体化发展，打造创新平台和新增长极""优化行政区划设置，发挥中心城市和城市群带动作用，建设现代化都市圈，推进成渝地区双城经济圈建设"。这表明打造多个经济集聚中心成为促进区域协调发展的关键点。

增长极由城市群构成。少数城市群的存在强化了人力资本和创新在经济增长中的作用。① 美国的波士顿—华盛顿城市群以 2% 的土地承载了 17% 的人口，创造了 20% 的 GDP。日本的太平洋沿岸城市群则以 9% 的土地承载了 53% 的人口，创造了 60% 的 GDP。到 2018 年年底，我国有 10 个城市人口超过 1 000 万，GDP 超过 1 万亿人民币。在长江三角洲、珠江三角洲和京津冀地区形成了超大经济体量的城市群。除此之外，还有包括中原、辽中南、山东半岛、海峡西岸、武汉、长株潭、成渝、关中平原和哈长等城市群，这些城市群的面积占比不足 20%，但经济总量占比却超过 80%，其中成渝地区的地区生产总值占比达到 6.6%。2021 年 10 月，中共中央国务院印发《成渝地区双城经济圈建设规划纲要》，提出要推动成渝地区形成有实力、有特色的双城经济圈，打造带动全国高质量发展的重要增长极和新的动力源。因此，我国将成渝城市群与京津冀城市群、长三角城市群和粤港澳城市群一并列为重要增长极。在市场、技术、金融、开放性以及政策等诸多因素的影响下，我国逐渐形成了以京津冀、长三角、珠三角和成渝地区为四大经济增长极的空间发展格局。

经济增长极的形成离不开人力资本的集聚。罗默和卢卡斯的内生增长理论指出，人力资本是影响经济增长至关重要的因素。但其前提是默认人力资本的空间分布是均匀的，实际上，人力资本的分布是不均衡的。《世界发展报告：重塑经济地理》中提出，世界并不是平的，人口和经济活动集聚在世界的少数区域。我国人力资本的空间分布已经呈现向少数地区集聚的趋势。人口普查数据表明，流动人口倾向于流向京津冀、长三角、珠三角等城市群，并且流入强度呈现"强者恒强、强者更强"的特征。② 据国家统计局发布的 2020 年第七次人口普查数据，全国流动人口达到 3.76 亿，比 2010 年增长 69.73%。③ 大量人口的流入为这些地区提供了充足的人力资本。人力资本对经济增长的作用既包括直接作为生产要

---

① 陆铭、陈钊等：《大国治理：发展与平衡的空间政治经济学》，35～36 页，上海，上海人民出版社，2021。

② 王桂新、潘泽瀚、陆燕秋：《中国省际人口迁移区域模式变化及其影响因素——基于 2000 和 2010 年人口普查资料的分析》，载《中国人口科学》，2012(5)。

③ 国家统计局：《第七次全国人口普查公报》(第七号)，http://www.stats.gov.cntjsjtjgb/rkpcgb/qgrkpcgb/202106/t20210628_1818826.html，2021-11-01。

素促进经济增长，也包括作为知识的载体，通过自主创新促进技术进步而带动经济增长。[①] 人力资本自身的异质性导致不同人群的生产效率有所不同。比如相对于未受过高等教育的人群来说，受过高等教育的人群不仅仅具备资源投入的作用，更拥有创新创造的能力优势。高级人力资本通过创新使地区具备技术领先的优势，并在竞争中拉开差距，成为核心竞争力。[②]

在面对经济下行压力以及外部环境不确定性的情况下，集聚了大量人力资本的城市群将成为推动以国内大循环为主体、国内国际双循环相互促进的新发展格局的基础。[③] 本章将探讨人力资本集聚通过创新中介对经济增长产生的间接效应，重点关注四大经济增长极城市群与其他城市群的差异。

第二节　人力资本集聚的经济效应

人力资本在空间上的集聚并非是中国独有，在全世界范围内，那些经济发展水平较高的国家人口空间集聚程度也较高。[④] 研究发现在 20 世纪，美国那些拥有较高人力资本水平的大都市地区经济增长得更快。[⑤] 一方面，受交通和通信成本的影响，人力资本对城市发展的作用在于初始存量，像纽约和芝加哥这样的城市有很多技能密集型行业，如会计、广告和法律，这相应地产生了巨大的外部性，从而导致这些城市的规模扩大。另一方面，人力资本吸引力越强，区域经济增长越快。不同教育水平的人力资本对经济增长的影响不同，相对于低教育水平的人力资本来说，高教育水平的人力资本对经济增长具有更显著的正向空间溢出效应。[⑥] 高水平的人才在吸收现有理念、创造新理念或适应不断变化的经济环境方

---

① 黄燕萍、刘榆、吴一群等：《中国地区经济增长差异：基于分级教育的效应》，载《经济研究》，2013(4)。

② 昌先宇：《异质人力资本对经济增长的空间影响机制研究》，载《现代管理科学》，2017(7)。

③ 王玉海、张鹏飞：《双循环新格局的实现与增长极的跃变——兼议都市圈(城市群)发展的价值意义》，载《甘肃社会科学》，2021(1)。

④ Moretti, E., 2004, "Estimating the Social Return to Higher Education: Evidence from Longitudinal and Repeated Cross-sectional Data", *Journal of Econometrics*, 121(1), pp. 175-212; Diamond, Rebecca, 2016, "The Determinants and Welfare Implications of US Workers' Diverging Location Choices by Skill: 1980-2000", *American Economic Review*, 106(3), pp. 479-524.

⑤ Simon, C. and C. Nardinelli, 2002, "Human Capital and the Rise of American Cities, 1900-1990", *Regional Science and Urban Economics*, 32(1), pp. 59-96.

⑥ 倪超、孟大虎：《人力资本、经济增长与空间溢出效应——基于我国 1978—2015 年省级面板数据的实证研究》，载《北京工商大学学报(社会科学版)》，2017(6)。

面更有优势。这比研发支出作用更为显著。[1] 城市群一体化使知识溢出和市场整合的地理约束减少，人力资本在区域内的流动更加便利，从而使人力资本的溢出效应在空间上的扩散速度大大加快。[2] 亚当·斯密的分工理论提出，扩大市场规模能够促进分工深化，从而提高劳动者的专业化技能，提高生产效率。对于个人来说，集聚有利于降低成本和增加收益。因此劳动力更倾向于向大城市集聚。刘晔等利用人口普查数据研究发现，北京、上海、广州、深圳以及省会城市高技能劳动力集聚程度较高。[3] 对于京津冀高学历人才集聚的研究显示，京津冀高学历人才分布格局以北京和天津为中心，集聚度超过30%，河北省的石家庄、保定等城市成为次中心。[4] 刘忠艳等发现，2010—2018年长江经济带人才集聚重心逐渐向下游偏移，尤其上海、江苏和浙江等地人才集聚度最高。[5] 在粤港澳大湾区内部则是香港和澳门的人才集聚强于内地的珠三角地区，广州、深圳、珠海等成为人力资本集聚的次高点。[6]

随着知识经济的到来，创新逐渐成为经济发展的重要动力。人力资本所承载的知识和技能是实现创新的核心要素。首先，人力资本集聚推动劳动技能提升。人力资本水平越高，意味着个人的教育程度越高，具有较丰富的科学知识和科技创新力，因而人力资本存量越高的地区创新能力更强。[7] 人力资本集聚还降低了劳动力市场匹配的成本。集聚使个人与企业的匹配成本降低，人岗匹配更有利于激发人的主观能动性，从而发挥人力资本的作用。其次，集聚促进分工深化，专业化分工能够提高劳动生产率，有利于发明与创造，促进创新。分工的细化能够促进不同产业在同一地区的集聚，以及产业内部的集聚，降低了技术创新扩散的交易成本，有利于知识和技术的溢出。当前我国的创新产出在空间上呈现以京津

① Marrocu，E.，R. Paci and S. Usai，2014，"The Complementary Effects of Proximity Dimensions on Knowledge Spillovers"，*Spatial Economic Analysis*，9(1)，pp. 9-30.

② Dong，X.，S. Zheng and M. E. Kahn，2019，"The Role of Transportation Speed in Facilitating High Skilled Teamwork Across Cities"，*Journal of Urban Economics*，115，103212；Zheng，S. and M. E. Kahn，2013，"China's Bullet Trains Facilitate Market Integration and Mitigate the Cost of Megacity Growth"，*Proceedings of the National Academy of Sciences of the United States of America*，110(14)，pp. 1248-1253.

③ 刘晔、王若宇、薛德升等：《中国高技能劳动力与一般劳动力的空间分布格局及其影响因素》，载《地理研究》，2019(8)。

④ 童玉芬、刘晔：《京津冀高学历人口的空间集聚及影响因素分析》，载《人口学刊》，2018(3)。

⑤ 刘忠艳、王见敏、王斌等：《长江经济带人才集聚水平测度及时空演变研究——基于价值链视角》，载《科技进步与对策》，2021(2)。

⑥ 齐宏纲、戚伟、刘盛和：《粤港澳大湾区人才集聚的演化格局及影响因素》，载《地理研究》，2020(9)。

⑦ 梁军、赵青：《教育人力资本及其溢出效应对中国科技创新的影响研究——基于省际面板数据的经验分析》，载《上海大学学报(社会科学版)》，2018(6)。

冀、长三角、珠三角和成渝为高值极点的"菱形"分布，这与人力资本水平的空间分布具有较强的耦合性。① 张桅和胡艳发现，长三角发达地区的人力资本通过创新的遮掩效应对经济增长产生间接效应，而在欠发达地区则是创新的中介效应贡献更大。② 但钱晓烨等利用省级数据的研究并未得出人力资本通过促进创新带来经济增长的结论。③ 在创新成为经济发展动力的新发展阶段，人力资本在各大城市群的集聚能否以创新为中介促进经济增长？

将以城市层面数据为基础，结合 2000 年以来的全国人口普查和抽样调查数据对创新的中介效应进行检验。

第三节 人力资本集聚的创新中介效应：基本事实与研究设计

>>一、人力资本空间分布状况<<

教育是人力资本形成的重要途径。用教育水平来测度人力资本是当前研究人力资本的重要方式之一，比如以受教育年限、中小学入学率、平均受教育年限、文盲率、识字率等衡量人力资本。④ 根据第七次全国人口普查结果，我国人口的受教育水平明显提高，全国 15 岁以上人口的平均受教育程度从 2010 年的 9.08 年提高到 2020 年的 9.91 年。从图 4-1 可以看出，北京、上海、天津和广东的平均受教育年限一直都较高，除西藏外，上海、重庆和安徽等均是增长较快的地区。

我们根据各城市群发展规划纲要和使用数据确定四大城市群的空间构成，具体下辖地区如表 4-1 所示。图 4-2 为四大城市群的平均受教育年限⑤，可以看出，珠三角和京津冀城市群的平均受教育年限相对较高，均超过 10 年。图 4-3 则标识了四大城市群中 15 岁及以上常住人口的平均受教育年限相对靠前的部分城市。

---

① 黄金玲：《人力资本空间集聚与城市创新》，载《教育经济评论》，2021(6)。

② 张桅、胡艳：《长三角地区人力资本对经济增长的作用机制研究——基于创新中介效应检验》，载《安徽大学学报（哲学社会科学版）》，2021(1)。

③ 钱晓烨、迟巍、黎波：《人力资本对我国区域创新及经济增长的影响——基于空间计量的实证研究》，载《数量经济技术经济研究》，2010(4)。

④ 李海峥、李波、裘越芳等：《中国人力资本的度量：方法、结果及应用》，载《中央财经大学学报》，2014(5)；姚先国、张海峰：《教育、人力资本与地区经济差异》，载《经济研究》，2008(5)。

⑤ 部分城市 2020 年全国人口普查数据公报没有直接公布平均受教育年限，仅公布了按不同学历层次人口数量和地区总人口，因而根据不同学历层次人口数量占比计算得出。

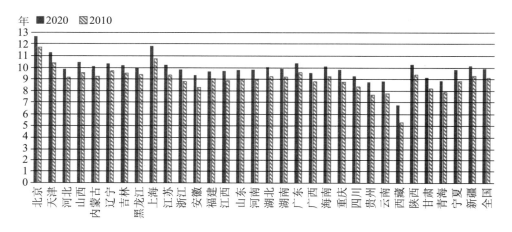

图 4-1　各省份平均受教育年限

其中京津冀城市群中北京和天津较高，在京津冀城市群中北京表现了很强的"虹吸效应"，2019 年北京人均 GDP 达到 16.4 万元，天津为 9 万元，而河北省为4.6 万元。同年，河北省 GDP 的第三产业占比为 51.2%，北京和天津分别为83.5%和 63.5%，相对来说，河北省的产业转型升级任务更为艰巨。①

表 4-1　城市群及所辖城市

城市群	范围
京津冀	北京、天津、石家庄、唐山、秦皇岛、保定、张家口、承德、廊坊、沧州、邯郸、邢台、衡水
长三角	上海、南京、无锡、常州、苏州、南通、扬州、镇江、盐城、泰州、杭州、宁波、温州、湖州、嘉兴、绍兴、金华、舟山、台州、合肥、芜湖、马鞍山、铜陵、安庆、滁州、池州、宣城
珠三角	广州、深圳、珠海、佛山、江门、肇庆、惠州、东莞、中山
成渝	重庆、成都、德阳、绵阳、眉山、资阳、遂宁、乐山、雅安、自贡、泸州、内江、南充、宜宾、达州、广安

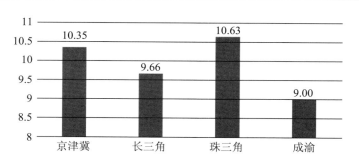

图 4-2　2020 年四大城市群平均受教育年限

---

①　张明、魏伟、陈骁：《五大增长极——双循环格局下的城市群与一体化》，121～123 页，北京，中国人民大学出版社，2021。

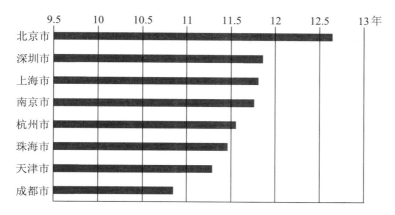

图 4-3　2020 年部分城市平均受教育年限

长三角城市群中则以上海、南京和杭州领先。研究显示，全国中高端人才流入率排名前 20 的城市中有三分之一属于长三角城市群，杭州和宁波的流入率均超过 8%。[1] 与此同时，长三角城市群还大力引进国际英才，建立紧缺国际人才清单和移民职业清单制度，放宽紧缺领域国际移民的准入门槛，集聚大量优秀人才。

珠三角城市群中，粤港澳大湾区高校林立，广东省世界一流大学建设高校占全国的比重为 4.8%，世界一流学科建设高校占比为 3.2%。在经济规模上，粤港澳大湾区与旧金山湾区、纽约湾区、东京湾区相比，并不逊色。在扩大开放与产业升级的背景下，粤港澳大湾区的人力资本吸引力愈发增强。

成渝城市群中，成都的平均受教育年限是最高的。成渝地区双城经济圈是西部省份中经济较发达、产业较集中、极具发展潜力的经济区，也是西部省份汇总人力资本集聚程度较高的地区。可以发现，四大城市群之间以及城市群内部人力资本水平均存在较为明显的差异。

>>二、模型设定<<

根据温忠麟等的中介效应模型[2]，建立以下回归方程：

$$\ln perGDP_{i,t} = \alpha_1 + \beta_1 hum_{i,t} + \gamma_1 Z_{i,t} + u_{1i} + \delta_{1t} + \varepsilon_{i,t}, \tag{4-1}$$

$$\ln patent_{i,t} = \alpha_2 + \beta_2 hum_{i,t} + \gamma_2 Z_{i,t} + u_{2i} + \delta_{2t} + \varepsilon_{i,t}, \tag{4-2}$$

$$\ln perGDP_{i,t} = \alpha_3 + \theta_3 hum_{i,t} + \beta_3 \ln patent_{i,t} + \gamma_3 Z_{i,t} + u_{3i} + \delta_{3t} + \varepsilon_{3i,t}。 \tag{4-3}$$

---

[1]　张明、魏伟、陈骁：《五大增长极——双循环格局下的城市群与一体化》，72～73 页，北京，中国人民大学出版社，2021。

[2]　温忠麟、叶宝娟：《中介效应分析：方法和模型发展》，载《心理科学进展》，2014(5)。

其中，方程 4-1 是人力资本集聚对经济发展水平的影响，$\ln perGDP_{i,t}$ 为被解释变量，即 i 市 t 年的人均 GDP。核心解释变量 $hum_{i,t}$ 为 i 市 t 年的人力资本集聚程度。方程 4-2 是人力资本集聚对创新的影响，$patent_{i,t}$ 为被解释变量，即 i 市 t 年的创新产出。方程 4-3 同时将人力资本集聚变量和创新水平变量纳入模型。$Z_{i,t}$ 为其他影响地区经济发展水平的变量，u_i 是地区固定效应，δ_t 为时间固定效应。$\varepsilon_{i,t}$ 为随机干扰项。

首先，对模型（1）进行回归。检验回归系数 β_1 的显著性，若系数 β_1 显著，以中介效应为基础进行下一步检验，若 β_1 不显著，则以遮掩效应为基础进行检验。其次，对模型（2）进行回归，检验系数 β_2 的显著性。最后对模型（3）进行回归，检验 β_3 和 θ_3 的显著性。如果系数 β_2 和 β_3 都显著，则间接效应显著；如果 θ_3 不显著，则间接效应为完全中介效应。如果 θ_3 显著，且 β_2 和 β_3 同号，则间接效应是部分中介效应，用中介效应占总效应的比例（$\beta_2\beta_3/\beta_1$）表示间接效应的强度；如果 β_2 和 β_3 至少有一个不显著，则需要进行 sobel 检验。

>>三、变量选取与描述性统计<<

1. 被解释变量

经济发展水平。根据文献的常用选择，采用地区人均 GDP 衡量经济发展水平，且将人均 GDP 通过 GDP 平减指数进行调整。

2. 解释变量

人力资本集聚。为了更为全面地衡量人力资本集聚对经济发展的影响，参考目前较为普遍的做法[1]，我们使用平均受教育年限和大专及以上受教育程度人口的区位熵指数来衡量，二者分别表征了一般人力资本和高水平人力资本。

平均受教育年限：

$$H = S_i * p。 \tag{4-4}$$

其中，S_i 表示 15 岁以上人口的受教育年限，即小学 6 年、初中 9 年、高中 12 年、大专及以上 16 年，p 表示每阶段教育年限的劳动年龄人口数占总劳动人数的比重。

区位熵指数。[2] 区位熵是某年某地高学历人口占比与全国平均水平的比值。用于描述该地人力资本集聚程度在全国的位次。公式如下：

---

[1] 刘诗濛、王逸飞、卢晶亮：《人力资本集聚对城市工资与就业增长的影响——来自中国主要城市的证据》，载《劳动经济研究》，2021（1）。

[2] 由于 2020 年数据缺乏，区位熵指数仅使用 2015 年之前的人口普查和抽样调查数据。

$$HC_i = \frac{EC_i}{E_i} / \frac{EC}{E} 。 \tag{4-5}$$

其中，EC_i 表示 i 地区内的人力资本数，按照普查和抽样调查数据中的大专及以上学历劳动年龄人口的数量计算得出。E_i 指的是 i 地区的总劳动人数，EC 指全国人力资本总数，E 指全国劳动人口总数。HC_i 的数值越大，表示该区域的人力资本集聚程度越高。

3. 中介变量

创新能力。选择各个地区的专利申请数衡量城市的创新能力。

4. 控制变量

除了上述变量，还控制了以下变量对经济增长的影响，分别是固定资产投资：固定资产投资额/GDP[①]；产业结构：第三产业产值/第二产业产值；对外开放程度（FDI），即实际利用外资额；市场规模：社会零售品消费总额；城市人口规模，即地区年末总人口。（见表 4-2）

表 4-2　变量名称

被解释变量	变量含义
经济发展水平（*perGDP*）	人均 GDP
核心解释变量：	
人力资本集聚（*ysch*）	15 岁以上人口平均受教育年限
区位熵（*entropy*）	某年某地高学历人口占比与全国平均水平的比值
中介变量：	
创新能力（*patent*）	专利申请数
控制变量：	
产业结构（*indus*）	第三产业增加值/第二产业增加值
固定资产投资（*Fixasset*）	固定资产投资额/GDP
对外开放程度（*FDI*）	实际利用外资额（FDI）
市场规模（*sale*）	社会零售品消费总额
城市规模（*peop*）	城市年末总人口（万人）

人力资本数据来自 2000 年、2010 年的全国人口普查数据，2005 年、2015 年全国 1‰ 抽样调查数据，以及各地区 2020 年第七次全国人口普查数据公报，其中少数省份未公开下辖地区的平均受教育年限，根据 15 岁以上人口不同受教育程度人口数与地区常住人口数计算得出。创新数据来自家知识产权局的城市微观

---

① 2018 年开始城市固定资产投资数据不再公开，因此以 2017 年数据代替，其他控制变量数据以 2019 年替代 2020 年。

层面数据。其他数据来自《中国城市统计年鉴》和 EPS 数据平台。数据的描述性统计结果如表 4-3 所示。

表 4-3 描述性统计

变量	观测值	均值	标准差	最小值	最大值
ln$perGDP$	1 508	5.46	1.77	2.74	10.66
$ysch$	1 590	9.47	0.91	4.11	13.00
$indus$	1 416	1.26	0.75	0.19	10.49
$Fixasset$	1 158	0.59	0.33	0.06	2.04
lnFDI	1 297	9.30	2.23	0.00	14.56
ln$sale$	1 374	14.82	1.39	6.60	18.88
$peop$	1 362	435.11	310.82	15.96	3 416

第四节 人力资本集聚的创新中介效应实证分析

>>一、人力资本对经济增长的总效应回归<<

首先，对方程 4-1 进行回归，结果如表 4-4 所示。奇数列核心解释变量为平均受教育年限，偶数列为区位熵指数。模型（1）、模型（2）是仅控制了省份和时间固定效应的回归结果。模型（3）、模型（4）为加入了其他控制变量的回归结果。可以看出以平均受教育年限和区位熵指数表征的人力资本集聚对地区经济发展的影响显著为正，平均受教育年限系数比区位熵指数的系数要小，一定程度上说明了高水平人力资本集聚对经济增长的效应更大。

表 4-4 基础回归

	（1）	（2）	（3）	（4）
人力资本集聚	0.573***	0.768***	0.397***	0.480***
	(0.025)	(0.039)	(0.036)	(0.040)
产业结构			−0.427***	−0.458***
			(0.058)	(0.063)
实际利用外资			0.087***	0.085***
			(0.012)	(0.011)
市场规模			0.154***	0.151***
			(0.052)	(0.050)
固定资产投资			−0.070	−0.122**
			(0.060)	(0.054)

续表

	(1)	(2)	(3)	(4)
年末总人口			-0.001^{***}	-0.001^{***}
			(0.000)	(0.000)
时间	Y	Y	Y	Y
省份	Y	Y	Y	Y
N	1 501	1 220	1 115	1 029
R^2	0.960	0.966	0.981	0.983
F	545.859	380.63	169.310	187.256

注：括号为稳健标准误，$^*p<0.1$，$^{**}p<0.05$，$^{***}p<0.01$，省略常数项，下同。

但在人力资本集聚与经济发展水平之间可能存在内生性问题，一种是互为因果：地区高水平人力资本集聚有利于促进地区经济发展，同时，经济发展水平较高的地区也会吸引优秀人才流入，二者之间可能存在互为因果的关系。另一种是遗漏变量。虽然文中已经控制了以往研究中较为常见的城市层面的控制变量，但依然可能遗漏了其他与经济发展水平相关的因素。为了解决内生性问题，需要找到合适的工具变量，同时本部分使用的是面板数据，控制了那些不随时间变化的因素的影响，因而，以往文献中常用的早期人口、气候等因素不再适用。1999 年高校扩招政策是全国统一执行的，属于政策冲击，具备良好的外生性。参考陈斌开[①]和黄金玲[②]的研究工作，建立以高校扩招强度为核心解释变量的回归模型：

$$expand_{i,t}=\frac{college_{i,t}\times increnroll_{i,t}}{total_{i,t}}。 \tag{4-6}$$

其中，$expand_{i,t}$ 是城市 i 在 t 年时的人均扩招增量，表示高校扩招强度。$college_{i,t}$ 是城市 i 在 2000 年时的普通高等院校数量，$increnroll_{i,t}$ 是在 t 年全国的普通高等院校招生人数相对于前 1 期的增量，2000 年的扩招增量为相对于扩招政策实施前 1 年即 1998 年的变化量，$total_{i,t}$ 是城市 i 在 t 年的人口总数。

回归结果如表 4-5 所示，同样，奇数列核心解释变量为平均受教育年限，偶数列为区位熵指数。模型（3）、模型（4）显示了加入控制变量后的回归结果，Panel A 为一阶段回归结果，结合 F 值可以看出工具变量显著并且不存在弱工具变量问题。Panel B 显示了人力资本集聚对经济发展水平的影响显著为正，表明人力资本集聚程度的增加会显著提高地区经济增长水平。

①　陈斌开、张川川：《人力资本和中国城市住房价格》，载《中国社会科学》，2016(5)。
②　黄金玲：《人力资本空间集聚与城市创新》，载《教育经济评论》，2021(3)。

表 4-5　工具变量回归

	(1)	(2)	(3)	(4)
Panel A		因变量：人力资本集聚		
人均扩招强度	208.587***	170.899***	128.505***	126.874***
	(13.821)	(11.591)	(12.711)	(11.381)
F 值	227.78	217.40	102.21	124.28
Panel B		因变量：人均 GDP		
人力资本集聚	0.658***	0.767***	0.532***	0.544***
	(0.039)	(0.053)	(0.053)	(0.061)
产业结构			−0.442***	−0.464***
			(0.063)	(0.069)
实际利用外资			0.078***	0.090***
			(0.012)	(0.012)
市场规模			0.103**	0.122***
			(0.042)	(0.044)
固定资产投资			−0.066	−0.135**
			(0.061)	(0.052)
年末总人口			−0.001***	−0.001***
			(0.000)	(0.000)
时间	Y	Y	Y	Y
省份	Y	Y	Y	Y
N	1 265	989	1 039	955
R^2	0.450	0.481	0.688	0.719
F	284.928	205.468	143.753	143.082

>>二、创新中介效应检验<<

根据方程 4-2，用人力资本集聚对创新产出进行回归，结果如表 4-6 所示。同样加入工具变量以检验结果的稳健性。可以看出人力资本集聚对创新的影响显著为正，验证了人力资本集聚对地区创新能力的促进作用。

表 4-6　人力资本集聚对创新的影响

	(1)	(2)	(3)	(4)
	平均受教育年限	工具变量	区位熵	工具变量
人力资本集聚	0.867***	1.397***	0.827***	1.339***
	(0.128)	(0.204)	(0.150)	(0.215)
产业结构	−0.765***	−0.816***	−0.784***	−0.859***
	(0.117)	(0.122)	(0.123)	(0.130)
实际利用外资	0.204***	0.144***	0.224***	0.186***
	(0.047)	(0.047)	(0.049)	(0.047)
市场规模	0.519***	0.354**	0.566***	0.425***
	(0.172)	(0.137)	(0.182)	(0.146)
固定资产投资	−0.451**	−0.360*	−0.509**	−0.464**
	(0.197)	(0.200)	(0.197)	(0.192)
年末总人口	−0.002***	−0.001***	−0.002***	−0.001***
	(0.000)	(0.000)	(0.000)	(0.000)
时间	Y	Y	Y	Y
省份	Y	Y	Y	Y
N	933	887	933	887
R^2	0.794	0.463	0.787	0.453
F	78.565	64.128	73.349	59.740

>>三、人力资本集聚对经济增长的间接效应回归<<

根据方程 4-3 将同时加入了人力资本集聚与创新能力变量的模型进行回归，回归结果如表 4-7 所示。能够看出人力资本集聚和创新能力的系数均显著为正，表明人力资本集聚能够通过创新传导路径间接带动经济增长。计算两种核心解释变量下的间接效应比例，可知，在平均受教育年限的表征下，人力资本集聚通过创新带动经济增长的贡献率均超过 16％。而区位熵指数衡量的高级人力资本在集聚的前提下，通过创新中介效应产生的对经济增长的贡献率近 20％，如表 4-8 所示。

表 4-7　间接效应回归

	(1)	(2)	(3)	(4)
	平均受教育年限	工具变量	区位熵指数	工具变量
人力资本集聚	0.344***	0.468***	0.395***	0.423***
	(0.031)	(0.062)	(0.033)	(0.060)
创新能力	0.077***	0.061***	0.082***	0.081***
	(0.012)	(0.014)	(0.012)	(0.013)
产业结构	−0.402***	−0.440***	−0.419***	−0.438***
	(0.057)	(0.060)	(0.056)	(0.058)
实际利用外资	0.086***	0.075***	0.086***	0.086***
	(0.010)	(0.012)	(0.009)	(0.010)
市场规模	0.099**	0.073**	0.097**	0.089**
	(0.042)	(0.036)	(0.039)	(0.038)
固定资产投资	−0.084	−0.078	−0.102**	−0.103**
	(0.055)	(0.059)	(0.051)	(0.052)
年末总人口	−0.001***	−0.001***	−0.001***	−0.001***
	(0.000)	(0.000)	(0.000)	(0.000)
时间	Y	Y	Y	Y
省份	Y	Y	Y	Y
N	932	886	932	886
R^2	0.984	0.741	0.984	0.760
F	177.206	138.867	173.85	144.424

表 4-8　间接效应贡献率

系数	平均受教育年限		区位熵指数	
	面板数据	工具变量	面板数据	工具变量
β_1	0.397	0.532	0.480	0.544
β_2	0.867	1.397	0.827	1.339
β_3	0.077	0.061	0.082	0.081
间接效应(%)	16.82	16.02	14.13	19.94

>>四、异质性分析<<

　　将京津冀、长三角、珠三角和成渝四大经济增长极城市群和其他城市群分别进行回归，结果如表 4-9 和表 4-10 所示。可以看出所有回归系数均显著，也证明了间接效应的存在。表 4-10 计算了间接效应的比例，其中四大经济增长极城市群人力资本集聚通过创新对经济增长的贡献达到 11.95%（区位熵指数回归为 13.21%），其他城市为 8.33%（区位熵指数回归为 7.07%）。这表明人力资本集聚在四大增长极城市群产生的创新中介效应要明显高于其他城市群，说明在四大经济增长极城市群的知识、技术和产品创新已经成为经济增长中不可忽视的驱动力，且高水平人力资本在经济发达的增长极城市群表现出更强的创新中介作用，京津冀、长三角等地区城市群发展相对成熟，基于创新价值链的高端产业如信息技术、新材料以及人工智能等带动了城市群的发展[1]，因而在四大经济增长极城市群人力资本和创新之间的互动效应表现得更强。这与张桅(2021)[2]研究长三角地区人力资本的经济效应结果类似，其研究结果显示，在长三角城市群，那些经济相对发达的城市人力资本的创新中介效应更强。同时从回归结果也可以看出，在四大经济增长极城市群，人力资本集聚的直接效应(0.389)也同样要高于其他城市群(0.285)。但四大经济增长极城市群的创新中介效应要低于全国水平，一定程度上说明了虽然这些地区集聚了大量的人力资本，但人力资本通过自主创新发挥经济效应的能力并未得到充分开发和利用。

表 4-9　分城市群回归

	四大增长极城市群		其他城市群	
	人均 GDP	创新	人均 GDP	创新
人力资本集聚	0.438***	0.616***	0.316***	0.693***
	(0.052)	(0.211)	(0.037)	(0.132)
N	263	232	852	701
R^2	0.987	0.856	0.983	0.780
F	43.679	10.877	148.631	74.455

表 4-10　间接效应回归结果

	(1) 四大增长极城市群	(2) 其他城市群
创新能力	0.085***	0.038***
	(0.016)	(0.013)
人力资本集聚	0.389***	0.285***
	(0.054)	(0.039)
间接效应占比(%)	11.95	8.33
N	231	701
R^2	0.989	0.985
F	56.221	152.568

---

① 张振、李志刚、胡璇：《城市群产业集聚、空间溢出与区域经济韧性》，载《华东经济管理》，2021(8)。

② 张桅、胡艳：《长三角地区人力资本对经济增长的作用机制研究——基于创新中介效应检验》，载《安徽大学学报(哲学社会科学版)》，2021(1)。

>>五、稳健性检验<<

为了验证以上结果的稳健性，将核心解释变量的人力资本集聚用城市大专及以上学历劳动年龄人口占全国大专及以上学历劳动年龄人口的比值来衡量。[①]回归结果如表 4-11 和表 4-12 所示，可以看出回归结果依然稳健，其中四大增长极城市群人力资本集聚的创新中介效应占比为 14.93％，其他城市为 6.25％，说明人力资本集聚的确通过创新的中介效应促进了地区经济发展，且在四大增长极城市群人力资本集聚的创新中介效应和人力资本集聚的直接效应均更强。

表 4-11　稳健性检验

	全国		四大增长极城市群		其他城市群	
	人均 GDP	创新	人均 GDP	创新	人均 GDP	创新
人力资本集聚	5.455 ***	9.314 ***	5.390 ***	9.147 ***	4.698 ***	6.120 ***
	(0.511)	(1.681)	(0.791)	(3.092)	(0.485)	(1.596)
N	1 029	933	237	232	792	701
R^2	0.982	0.784	0.986	0.859	0.985	0.770
F	177.728	71.338	34.467	13.362	161.122	70.915

表 4-12　间接效应回归

	全部	四大增长极城市群	其他城市群
创新能力	0.088 ***	0.088 ***	0.048 ***
	(0.013)	(0.020)	(0.013)
人力资本集聚	4.375 ***	4.400 ***	3.929 ***
	(0.401)	(0.703)	(0.456)
间接效应（％）	15.03	14.93	6.25
N	932	231	701
R^2	0.984	0.988	0.985
F	173.908	48.841	151.611

综上所述，我们基于五次全国人口普查和 1％抽样调查数据的城市层面数据，利用平均受教育年限和大专及以上人口区位熵指数衡量人力资本集聚，以创新水平为中介变量，研究人力资本集聚对经济增长的间接效应，得出如下主要

---

① Arauzo-Carod，J.，2013，"Location Determinants of New Firms：Does Skill Level of Human Capital Really Matter?"，*Growth and Change*，44(1)，pp.118-148.

结论。

就总效应来说，人力资本集聚对经济增长的促进作用十分明显，其中高水平人力资本集聚的经济效应显著高于一般人力资本集聚的经济效应。以高校扩招强度作为工具变量后，结果依然显著。创新中介效应表明，人力资本集聚有利于增强地区的自主创新能力。间接效应显示，人力资本集聚可以通过创新中介作用间接拉动经济增长。人力资本集聚产生的创新中介效应超过16％，高水平人力资本集聚的间接效应更是近20％。异质性分析的结果显示，在四大经济增长极城市群，人力资本集聚通过创新对经济增长的贡献远远高于其他城市群。这显示了在四大经济增长极城市群，人力资本集聚与创新之间的互动效应产生了更好的效果。

进入新发展阶段，我国的经济增长方式将由要素驱动逐步转变为创新驱动，而创新驱动的实质是人才驱动。人力资本集聚能够有效提高地区创新能力。这启示我们，在优化区域布局、打造区域经济增长极时，既要注重人力资本的培养与引进，也要优化区域创新环境，充分发挥增长极城市群人力资本与创新的交互作用。尤其在经济增长极城市群，大量高水平人力资本在这些地区集聚，更要充分发挥人力资本作为创新载体的作用，避免造成人才的膨胀和"内卷"。而在那些非增长极城市群，要积极培养和利用现有人力资本，最大限度地发挥人力资本的直接效应，同时，还要清除人力资本引进机制中的制度障碍，构建良好的创新环境，充分利用与经济增长极城市的地缘优势或者经济联系，做到"内外兼修"。充分激发中心城市和增长极城市群在我国迈向高质量发展中的重要作用。

第五章

新发展阶段劳动力返乡创业
与扩就业效应研究

　　党的十九大报告明确提出实施乡村振兴战略。在实施乡村振兴战略过程中，农民就业作为一大突破口，既是拓宽农民增收的重要渠道，又是农民实现生活富裕的必然要求。面对全球政治经济环境发生的重大变化，中央提出要千方百计稳定和扩大就业，坚持经济发展就业导向，扩大就业容量，形成强大国内市场，拉动经济结构转型升级，加快构建以国内大循环为主体、国内国际双循环相互促进的新发展格局。为此，国家出台了一系列返乡创业扶持政策以支持和鼓励农民工返乡创业。2020年国家发展改革委等十九部门联合下发的《关于推动返乡入乡创业高质量发展的意见》，人力资源和社会保障部等十五部门印发的《关于做好当前农民工就业创业工作的意见》，2021年的中央一号文件《中共中央 国务院关于全面推进乡村振兴加快农业农村现代化的意见》等，都强调要推动高质量的返乡创业，带动农民共同富裕，推进乡村振兴战略。事实证明，我国实施乡村振兴战略以来，农民工返乡创业的人数逐年增加，给家乡带来了越来越多的就业岗位和就业机会。农业农村部发布的数据显示，2017—2020年，返乡创业者从740万人增加到1 010万，2020年返乡创业直接带动农村新增就业岗位超过1 000万，受益农户800多万户。由此可见，农民工返乡创业对拉动本地农民的就业功不可没，但我们也应该清醒地认识到，返乡创业的扶持政策是吸引农民工返乡创业的关键，正是这些创业扶持政策推动返乡创业企业新增大量的就业岗位。那么，在众多返乡创业扶持政策中，哪些政策有助于拉动就业？如果能拉动就业，拉动就业的效应有多大？扶持政策拉动就业的作用机制是什么？这些问题都需要有明确的答案。对上述问题的回答，不仅有助于政策制定者根据政策实施效果选择有针对性的政策工具，还有助于返乡创业者利用政策工具扩大企业的就业机会，为落实国家提出的"保就业"和"稳就业"目标提供理论支持和数据支撑。

第一节 返乡创业及其扩就业效应：
基本概念及文献综述

根据已有文献，返乡创业是指曾经在外地（出生所在地的市、区、县之外）工作或办企业超过3个月及以上的人员，回到自己所在市、县、乡、村从事创业活动，创业企业应当是在当地市场监管部门注册且有营业执照的注册人或法人。[①]返乡创业扶持政策是指吸引和推进劳动力返乡创业的相关政策，包括财政支持政策、创业培训政策、税费减免政策和产业扶贫政策等。文献主要聚焦返乡创业扶持政策、返乡创业和就业情况。

>>一、返乡创业扶持政策与返乡创业<<

关于创业扶持政策对创业意愿和创业行为影响的文献比较多，如税收优惠、金融政策、社保政策等，但针对返乡创业扶持政策与返乡创业之间关系的研究文献，直到党的十九大报告提出乡村振兴战略以及国家出台一系列政策文件全面推进返乡创业以后，才逐渐增多。国外文献中，因为没有"户籍"的概念，所以自然没有"返乡"的概念，但已有文献有"归国创业"的概念。归国创业与本章提到的返乡创业存在某种程度的相似之处，归国创业属于更高层面的返乡创业，所以本章将国外有关归国创业的文献纳入其中，旨在借鉴其研究范式和研究方法。

关于返乡创业扶持政策对返乡创业的影响，国内的研究文献认为，技术和创业技能培训以及政府在财政、金融政策等方面的针对性支持对创业成功和持续经营的影响巨大，比如降低行政审批成本能显著提高创业发生率。同时，已有的研究已经证实，政策资源获取越多，农民工返乡创业的绩效就越好。所以，政府应协调和配置资源，对农民工返乡创业给予政策上的倾斜。[②]在国家出台了一系列支持和鼓励返乡创业举措的同时，学界也从具体的政策支持层面进行了研究。就政府资金扶持政策而言，董秀莹从财政、税收、产业、金融多个角度分析政府扶持政策，认为财政扶持是农民工返乡创业主要的需求，政府要加大财政扶持和补贴力度，设立创业扶持资金以吸引新生代农民工返乡创业。[③]张亮和李亚军提出，通常来说农民工外出打工积累的资金难以满足创业的资金需求，政府需要建

[①] 王轶、熊文、黄先开：《人力资本与返乡创业》，载《东岳论丛》，2020(3)。
[②] 何晓斌、柳建坤：《返乡创业者的外出经历与电商创业——基于全国返乡创业调查数据的分析》，载《北京工商大学学报（社会科学版）》，2021(2)。
[③] 董秀莹：《新生代农民工返乡创业扶持政策扶持体系构建》，载《农业经济》，2017(8)。

立提供一站式服务的初创资金支持平台。① 张正平和石红玲提出，给予创业者初期财政税收支持是世界各国支持和鼓励创业的普遍做法，利用"降息、减税、免费"的方式，给予农民工返乡创业特殊的优惠减免，可以大幅减少农民创业成本。② 何广文和刘甜从包容性增长角度，发现税收优惠、信息支持和成本降低有助于农民工返乡创业净利润的提高，政策实施能给绩效低的创业者带来更多的好处。③ 就创业培训而言，刘小春等利用江西省 1 145 份农民工微观调查数据，分析了返乡农民工对政策扶持需求的优先次序，发现创业技能培训是返乡农民工急需的政策支持。④ 朱红根等根据 438 份返乡农民工调查问卷，利用路径分析法研究发现创业培训、税收减免、创业园区等因素直接影响农民工返乡创业的满意度。⑤ 方鸣和詹寒飞采用因子分析法构建二元 Logistic 模型，研究影响农民工对创业培训政策满意度的因素，发现创业培训扶持条件和设施越完善，越容易激发农民工返乡创业的积极性和主动性。⑥ 就产业扶贫支持而言，黄迈发现 37 个国家现代农业示范区支持农民工返乡创业的产业政策实施取得了一定成果，各地政府也陆续出台了产业政策支持返乡创业，但是依旧存在产业配套能力不足、产品升级困难大等问题。⑦

>>二、返乡创业与拉动就业<<

已有文献发现，返乡创业作为创新经济的一种形式，在创造新就业岗位的同时，带来了就业方式和就业形态的变化。⑧ 张若瑾和张静通过对影响农民工创业意愿因素的实证分析，表明农民工返乡创业不仅能够转变农业发展方式，促进农村经济可持续发展，而且有助于带动当地劳动力就业，实现就业的"造血功能"。⑨ 李

---

① 张亮、李亚军：《就近就业、带动脱贫与农民工返乡创业的政策环境》，载《改革》，2017(6)。

② 张正平、石红玲：《家庭普惠金融水平对家庭创业决策的影响：基于 CHFS 数据的实证研究》，载《北京工商大学学报(社会科学版)》，2019(1)。

③ 何广文、刘甜：《乡村振兴背景下农户创业的金融支持研究》，载《改革》，2019(9)。

④ 刘小春、李婵、朱红根：《农民工返乡创业扶持政策评价及其完善——基于江西省 1145个返乡农民工调查数据》，载《农村经济》，2011(6)。

⑤ 朱红根、陈昭玖、张月水：《农民工返乡创业扶持政策满意度影响因素分析》，载《商业研究》，2011(2)。

⑥ 方鸣、詹寒飞：《返乡农民工对创业培训政策满意度的影响因素分析》，载《财贸研究》，2016(6)。

⑦ 黄迈等：《农民工等人员返乡创业的政策匹配》，载《改革》，2016(10)。

⑧ 程春庭：《重视"返乡创业"增强县域经济整体发展能力》，载《中国农村经济》，2001(4)。

⑨ 张若瑾、张静：《农民工创业意愿影响因素的实证研究》，载《中国人口·资源与环境》，2017(11)。

彦娅和谢庆华认为，农民工返乡创业有利于带动当地就业，促进经济发展。① 同样，王轶在分析农民工返乡创业行为时，发现在就业压力严峻的情况下，农民工通过创业带动就业，缓解当地就业压力和社会矛盾，利用返乡农民工的技术和资金，还可以有效带动社会经济发展和产业结构升级。② 李周通过研究农民流动，发现农民工返乡创业与国家创新创业战略高度契合，返乡农民工将成为推动新农村建设、乡村发展和实现共同富裕的重要力量。③

>>三、相关文献述评<<

综上所述，已有文献主要针对扶持政策对返乡创业和拉动就业的影响，研究发现，创业扶持政策与创业企业发展之间的关系密切，创业扶持政策通过作用于返乡创业，进而拉动劳动力就业。这些研究对后续研究产生了积极的指导意义，但也存在一些不足，主要体现在返乡创业扶持政策对就业的积极作用缺乏数据支持，只是从理论上进行阐述和推理。在现实生活中，并不是所有的扶持政策都能够拉动就业的，扶持政策的目标不同，拉动就业的效应自然存在不同，如何通过创业企业的数据测算扶持政策的就业拉动效应，已有的文献鲜有研究。另外，扶持政策的就业拉动效应在不同区域之间存在明显差异，这些政策差异决定了区域之间扶持政策应该如何制定，以及政策应该达到什么样的目标，已有文献鲜有讨论。为此，本章基于2019 年全国返乡创业企业的一手调查数据，通过实证分析，研究返乡创业扶持政策对返乡创业企业对吸纳农民、残疾人和贫困户就业的影响。在此基础上，分析扶持政策对不同层次、不同区域和不同行业返乡创业吸纳本地劳动力就业的影响。更进一步，本章试图通过理论分析阐述扶持政策的作用机制，为我国返乡创业扶持政策的制定和完善，以及本地劳动力就业的促进提出相应的政策建议。

第二节　研究设计

>>一、数据来源<<

为了研究返乡创业扶持政策对本地劳动力的就业拉动效应，本章使用北京师

---

① 李彦娅、谢庆华：《农民工返乡创业的动力机制研究——基于三次返乡创业高潮的调查》，载《重庆社会科学》，2019(7)。

② 王轶、孙晓悦、文宗瑜：《企业管理规范性何以提升返乡创业企业经营绩效》，载《学习与探索》，2021(3)。

③ 李周：《农民流动：70 年历史变迁与未来 30 年展望》，载《中国农村观察》，2019(5)。

范大学劳动力市场研究中心和北京工商大学返乡创业课题组于 2019 年 1 月至 7 月采集的全国返乡创业调查数据。调查对象为国家发展改革委等多部门联合发布的全国返乡创业试点地区内的返乡创业者，主要覆盖了中国大陆 29 个省（自治区、直辖市）。[①] 我们通过全国 15 所高校和科研单位的在读学生到上述创业典型地区进行调查的方式，共发放返乡创业企业调查问卷 2 425 份，回收有效问卷 2 082 份，占比为 85.86%。课题组 2019 年 7 月到全国 4 个典型返乡创业县进行调研考察，到返乡创业企业实地发放调查问卷 57 份，两次调查共计回收返乡创业企业有效问卷 2 139 份。考虑到东北地区返乡创业企业的调查样本相对较少，为了保证实证结果的无偏性，剔除东北地区返乡创业企业样本，最后得到有效样本量为 2 103 个。需要说明的是，由于本次调查问卷的对象都是返乡创业者，也就是返乡创业企业的法人，创业者创办的企业均在当地市场监管、税务部门有注册，并且营业执照在有效期内。采集到的调查数据都是返乡创业企业的数据，个人特征数据都是创业者（企业法人）的个人特征。为了保障采集数据的科学性和有效性，返乡创业调查全过程得到了北京师范大学劳动力市场研究中心和中国收入分配研究院（CHIPs）数据库调查团队的全程指导。

>>二、变量选取<<

(一)被解释变量

本章选择返乡创业扶持政策实施后，返乡创业企业于本地的"雇用员工人数""雇用贫困户人数"与"雇用残疾人人数"作为被解释变量，说明返乡创业扶持政策的就业拉动效应。就业人数单位为"个"。在分析过程中，对上述三个连续被解释变量进行 1% 和 99% 水平上的缩尾（Winsor）处理，以求控制极端值对实证结果的影响。

(二)解释变量

根据国家制定的返乡创业扶持政策文件，本章界定的返乡创业扶持政策主要包括五类：财政资金支持政策、创业培训政策、税费减免政策、金融扶持政策和产业扶贫政策。(1)财政资金支持政策是指返乡创业初期，地方财政提供企业的财政补贴资金，用于购置企业设备等。在返乡创业企业调查问卷中，体现为企业获得的来自地方政府财政扶持的实际金额，单位为万元。(2)创业培训政策是指

---

① 新疆和西藏因为采集数据困难，未纳入调查范围。

地方政府为了提高返乡创业者的创业能力、提升返乡创业企业的职业素养而组织的专业性和非专业培训。调查问卷中以返乡创业企业是否享受过该项政策来衡量，1 为享受过该政策，0 为否。（3）税费减免政策是指对符合条件的返乡创业者给予税费减免或税收优惠等。本章的税费减免政策采用虚拟变量，如果创业企业享受过该项政策，则赋值为 1，否则为 0。（4）金融扶持政策是指对符合条件的返乡创业企业提供低息或免息贷款等，以缓解返乡创业企业资金难的问题。本章用返乡创业企业享受对本地政府的金融扶持政策满意度来衡量，分值分为 1～7 级，1 表示极不满意，7 表示非常满意，分值越高，表示满意度越高。（5）产业扶贫政策是指地方政府通过扶持农村地区发展特色产业，支持当地特殊行业或产业的发展。本章的产业扶贫政策采用虚拟变量，如果返乡创业企业享受过该项政策，则赋值为 1，否则为 0。

（三）控制变量

借鉴有关政策以及农村劳动力流动问题的已有研究[①]，本章选取了代表企业特征与个人特征的两类控制变量。企业特征变量有：创业形式变量表示创业者与他人合伙创立企业，如果是合伙返乡创业，则赋值为 1，否则为 0；创业时间变量表示创业者截至被调查时的返乡创业时间，单位为年；企业再投入资金变量表示 2018 年返乡创业企业再次投入的资金金额，单位为万元。个人特征变量有：创业者的性别，男性赋值为 1，女性赋值为 0；年龄，即返乡创业者接受调查时的实际年龄；创业者的受教育程度，依次定义为"未上过学""小学""初中""高中""中专、技校""大专""本科"和"研究生及以上"，分别对应赋值为 1～8。

>>三、模型构建<<

为验证返乡创业政策的就业拉动效应，构建返乡创业扶持政策对返乡创业企业雇用员工人数的决定方程，具体见模型 5-1：

$$Employment_i = \alpha + \beta P_i + \gamma X_i + \varepsilon。 \tag{5-1}$$

其中，$Employment_i$ 为返乡创业企业雇用员工的人数，分别表示雇用员工人数、雇用贫困户人数和雇用残疾人人数，i 表示第 i 个样本。P_i 表示政策变量，政策包括财政资金支持政策、创业培训政策、税费减免政策、产业扶贫政策和金融扶持政策；X_i 表示控制变量；ε 表示标准误。

---

① 何晓斌、柳建坤：《返乡创业者的外出经历与电商创业——基于全国返乡创业调查数据的分析》，载《北京工商大学学报（社会科学版）》，2021（2）。

第三节　返乡创业政策的扩就业效应：实证结果分析

>>一、主要变量的描述性统计及相关性分析<<

表 5-1 的描述性统计结果表明，平均每个返乡创业企业雇用约 13 人，其中，雇用贫困户约 1 人，雇用残疾人不到 1 人，当然这里面存在贫困户与残疾人重合的情况。地方政府平均为返乡创业企业提供扶持资金 11.094 万元，但标准差比较大，说明企业之间获取扶持的差异度很大。税费减免政策的均值为 0.330，创业培训政策的均值为 0.202，产业扶贫政策的均值为 0.048，说明有 33.0% 的返乡创业企业享受过税费减免政策，20.2% 的返乡创业企业参加过当地政府组织的创业培训，有 4.8% 的返乡创业企业享受过产业扶贫政策。金融扶持政策满意度的均值为 4.174，表明大部分创业者对于当地金融扶持政策的满意度介于"一般"和"满意"之间。

表 5-1　主要变量的描述性统计

变量名称	均值	标准差	最小值	最大值
雇用员工人数	13.220	25.868	0	153
雇用贫困户人数	1.341	4.314	0	30
雇用残疾人人数	0.291	0.976	0	6
财政资金支持政策	11.094	436.417	0	20 000
创业培训政策	0.202	0.401	0	1
税费减免政策	0.330	0.470	0	1
金融扶持政策	4.174	1.142	1	7
产业扶贫政策	0.048	0.214	0	1
创业形式	0.295	0.456	0	1
创业时间	8.049	6.256	0	36
再投入资金	0.026	0.550	0	25
性别	0.713	0.453	0	1
年龄	41.003	8.700	19	72
受教育程度	4.378	1.523	1	8

对各变量进行斯皮尔曼相关性分析，从相关系数的显著性来看，绝大部分相关系数在 1% 的水平下显著。同时，对变量进行了多重共线性检验，方差膨胀因子均小于 10，表明变量之间不存在多重共线问题。[①]

---

① 由于篇幅限制，相关性分析结果未呈现。若有需要，可与作者联系索取。

>>二、返乡创业扶持政策就业拉动总体效应分析<<

表 5-2 主要检验了返乡创业扶持政策的就业拉动效应，被解释变量分别为返乡创业企业雇用员工人数、雇用贫困户人数和雇用残疾人人数。由表 5-2 中列（1）～（2）可知，财政资金支持政策、创业培训政策、税费减免政策、金融扶持政策和产业扶贫政策（以下简称"五类扶持政策"）均能显著正向拉动返乡创业企业的就业人数，并且这种就业拉动效应在 5% 的水平下显著。加入控制变量后，五类扶持政策依然显著。在控制变量中，返乡创业者的受教育程度、创业形式、创业时间、企业再投入资金等显著正向影响返乡创业企业的雇用员工人数。

表 5-2 中列（3）～（4）为创业扶持政策对返乡创业企业雇用贫困户人数的影响。实证结果表明，财政资金支持政策、创业培训政策、税费减免政策和产业扶贫政策均能显著拉动返乡创业企业雇用贫困户的就业人数，并且这种影响在 1% 的水平下显著，说明上述四类创业扶持政策有助于扩大贫困户的就业机会，促进贫困户实现有效脱贫；金融扶持政策表现为不显著。加入控制变量后，五类扶持政策对贫困户就业的影响未发生明显变化。

表 5-2 中列（5）～（6）为创业扶持政策对返乡创业企业雇用残疾人人数的影响。实证结果表明，除了金融扶持政策外，财政资金支持政策、创业培训政策、税费减免政策和产业扶贫政策能显著正向拉动返乡创业企业雇用残疾人的人数，并且这种影响在 1% 的水平下显著。加入控制变量后，上述扶持政策的影响程度和方向并未发生明显变化，说明除金融扶持政策外，其他四类创业扶持政策推动了返乡创业企业雇用本地残疾人的数量，有助于残疾人摆脱贫困。

表 5-2 创业扶持政策对返乡创业企业雇用员工人数影响的回归结果

	雇用员工人数（1）	雇用员工人数（2）	雇用贫困户人数（3）	雇用贫困户人数（4）	雇用残疾人人数（5）	雇用残疾人人数（6）
财政资金支持政策	0.007***	0.006***	0.001***	0.001***	0.001***	0.001***
	(0.001)	(0.001)	(0.000)	(0.000)	(0.000)	(0.000)
创业培训政策	4.104***	3.183**	1.193***	1.098***	0.198***	0.184***
	(1.395)	(1.349)	(0.224)	(0.222)	(0.052)	(0.051)
税费减免政策	3.197***	1.440	0.773***	0.644***	0.118***	0.075*
	(1.189)	(1.166)	(0.190)	(0.192)	(0.044)	(0.044)
金融扶持政策	1.627***	1.239***	0.113	0.089	0.026	0.017
	(0.489)	(0.473)	(0.078)	(0.078)	(0.018)	(0.018)
产业扶贫政策	19.098***	16.632***	5.539***	5.297***	1.108***	1.057***
	(2.579)	(2.485)	(0.413)	(0.410)	(0.096)	(0.095)
创业形式		7.571***		0.816***		0.177***
		(1.200)		(0 198)		(0.046)

续表

	雇用员工人数（1）	雇用员工人数（2）	雇用贫困户人数（3）	雇用贫困户人数（4）	雇用残疾人人数（5）	雇用残疾人人数（6）
创业时间		0.220**		−0.014		0.004
		(0.095)		(0.016)		(0.004)
企业再投入资金		1.756*		0.127		0.047
		(0.958)		(0.158)		(0.036)
性别		7.139***		0.665***		0.173***
		(1.180)		(0.195)		(0.045)
年龄		0.331***		0.040***		0.009***
		(0.071)		(0.012)		(0.003)
受教育程度		2.390***		0.183***		0.034**
		(0.373)		(0.061)		(0.014)
样本量	2 103	2 103	2 103	2 103	2 103	2 103
R^2	0.060 7	0.136 3	0.132 4	0.155 7	0.095 5	0.121 3

注：***、**和*分别表示在1%、5%和10%的水平下显著；括号内为标准误。

>>三、稳健性分析<<

（一）创业扶持政策对不同层次返乡创业企业的就业拉动效应分析

　　根据创业者返乡创业的目的，本部分将返乡创业分为三个层次——生存型、发展型和价值型返乡创业。生存型返乡创业指创业者为自己和家庭的生活需要而选择返乡创业；发展型返乡创业指创业者为了追求本地的商业发展机会而选择返乡创业；价值型返乡创业指创业者为了实现个人价值，推动乡村经济发展而选择返乡创业。由于创业企业的目的不同，企业发展层次不同，企业雇用员工人数受到本地返乡创业扶持政策的影响也会存在明显差异。例如，对于价值型返乡创业企业，只要返乡创业扶持政策引导得当，这类企业愿意为本地村民实现共同富裕做出贡献。为此，有必要进一步分析返乡创业扶持政策对不同层次返乡创业企业的就业拉动效应，具体回归结果见表5-3。

　　表5-3中列（1）~（2）为创业扶持政策对生存型返乡创业企业雇用员工人数的影响。实证结果表明，五类扶持政策对生存型返乡创业企业雇用员工人数的拉动效应不明显，加入控制变量后，五项扶持政策的影响依然不显著，说明对于生存型返乡创业企业，无论政府制定何种返乡创业扶持政策，都不能拉动这类企业雇用员工的人数。这也说明，创业扶持政策对生存型返乡创业发展影响较小，这类

创业企业并不能扩大本地的就业机会。

表 5-3 中列（3）～（4）为创业扶持政策对发展型返乡创业企业雇用员工人数的影响。实证结果表明，财政资金支持政策、创业培训政策、金融扶持政策和产业扶贫政策对发展型返乡创业企业雇用员工人数有显著的正向拉动作用，并且财政资金支持政策、产业扶贫政策在 1% 的水平下显著，创业培训政策和金融扶持政策在 5% 的水平下显著；不过税费减免政策对此类创业企业雇用员工人数的拉动效应不明显，原因可能在于发展型创业企业多为中小型创业企业，绝大部分都在免征额的范畴，所以出现了税费减免政策不能拉动发展型返乡创业企业雇用员工的规模。加入控制变量后，五项扶持政策的影响方向和程度并未发生明显变化。

表 5-3 中列（5）～（6）为创业扶持政策对价值型返乡创业企业雇用员工人数的影响。实证结果表明，财政资金支持政策、税费减免政策和产业扶贫政策能显著拉动价值型返乡创业企业雇用员工的人数，并且这种影响在至少 5% 的水平下显著，创业培训政策、金融扶持政策的影响不明显。加入控制变量后，财政资金支持政策和税收减免政策依然显著。回归结果表明，针对价值型返乡创业企业，各级地方政府要灵活运用返乡创业扶持政策，充分发挥扶持政策对价值型返乡创业企业雇用员工人数、雇用贫困户人数及雇用残疾人人数的拉动作用。

表 5-3　创业扶持政策对不同层次返乡创业企业雇用员工人数影响的回归结果

	生存型 （1）	生存型 （2）	发展型 （3）	发展型 （4）	价值型 （5）	价值型 （6）
财政资金 支持政策	−0.032 (0.141)	−0.077 (0.139)	0.192*** (0.056)	0.168*** (0.054)	0.006*** (0.002)	0.006*** (0.002)
创业培训政策	0.489 (0.402)	0.493 (0.398)	4.077** (1.656)	3.390** (1.607)	−5.016 (4.751)	−1.038 (4.274)
税费减免政策	−0.251 (0.305)	−0.115 (0.307)	−0.410 (1.407)	−1.923 (1.336)	14.276*** (4.448)	6.759* (4.081)
金融扶持政策	−0.101 (0.121)	−0.118 (0.121)	1.548** (0.601)	1.386** (0.535)	1.289 (1.710)	1.990 (1.528)
产业扶贫	−0.335 (1.031)	−0.467 (1.017)	14.421*** (3.144)	14.349*** (3.039)	17.019** (7.028)	9.457 (6.368)
创业形式		0.974** (0.391)		8.399*** (1.397)		0.323 (4.010)
创业时间		0.018 (0.022)		0.327*** (0.116)		0.444 (0.372)
企业再投入资金		163.799*** (44.551)		−0.011 (0.893)		90.513*** (11.508)
性别		0.524* (0.274)		4.922*** (1.413)		16.591*** (5.532)

续表

	生存型 (1)	生存型 (2)	发展型 (3)	发展型 (4)	价值型 (5)	价值型 (6)
年龄		−0.028 (0.019)		0.310*** (0.085)		0.494* (0.252)
受教育程度		−0.005 (0.119)		1.348*** (0.438)		0.854 (1.323)
样本量	516	516	1 262	1 262	325	325
R^2	0.005 9	0.053 1	0.042 5	0.110 9	0.084 7	0.287 9

注：***、** 和 * 分别表示在 1%、5% 和 10% 的水平下显著；括号内为标准误。

（二）创业扶持政策对不同行业返乡创业企业的就业拉动效应分析

考虑到不同行业返乡创业企业对创业扶持政策的敏感度可能存在差异，本部分根据《国民经济行业分类》(GB/T4754—2017)标准与已有研究成果，将返乡创业企业按照行业划分为第一产业、第二产业、中低端第三产业和高端第三产业四个子样本，通过对子样本的分析，探索返乡创业扶持政策对不同行业返乡创业企业雇用员工人数的影响，具体回归结果见表5-4。

表5-4 中列(1)～(2)为创业扶持政策对第一产业返乡创业企业雇用员工人数的影响。实证结果表明，产业扶贫政策对创业企业雇用员工人数存在显著正向拉动作用，并且这种影响在1%的水平下显著，其他政策变量的影响不明显。加入控制变量后，财政资金支持政策对返乡创业企业雇用员工人数具有显著的负向影响，其他变量的影响没有明显变化。实证结果说明，第一产业返乡创业企业更需要产业扶贫，这一产业创业企业的科技含量低，做大做强相对较难，所以创业扶持政策拉动第一产业返乡创业企业就业人数的效应也不太明显。

表5-4 中列(3)～(4)为创业扶持政策对第二产业返乡创业企业雇用员工人数的影响。实证结果表明，财政资金支持政策、创业培训政策和金融扶持政策对第二产业返乡创业企业雇用员工人数均有显著的正向影响，并且财政资金支持政策、金融扶持政策分别在1%和5%的水平下显著，税费减免政策和产业扶贫政策的影响不显著。加入控制变量后，五项扶持政策的影响程度和方向没有发生明显变化，说明第二产业返乡创业企业要充分发挥财政资金支持政策和金融扶持政策的作用，扩大扶持政策的就业拉动效应。

表5-4 中列(5)～(6)为创业扶持政策对中低端第三产业返乡创业企业雇用员工人数的影响。实证结果表明，金融扶持政策和产业扶贫政策对创业企业雇用员工人数均有显著的正向影响，并且这种影响在5%和1%的水平下显著，说明此类

表5-4　创业扶持政策对不同行业返乡创业企业雇用员工人数影响的回归结果

	第一产业(1)	第一产业(2)	第二产业(3)	第二产业(4)	中低端第三产业(5)	中低端第三产业(6)	高端第三产业(7)	高端第三产业(8)
财政资金支持政策	0.055	-0.075**	0.339***	0.276**	0.287	0.113	0.007***	0.007***
	(0.044)	(0.036)	(0.111)	(0.109)	(0.306)	(0.280)	(0.001)	(0.001)
创业培训政策	-0.638	-3.383	7.704*	7.095*	0.960	0.941	0.684	1.819
	(4.344)	(3.478)	(4.068)	(4.002)	(1.370)	(1.251)	(2.938)	(2.572)
税费减免政策	4.511	3.922	4.766	2.698	-0.208	-0.460	6.192**	3.013
	(4.187)	(3.298)	(3.571)	(3.556)	(1.073)	(0.998)	(2.727)	(2.427)
金融扶持政策	-0.391	-0.057	3.310**	2.574*	0.928**	0.908**	0.476	0.516
	(1.844)	(1.452)	(1.450)	(1.448)	(0.441)	(0.404)	(1.100)	(0.945)
产业扶贫政策	17.785***	17.161***	11.961	11.049	20.703***	16.940***	5.421	6.675
	(5.078)	(3.966)	(7.308)	(7.208)	(3.844)	(3.515)	(6.391)	(5.495)
创业形式		-0.938		10.130***		4.465***		3.721
		(3.338)		(3.516)		(1.096)		(2.322)
创业时间		0.383		0.031		0.139*		0.341
		(0.286)		(0.285)		(0.080)		(0.210)
企业再投入资金		250.121***		0.006		120.583**		170.149***
		(23.102)		(1.421)		(10.090)		(19.506)
性别		5.900		8.409*		3.332**		6.708***
		(5.965)		(4.414)		(0.922)		(2.408)
年龄		0.062		0.585**		0.084		0.142
		(0.237)		(0.235)		(0.059)		(0.140)
受教育程度		3.212***		1.766		1.713***		0.928
		(1.224)		(1.170)		(0.331)		(0.747)
样本量	199	199	448	448	1 165	1 165	291	291
R^2	0.095 1	0.476 2	0.058 5	0.107 9	0.031 3	0.201 0	0.162 9	0.396 5

注：***、**和*分别表示在1%、5%和10%的水平下显著；括号内为标准误。

产业的创业企业更需要金融扶持政策和产业扶贫政策；财政资金支持政策、创业培训政策和税费减免政策对创业企业雇用员工人数影响不显著。加入控制变量后，返乡创业扶持政策对创业企业雇用员工人数的影响没有发生明显变化。

表5-4中列（7）～（8）为创业扶持政策对高端第三产业返乡创业企业雇用员工人数的影响。实证结果表明，财政资金支持政策和税费减免政策对创业企业就业人数均在至少5％的水平上有显著的正向影响，加入控制变量后，财政资金支持政策依然显著。实证结果说明，要发挥高端第三产业返乡创业企业的就业拉动效应，需要充分落实地方政府的财政资金支持政策和税费减免政策。

（三）不同地区返乡创业扶持政策对返乡创业企业雇用员工人数的拉动效应分析

为了分析不同地区返乡创业扶持政策的就业拉动效应，本部分按照返乡创业企业所在的区域划分为东部、中部、西部，然后分析各地区返乡创业扶持政策对本区域返乡创业企业雇用员工人数的拉动效应，以及拉动效应的差异。这类比较分析有助于了解创业扶持政策的实施效果，为地方政府制定有效的稳就业和促就业政策提供理论参考。

表5-5中列（1）～（2）为东部地区返乡创业扶持政策对创业企业雇用员工人数的影响。实证结果表明，东部地区金融扶持政策在5％的水平下对返乡创业企业雇用员工人数产生显著正向影响。也就是说，在东部地区，对返乡创业企业的金融扶持力度越大，拉动就业的效应就越大；财政资金支持政策、税费减免政策和产业扶贫政策对创业企业雇用员工人数产生正向影响，创业培训政策存在负向影响，不过影响均不显著。加入控制变量后，上述五项扶持政策的影响未发生明显变化。

表5-5中列（3）～（4）为中部地区返乡创业扶持政策对创业企业雇用员工人数的影响。实证结果表明，在中部地区，五项创业扶持政策对返乡创业企业雇用员工人数均有正向影响，并且财政资金支持政策、金融扶持政策和产业扶贫政策在1％的水平下呈现显著的正向影响，创业培训政策和税费减免政策在5％的水平下呈现显著的正向影响。加入控制变量后，五项返乡创业扶持政策对企业雇用员工人数的影响依然为正，并且财政资金支持政策和产业扶贫政策在1％的水平下影响显著，创业培训政策和金融扶持政策在10％的水平下影响显著。实证结果说明，中部地区返乡创业扶持政策有效拉动了创业企业雇用员工的人数，其中财政资金支持政策和产业扶贫政策的拉动效应更为明显。

表5-5中列（5）～（6）为西部地区返乡创业扶持政策对创业企业雇用员工人数的影响。实证结果表明，在西部地区，产业扶贫政策能显著拉动创业企业雇用员

工的人数，财政资金支持政策、创业培训政策、税费减免政策和金融扶持政策的拉动效应不显著。加入控制变量后，产业扶贫政策的影响由原来的显著变得不显著，说明西部地区产业扶贫政策的就业拉动效应往往会受到很多政策外因素的影响，具体是哪些因素还需要另做分析。

表 5-5 不同地区返乡创业扶持政策对返乡创业企业雇用员工人数影响的回归结果

	东部 （1）	东部 （2）	中部 （3）	中部 （4）	西部 （5）	西部 （6）
财政资金 支持政策	1.627 （2.999）	1.265 （2.950）	0.007*** （0.001）	0.006*** （0.001）	0.054 （0.073）	0.012 （0.058）
创业培训 政策	−0.344 （2.400）	−0.679 （2.361）	5.389** （2.118）	3.994* （2.054）	2.495 （2.149）	1.633 （1.738）
税费减免 政策	0.909 （1.950）	0.458 （1.940）	4.191** （1.845）	1.960 （1.815）	2.239 （1.767）	0.724 （1.454）
金融扶持 政策	1.579** （0.745）	1.358** （0.740）	1.987*** （0.761）	1.439* （0.739）	0.589 （0.765）	0.187 （0.615）
产业扶贫 政策	11.835 （9.537）	8.531 （9.395）	23.132*** （3.734）	20.917*** （3.612）	10.182*** （3.623）	4.062 （2.903）
创业形式		2.622 （1.945）		8.890*** （1.875）		4.856*** （1.509）
创业时间		0.266* （0.160）		0.253* （0.146）		0.155 （0.120）
企业 再投入资金		37.264** （15.233）		1.307 （1.114）		412.193*** （27.784）
性别		2.510 （1.887）		8.402*** （1.880）		4.860*** （1.450）
年龄		0.165 （0.113）		0.357*** （0.113）		0.182** （0.089）
受教育程度		1.139* （0.632）		2.552*** （0.599）		1.742*** （0.446）
样本量	342	342	1 159	1 159	602	602
R^2	0.022 3	0.083 8	0.076 1	0.146 2	0.024 7	0.391 4

注：***、**和*分别表示在1%、5%和10%的水平下显著；括号内为标准误。

>>四、进一步分析<<

（一）创业扶持政策对返乡创业企业雇用贫困户人数影响的分析

为了进一步验证前文实证结果的有效性，本部分将原被解释变量"雇用员工人数"替换为"雇用贫困户人数"，替换以后的回归结果见表 5-6。

对比表 5-5 和表 5-6 的回归结果发现，替换被解释变量后，表 5-6 的实证结论与表 5-5 无明显差异，创业扶持政策的影响方向和程度基本一致，这说明表 5-5 的实证结果是稳健的。具体来说，东部地区产业扶贫政策能显著拉动返乡创业企业雇用贫困户的人数，说明要带动东部地区贫困户脱贫，可以通过实施产业扶贫政策来实现；中部地区财政资金支持政策、创业培训政策、金融扶持政策和产业扶贫政策的拉动效应显著；西部地区财政资金支持政策、创业培训政策、税费减免政策和产业扶贫政策的拉动效应显著。不过加入控制变量以后，上述政策除产业扶贫政策的就业拉动效应没有发生变化外，其余政策的就业拉动效应有所减弱。

表 5-6　不同地区创业扶持政策对返乡创业企业雇用贫困户人数影响的回归结果

	东部 （1）	东部 （2）	中部 （3）	中部 （4）	西部 （5）	西部 （6）
财政资金 支持政策	0.014 (0.416)	−0.044 (0.417)	0.001*** (0.000)	0.001*** (0.000)	0.031*** (0.012)	0.026** (0.012)
创业培训 政策	0.253 (0.333)	0.202 (0.334)	1.400*** (0.341)	1.297*** (0.340)	0.841** (0.350)	0.670* (0.344)
税费减免 政策	0.291 (0.270)	0.281 (0.274)	0.718** (0.297)	0.493 (0.300)	1.020*** (0.287)	1.038** (0.288)
金融扶持 政策	0.068 (0.103)	0.057 (0.105)	0.117** (0.122)	0.073* (0.122)	0.151 (0.124)	0.188 (0.122)
产业扶贫 政策	10.179*** (1.322)	10.009*** (1.329)	6.697*** (0.601)	6.468*** (0.597)	2.500*** (0.590)	1.963*** (0.575)
创业形式		0.386 (0.275)		0.688** (0.310)		1.204*** (0.299)
创业时间		−0.012 (0.023)		−0.017 (0.024)		−0.005 (0.024)
企业 再投入资金		1.879 (2.154)		0.092 (0.184)		16.470*** (5.499)
性别		0.333 (0.267)		0.775** (0.311)		0.491* (0.287)
年龄		0.029* (0.016)		0.056*** (0.019)		0.000 (0.018)
受教育程度		0.033 (0.089)		0.222** (0.099)		0.170* (0.088)
样本量	342	342	1 159	1 159	602	602
R^2	0.172 0	0.192 0	0.153 2	0.174 0	0.091 0	0.160 9

注：***、** 和 * 分别表示在 1%、5% 和 10% 的水平下显著；括号内为标准误。

（二）创业扶持政策对返乡创业企业雇用残疾人影响的分析——

为了进一步检验表 5-5 回归结果的稳健性，本部分采用返乡创业企业雇用的残疾人人数作为被解释变量，具体回归结果见表 5-7。

对比表 5-5 和表 5-7 的回归结果不难发现，创业扶持政策对返乡创业企业雇用残疾人人数的影响与表 5-5 的实证结果基本一致。东部地区产业扶贫政策能显著拉动返乡创业企业雇用残疾人的人数，中部地区财政资金支持政策、创业培训政策、税费减免政策和产业扶贫政策能显著拉动残疾人就业，西部地区税费减免政策和产业扶贫政策能有效拉动残疾人就业。

表 5-7　不同地区创业政策对返乡创业企业雇用残疾人影响的回归结果

	东部 (1)	东部 (2)	中部 (3)	中部 (4)	西部 (5)	西部 (6)
财政资金 支持政策	−0.036 (0.124)	−0.034 (0.123)	0.001*** (0.000)	0.001*** (0.000)	−0.002 (0.003)	−0.003 (0.002)
创业培训政策	0.001 (0.099)	0.010 (0.098)	0.263*** (0.079)	0.236*** (0.078)	0.097 (0.074)	0.095 (0.073)
税费减免政策	0.073 (0.080)	0.045 (0.081)	0.131* (0.069)	0.081 (0.069)	0.114* (0.061)	0.075 (0.061)
金融扶持政策	0.027 (0.031)	0.023 (0.031)	0.025 (0.028)	0.012 (0.028)	0.012 (0.026)	0.006 (0.026)
产业扶贫政策	2.827*** (0.393)	2.748*** (0.391)	1.291*** (0.139)	1.242*** (0.138)	0.551*** (0.125)	0.446*** (0.121)
创业形式		0.127 (0.081)		0.159** (0.071)		0.213*** (0.063)
创业时间		0.010 (0.007)		0.002 (0.006)		0.004 (0.005)
企业 再投入资金		1.256** (0.634)		0.037 (0.042)		4.592*** (1.163)
性别		−0.005 (0.079)		0.228*** (0.072)		0.122** (0.061)
年龄		0.007 (0.005)		0.009** (0.004)		0.008** (0.004)
受教育程度		−0.004 (0.026)		0.054** (0.023)		0.014 (0.019)
样本量	342	342	1 159	1 159	602	602
R^2	0.148 0	0.184 6	0.112 0	0.135 7	0.045 5	0.124 0

注：***、**和*分别表示在 1％、5％和 10％的水平下显著；括号内为标准误。

第四节　返乡创业扶持政策拉动区域就业的机制分析

上文的实证分析说明，我国各地的返乡创业扶持政策极大地拉动了本地区的劳动力就业，政策拉动效应明显。但创业扶持政策如何有效拉动本地劳动力就业？拉动就业的背后动因是什么？为了回答上述问题，返乡创业课题组到河南、湖北等多个省份的典型返乡创业市、县、乡镇三级政府主管部门和返乡创业企业深入调研发现，返乡创业扶持政策推动了返乡创业企业快速发展，企业发展带动了雇用员工规模的扩大，扩大雇用规模进而又推动了企业的发展，这种循环机制有其重要动因。

>>一、创业扶持政策拉动就业的内在动力机制分析<<

第一，创业扶持政策可以大幅度降低返乡创业企业的生产经营成本。按照经济学理论，企业投资的动力来自投入和产出的差值，也就是可产生的收益越大，投资的动力也就越大。而投资是产生或带动就业的一个最主要方式，不言而喻，扩大再生产就需要雇用新的劳动力。在产品价格一定的情况下，也即产出效应一定的情况下，压缩投资成本会产生更大的收益，从而更加刺激了投资的动力。根据"投资乘数效应"的原理，每增加一分投资，往往会产生多倍的收获，部分会转化为就业。事实也是如此，创业扶持政策中的许多具体项目都直接或间接地降低生产成本。比如，税费减免政策是指对某些征税对象采取减少征税或者免予征税的特殊规定，税费是企业生产经营活动的一项重要成本，税费减免的就业驱动效应是显而易见的。同理，创业政策中的财政资金支持和产业扶贫政策也是一样。所以基于上述分析，返乡创业扶持政策会在很大程度上激发劳动者的创业激情，促进投资行为的发生，从而带动就业，上文的实证分析结果已经验证了这种逻辑关系。

第二，返乡创业扶持政策能明显提升返乡创业者和企业员工的人力资本水平。无论是技术技能型人才，还是管理型或者是其他类型的人才，都是返乡创业企业发展的关键。为此，各级地方政府专门划拨专项资金用于提升返乡创业者的人力资本水平。而创业培训政策、产业扶贫政策是提升返乡创业者和企业员工人力资本水平的重要方式。对创业者的培训能显著提升风险意识、培育创业创新，有助于拉动企业雇用员工的规模。对员工的培训能提高企业员工的职业素养和工作能力，进而提高其工作效率和再就业能力。

第三，创业扶持政策能够有效打通返乡创业企业的融资渠道。金融是返乡创业企业发展的命脉，但是我国返乡创业企业却面临诸多融资问题。在企业层面，受限于融资主体商业银行本身合规管理的要求，各基层商业银行对授信额度都有严格的限制，返乡创业企业多为中小企业，抵押物少，企业资信水平低，难以获得高额贷款。不少返乡创业企业资金管理能力差，盈利能力弱，创业风险意识低，银行不敢发放大额贷款。在社会层面，社会诚信体系的薄弱和融资担保机制的滞后也都为企业的直接融资带来了障碍。在此困境下，政府主管部门联合财政、金融、税收、国土、产业等多个部门提供资助，是解决企业融资难的重要途径。解决了企业的融资难问题，企业自然要扩大再生产，扩大就业岗位，进而带动本地就业。

>>二、创业扶持政策拉动就业的外在动力机制分析<<

第一，创业扶持政策推动区域改善营商环境，吸引劳动力返乡创业。营商环境包括影响企业发展的政治、经济、社会以及法律等因素，是衡量一个地方企业运营环境的重要指标，也直接影响着对社会投资的吸纳程度，最终影响地区的经济发展、财税收入和就业情况。显而易见，创业扶持政策对改善营商环境有重要的积极作用。从软的营商环境来看，创业培训政策、税费减免政策、金融扶持政策等的制定，凸显了地方政府对创业企业的支持和重视，这些给钱、给物、给政策的支持自然也会带动政府对社会治理、法治建设等有关营商环境的改善，这些都是吸引投资的重要因素。从营商环境的硬件设施来看，政府扶持资金、产业扶贫等创业政策的出台，势必会加大对诸如公路交通、通信设施、人居环境等方面的建设和支持力度。所谓"种下梧桐树，引来金凤凰"，这些营商环境的改善必定会成为吸引返乡创业的重要因素，进而带动本地劳动力就业。

第二，返乡创业是对产业转移的顺应。随着沿海地区劳动力成本的提高，具有比较优势的中西部地区正在悄无声息地承接着产业转移。产业转移不仅受到劳动力成本的驱动，更多是受到创业政策环境的吸引。在当前大力激励返乡入乡创业的大环境下，国家和地方政府相继出台了诸多支持创业的政策，一方面出现了对产业转移的被动承接，比如一些劳动密集型产业逐步在中西部地区寻求更大的利润空间；另一方面，受发展经济和解决劳动力就业的驱动，地方政府也开始主动地吸纳产业转移。所以，返乡创业从某种程度上说是对经济发展过程的顺势而为。

第三，突发事件推动有志之士返乡创业。2020年全球新型冠状病毒感染疫情期间，疫情防控政策对劳动力市场进行了暂时性分割，劳动力无法自由流动，推动农村劳动力返乡后就地创业。另外，受疫情影响，我国积极出台了《关于推动返乡入乡创业高质量发展的意见》《关于做好当前农民工就业创业工作的意见》，推动返乡创业高质量发展，带动本地农村劳动力就业，鼓励农村劳动力就地创业就业。外部环境的变化加之创业扶持政策带动了返乡创业企业高质量发展，进而拉动了本地劳动力的就业。

第五节　研究结论与政策建议

本章基于 2019 年全国返乡创业企业的调查数据，分析返乡创业扶持政策是如何通过返乡创业企业来拉动劳动力就业的，以及创业扶持政策拉动农村劳动力就业的作用机理。通过分析，主要得出如下研究结论。

第一，返乡创业扶持政策能有效拉动返乡创业企业的雇用员工人数，包括雇用贫困户和残疾人人数，但是不同创业扶持政策的拉动效应存在明显差异。财政资金支持政策、税费减免政策能显著拉动返乡创业企业的雇用员工人数，创业培训政策和产业扶贫政策能显著拉动贫困户和残疾人的就业人数，说明财政资金支持政策和税费减免政策能降低企业经营成本，提升返乡创业企业的运营能力，进而带动企业扩大员工招聘规模。创业培训政策能提升贫困户和残疾人的职业素养和工作能力。产业扶持政策一般针对政府需要扶持的产业，企业承担这类产业扶贫项目，就要履行一定的企业责任，解决当地的贫困户和残疾人就业就是企业的社会责任之一。

第二，返乡创业扶持政策的就业拉动效应受到返乡创业发展层次的影响。研究发现，创业扶持政策不能拉动生存型返乡创业企业的雇用员工人数，财政资金支持政策、创业培训政策、金融扶持政策和产业扶贫政策能显著拉动发展型返乡创业企业的雇用员工人数，财政资金支持政策和税费减免政策能显著拉动价值型返乡创业企业的雇用员工人数。可见，发展型和价值型返乡创业企业是拉动本地劳动力就业的关键，原因在于上述两类创业企业在享受返乡创业的扶持政策之后，能获得发展，进而带动企业扩大员工的招聘规模，而生存型创业企业在享受返乡创业政策之后，并不能将扶持政策的红利转化为企业的发展动能，扶持政策并不能带动生存型创业企业的发展，更无法拉动这类企业的扩就业能力。

第三，不同地区、不同行业的返乡创业企业对本地区创业扶持政策的敏感度存在差异。我国东部地区金融扶持政策的就业拉动效应明显，说明与财政资金支持政策、创业培训政策和产业扶贫政策相比，东部地区返乡创业企业更需要金融扶持，返乡创业企业在享受金融扶持政策后能显著提升企业雇用员工的规模。中部地区的财政资金支持政策、创业培训政策和产业扶贫政策能显著拉动本地农村劳动力的就业总人数，说明上述政策能带动中部地区返乡创业企业发展，提升劳动力的就业能力，进而扩大本地劳动力的就业机会。西部地区产业扶贫政策存在一定程度的就业拉动效应，不过如果要发挥创业扶持政策的就业拉动效应，还需要研究和制定更为综合的政策。从行业角度来看，财政资金支持政策能显著拉动第一、第二产业返乡创业企业的雇用人数，创业培训和金融扶持政策能显著拉动第二产业返乡创业企业的雇用人数，产业扶贫政策能显著拉动中低端第三产业返乡创业企业的雇用员工人数。由此可见，如果要拉动不同产业创业企业的员工招聘规模，还需要结合企业的产业类型，出台不同的扶持政策。第二产业中的返乡创业企业对创业培训与金融扶持政策更敏感，第二产业中的返乡创业企业主要是制造业，制造业一般对员工职业技能要求相对较高，企业固定资产投入大，所以这类企业享受创业培训和金融扶持政策后能显著拉动企业雇用员工规模。

第四，从创业扶持政策拉动就业的作用机制来看，创业扶持政策对农村劳动力就业产生了明显的拉动作用，不过拉动的时效性存在差异。有的是长期才能发生效应，有的则会立竿见影，这与扶持政策的作用目的有关。比如，创业培训和金融扶持十分有利于解决创业企业的当下之需，尤其是融资担保机制，很大程度上能解决企业的燃眉之急。返乡创业企业在享受到这类政策之后，很快就能提升经营能力，进而扩大企业的雇用规模。而产业扶贫和财政资金支持可能需要一个较为长期的过程才能产生持续的就业拉动效应，因为产业环境的形成需要一定的周期。

基于上述结论，课题组提出如下政策建议。

第一，地方政府应制定精准的返乡创业扶持政策。要结合本地区的社会经济发展水平和优势以及返乡创业企业的发展特点，制定差异化的创业扶持政策，提升返乡创业企业的就业吸纳能力。对于东部地区，政府应该提高金融扶持政策支持，缓解返乡创业企业资金困难问题，进而拉动本地区劳动力的就业。对于中部地区，地方政府要提高财政资金支持政策和产业扶贫政策支持，优化财政补贴，扶持地区发展特色产业以拉动就业。对于西部地区，应该主要实施产业扶贫政策，借助西部地区得天独厚的自然条件和地理优势，发展当地特色产业和文化，扩大扶持政策的就业拉动效应。

第二，地方政府应对不同行业的返乡创业企业制定不同的扶持政策。比如，通过创业培训、财政资金支持和金融扶持等政策积极推进第二产业返乡创业企业的发展，扩大创业企业产能，拉动企业的就业效应。对于第三产业的返乡创业企业，地方政府可以结合本区域第三产业的特点，通过制定适宜的产业扶持政策，并辅以金融扶持、创业培训等政策，来推动其快速发展，提高其吸纳当地劳动力就业的能力。

第三，针对不同发展层次的返乡创业企业，地方政府应制定不同的扶持政策。针对发展型返乡创业企业，地方政府应该加大企业培训、金融扶持和产业扶贫等政策，扩大此类企业的就业带动效应。针对价值型返乡创业企业，地方政府可以通过税费减免等方式，减少企业的成本负担，进而提升企业的就业吸纳能力。针对生存型创业，更要不遗余力地去支持和培养，在保就业的基础上推动初创企业升级转型，培育企业吸纳劳动力的能力。

第四，通过创业培训政策，加大对农村劳动力的培训力度，提升其就业能力。地方政府应针对农村劳动力的特点、文化程度、学习方式，制订个性化的培训方案，既提升其知识水平，又培育其创新能力，力争培训出有就业能力、职业素养和一定创新潜力的合格劳动力。

第五，对农民工返乡创业扶持政策体系进行优化，提高创业扶持体系的整体质量。政府可以在当前扶持政策的基础上，对农民工这一群体的创业需求进行调查，深入研究这一群体的创业需求特点，提出更有针对性和更加精准的扶持政策，进一步完善创业扶持政策，构建有效的创业扶持政策体系，最终形成合力，以更好地扶持农民工返乡创业。

第六章

高铁建设、区域经济一体化与共同富裕

推进共同富裕，解决发展不平衡不充分问题，缩小区域和城乡发展和收入分配差距，提高发展质量效益，改善居民生活品质，是当前我国经济高质量发展阶段面临的迫切需求。区域收入差距是当前我国经济发展不平衡不充分的主要体现，大规模交通基础设施建设成为发展空间经济的重要手段。本章采用2000—2018年中国286个地级及以上城市与高铁面板数据，运用双向固定效应多期DID模型和门槛模型，基于针对高铁建设、城市规模与城镇居民收入不平等的分析，考察了高铁建设、区域经济一体化与共同富裕的内在关系。

本章研究结果表明：第一，相较于未开通高铁的城市，高铁开通运行对拥有高铁的城市居民收入产生显著的提升作用。第二，城市规模在其中具有非线性门槛效应，只有当城市规模满足一定门槛条件时，区域可达性提升才会显著促进城市居民收入增长。第三，高铁带来的区域可达性提升改善了城市间居民收入不平等，对中等收入群体的收入差距改善作用最大。长期而言，高铁开通对城市居民收入不平等的改善作用增强。以高铁为代表的交通基础设施发展对中国区域经济均衡发展、区域经济一体化和全体人民共同富裕具有明显的促进作用。

第一节　问题的提出

区域间居民收入①差距是我国收入差距的一个表现形式，也是目前我国经济发展中不平衡不充分问题的主要体现。党的十九大提出到21世纪中叶全体人民共同富裕基本实现；党的十九届五中全会进一步提出"全体人民共同富裕取得更

---

① 居民收入按照收入的来源划分为工资性收入、经营净收入、财产性收入和转移性收入，本章应用的城镇居民收入主要指工资性收入。

为明显的实质性进展"这一重要阶段性发展目标。2021 年,《政府工作报告》重点解读了"持续增进民生福祉,扎实推动共同富裕""着力提高低收入群体收入,扩大中等收入群体,居民人均可支配收入增长与国内生产总值增长基本同步"等重要要求和重大举措。2021 年 7 月 1 日,习近平总书记在庆祝中国共产党成立 100 周年大会上的重要讲话中指出,新征程上必须推动人的全面发展、全体人民共同富裕取得更为明显的实质性进展。共同富裕不是同等富裕、同步富裕,需要处理好利益多样化与根本利益、局部利益与全局利益、当前利益与长远利益等关系。要以畅通国民经济循环为主,构建新发展格局:分配方面,要形成合理的收入分配格局,壮大中等收入群体;流通方面,要畅通人流、物流、资金流,让生产要素在区域和城乡之间高效流动、合理配置。"贯彻共享发展理念,丰富共同富裕的内容体系"是新发展理念的重要组成部分。①

火车一响,黄金万两。交通运输业的发展是一段人类文明进步、经济社会发展的历史,历史上每一次交通运输方式的变革都引发了地区经济的重大变革。随着我国国民经济的高速发展以及城市化进程的不断加快,交通运输作为经济发展的助推器,在社会生活和经济发展中扮演着举足轻重的角色。2016 年,《中长期铁路网规划》提出,我国将打造以沿海、京沪等"八纵"通道和路桥、沿江等"八横"通道为主干,以城际铁路为补充的"八横八纵"高速铁路网络,实现相邻大中城市间 1～4 小时交通圈、城市群内 0.5～2 小时交通圈。2020 年,党的十九届五中全会提出"加快建设交通强国,助力构建新发展格局"的总体要求。2021 年,《国家综合立体交通网络规划纲要》提出"加快建设交通强国,构建现代化高质量国家综合立体交通网",提出针对粤港澳大湾区、长三角地区、环渤海地区和成渝地区的重点铁路交通网络规划。大规模交通基础设施建设成为中国发展空间经济的重要手段,以高铁为主干的现代化铁路网络能够为更平衡更充分的区域发展提供运力保障,推进城市化发展。交通运输方式的改善能有效地降低运输成本,缩短人们的旅行时间,发挥地理区位优势,促进沿线地区人流、物流、资金流等资源要素的流动与合理配置,对地区要素聚集和经济发展产生深远的影响。进入新发展阶段,我国开始转向以中等收入群体显著扩大为战略重点的"橄榄型"社会建设,那么,高铁建设规划是否能够成为缩小区域间居民收入差距、推进共同富裕的可行政策工具呢?

改革开放以来,我国人民的生活质量日益提高,社会共享水平不断提升。进入新时代以来,近 1 亿农村贫困人口全部脱贫,脱贫攻坚战取得决定性胜利,谱写了人类反贫困史上的辉煌篇章。2020 年,我国国内生产总值首次突破 100 万亿元大关,"钱袋子"更鼓,"家底儿"更厚,为解决收入分配不平衡问题奠定了更坚

---

① 刘畅:《新时代推动全体人民共同富裕的实践逻辑》,《光明日报》,2021-08-06。

实的物质基础。[1] 2000—2018 年，中国城乡居民收入比从 2.74 降低至 2.69（2009 年为最高值 3.28），城乡居民收入差距呈缩小趋势。但应当注意的是，区域城镇居民收入差距存在分化现象。2000—2018 年，全国东部、西部、中部、东北部[2] 城镇职工平均工资均呈现递增趋势，但四类区域收入差距明显［见图 6-1(a)］；以 2000 年、2010 年、2018 年为例，收入分位数曲线变得更加陡峭，2018 年与 2000 年收入分位数之差呈显著增长趋势，即城镇居民收入分布的离散程度上升［见图 6-1(b)］，表明我国区域间城镇居民收入分化明显。

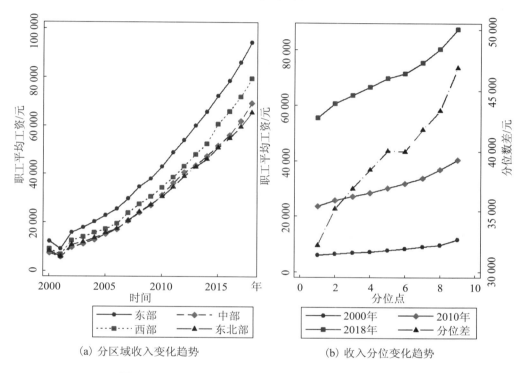

(a) 分区域收入变化趋势　　　　　(b) 收入分位变化趋势

图 6-1　2000—2018 年中国城镇居民收入分布变化趋势

注：(a)数据来源于 2001—2019 年《中国统计年鉴》，为全国 31 个省（自治区、直辖市）城镇职工平均工资；(b)数据来源于 2001—2019 年《中国城市统计年鉴》，为全国 286 个地级及以上城市城镇职工平均工资。由于历年行政区划变更，以及部分自治州、市样本缺失严重，梳理历年《中国城市统计年鉴》最终选取 286 个地级及以上城市。

交通基础设施对国家经济增长起着社会先行资本的基础性作用。高铁开通能够通过就业效应和投资效应直接影响居民收入。一方面，人口流动是高铁影响区

---

① 周人杰：《必须更加注重共同富裕问题》，《人民日报》，2021-02-09。

② 东部包括北京、天津、河北、上海、江苏、浙江、福建、山东、广东、海南。中部包括山西、安徽、江西、河南、湖北、湖南。西部包括内蒙古、广西、重庆、四川、贵州、云南、西藏、陕西、甘肃、青海、宁夏、新疆。东北部包括辽宁、吉林、黑龙江。

域发展的重要机制，高铁加快了人口在不同等级城市间的流动。高铁开通带来的时空收缩和区位条件改善能够促进生产要素加速流动和重新配置，降低生产和贸易成本，促进劳动生产效率提升和专业化分工深化，吸引劳动力流入，形成就业效应，增加居民收入。① 另一方面，随着交通基础设施和通信技术的完善，资本和劳动力流动更加频繁，企业对各个生产环节的管理不再局限于某一地区，企业选址会随生产成本和贸易自由度的改变而相应调整，高铁投资能够显著影响基础产业和服务业发展，增加企业对劳动力的需求，从而影响劳动者就业岗位和空间选择范围，形成投资效应，调节居民收入水平。② 短期内，高技能劳动力工资增长效应高于低技能劳动力，且工资组间差距也明显拉大，但长期看，各层次的劳动力均可以从城市集聚中获益，当外部经济规模足够大时，非技能劳动力的流入会减少不平等。总体来说，交通基础设施建设对减少城镇内部、区域间以及城乡居民收入不平等有积极作用。相反的观点认为，中国的交通基础设施投资存在不均等现象，随着生产要素集聚和交通网络发展，中西部与东部、发达地区与欠发达地区的收入差距反而将扩大。③

高铁作为我国交通系统的核心运输方式，这些年飞速发展。截至 2020 年年末，高铁营业里程达到 3.8 万千米，通车里程占世界高铁总里程的四分之三以上。高铁基本覆盖了 100 万以上人口城市，普通铁路网和高速公路网基本覆盖了 20 万以上人口城市，我国已形成较为完备的城市群综合交通运输网络。交通基础设施作为重要的生产力要素，其革新与发展往往是促进区域经济和就业转移的前提条件，深刻影响着区域发展的速度和质量。自 2008 年我国正式开通运行高铁以来，首次开通运行高铁的城市数量显著增长，截至 2018 年年末，全国 286 个地级及以上城市中已有 204 个城市陆续首次开通运行了高铁，占我国全部城市的 71.33%（见图 6-2）。

高铁的开通运行为我们提供了一个"准自然实验"。回顾现有研究，尽管学者们注意到交通基础设施对居民收入以及收入差距的影响，但多数研究将收入差距的内涵局限在城乡这一传统范围内，往往从改善城乡收入分配差距的视角

① 沈坤荣、余吉祥：《农村劳动力流动对中国城镇居民收入的影响——基于市场化进程中城乡劳动力分工视角的研究》，载《管理世界》，2011(3)；余泳泽、潘妍：《高铁开通缩小了城乡收入差距吗？——基于异质性劳动力转移视角的解释》，载《中国农村经济》，2019(1)。

② 董艳梅、朱英明：《高铁建设能否重塑中国的经济空间布局——基于就业、工资和经济增长的区域异质性视角》，载《中国工业经济》，2016(10)；侯新烁、黄素萍：《高铁开通对不同等级城市城乡收入差距的影响》，载《当代经济研究》，2021(3)。

③ 张宗益、李森圣、周靖祥：《公共交通基础设施投资挤占效应：居民收入增长脆弱性视角》，载《中国软科学》，2013(10)；任晓红、张宗益：《交通基础设施、要素流动与城乡收入差距》，载《管理评论》，2013(2)。

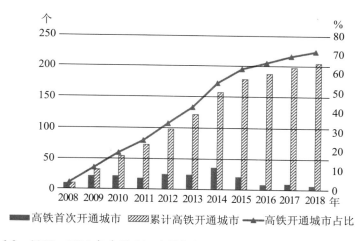

图 6-2　2008—2018 年全国 286 个地级及以上城市首次开通运行高铁情况

来考察交通基础设施建设的收入效应，未从全国区域层面分析城镇居民收入差距问题。并且，交通基础设施对居民收入的影响方向和作用大小如何？高铁通车与铁路提速是促进了区域收入分配的空间极化还是均等化？这些问题仍存在较大争议。当前，我国区域发展不均衡以及居民收入差距扩大的问题凸显，共同富裕亟待取得实质性进展，迫切需要厘清交通基础设施建设、城市规模与居民收入差距的内在关联和逻辑。本章将构建双向固定效应的多期动态双重差分模型和面板门槛模型，考察 2000—2018 年全国 286 个地级及以上城市高铁建设、城市规模与居民收入及居民收入不平等的关系。尝试解答以下问题：高铁建设如何影响城市居民收入，对不同区位和规模的城市产生何种影响？是否存在城市规模作用下，铁路提速引致的区域可达性改善与城市居民收入变化的非线性关系？随着时间推进，高铁建设是否对城市居民收入不平等具有调节作用？

第二节　模型、变量与数据

>>一、高铁建设对城市居民收入影响的模型与分析变量<<

居民收入水平变化主要来自于两部分：一是随时间自然增长或经济形势变化而变化的"时间效应"部分，二是受政策影响而发生变化的"政策处理效应"部分。双重差分法能有效地将时间效应与政策处理效应区分，准确评估高铁开通前后居民收入的变化。各城市高铁并非开通运行于同一时间，即政策时点不同，传统研究往往取各年份中开通高铁城市个数最多的年份作为高铁开通时间，即高铁政策时间。这种方法违背了高铁开通运行多个政策时点特性，使研究结果产生较大偏差。本章构建符合客观实际的"城市-年份"双向固定效应多期动态双重差分模型，评估高铁建设对城市居民收入影响的净效应：

$$Inc_{i,t} = \alpha_1 + \alpha_1 \times did_{i,t} + \alpha_n \sum_{n=1}^{n} X_{i,t} + \delta_i + \mu_t + \varepsilon_{it}。 \tag{6-1}$$

式中，$Inc_{i,t}$ 为城镇职工平均工资收入；i 表示城市，$i=1$，2，…，286；t 表示年份，$t=2\,000$，$2\,001$，…，$2\,018$。$did_{i,t}$ 为核心解释变量，表示高铁政策虚拟项与时间虚拟项的交乘项，其中，政策虚拟项为城市 i 是否开通运行高铁（开通运行高铁取值为 1，为实验组；未开通运行高铁取值为 0，为控制组）；时间虚拟项为 t 年城市 i 是否开通运行高铁（开通运行高铁则当年及以后取值为 1，未通运行高铁取值为 0）。若某城市已开通运行多条高速铁路线，将该城市首次开通高铁的时间作为高铁政策时间。

X 为一组控制变量，包括：①消费规模，用社会消费品零售额占 GDP 比重衡量；②对外开放度，体现一个地区与其他国家或地区的贸易关联，用汇率转化的外商实际投资额占 GDP 比重衡量；③政府规模，反映政府对社会经济的干预程度，用政府一般财政支出占 GDP 比重衡量；④人力资本水平，人力资本是影响边际产出的重要因素，用每万人在校大学生数衡量；⑤资源环境水平，用人均绿地面积衡量。δ_i 为地区固定效应；μ_t 为时间固定效应；ε_{it} 为不可观测项。

>>二、数据来源与样本描述性统计<<

1997 年起，我国铁路进行了六次大规模提速，普通旅客快车时速从 48.1 千米提升至 65.7 千米，其中，第一次提速为 1997 年 4 月 1 日，最高时速从 48.1 千米提升至 54.9 千米；第二次提速为 1998 年 10 月 1 日，最高时速提升至 55.2 千米；第三次提速为 2000 年 10 月 21 日，最高时速提升至 60.3 千米，时速首次突破 60 千米；第四次提速为 2001 年 10 月 21 日，最高时速提升至 61.6 千米；第五次提速为 2004 年 4 月 18 日，最高时速提升至 65.7 千米；第六次提速为 2007 年 4 月 18 日，时速 200 千米及以上动车组投入使用。2008 年，随着京津冀城际高速列车开通运行，我国正式进入高铁时代。根据 2013 年《铁路安全管理条例》，高速铁路是指设计开行时速 250 公里以上（含预留），且初期运营时速 200 公里以上的客运列车专线铁路，包括"D""G"和"C"开头的客运车次。本研究将时速 200 公里及以上的客运列车定义为高速铁路列车（以下简称"高铁"）。有高铁地区铁路旅行时间的缩短主要源于高铁的开通运行，无高铁地区的铁路旅行时间缩短主要源于普通铁路提速。

本章的城市面板数据来源于 2001—2019 年《中国城市统计年鉴》《中国区域统

计年鉴》，部分缺失值根据各省份《国民经济发展统计公报》数据补齐，其余缺失值通过插值法补齐。根据 2008 年以来国家铁路总公司、铁道部和地方政府公布的高铁建设和线路开通情况，课题组梳理了 2008—2018 年各年份各地级及以上城市是否开通高铁的状态数据，以及普通铁路历次提速数据。根据"火车票""BIG MAP"等网站资料，项目组收集整理了城市铁路线路、站点及两地之间最短铁路通行时间数据，据此计算历年各个城市基于铁路运输的区域可达性指数。在数据处理上，如果两城市间有可以直接通达的旅客列车班次，则选择所有旅客列车班次中旅行时间最短者为两城市间的最短时间距离；如果两城市间没有开通可以直通的旅客列车班次，在遵循最短路径原则的基础上，取所有可供选择的中转站点中距始发地旅行时间最短的城市作为中转点，不考虑在中转点的滞留和待车时间。

考虑数据的可得性，本研究时间区间为 2000—2018 年，研究对象为全国 286 个地级及以上城市，由于历年行政区划出现变更，286 个城市为梳理 2001—2019 年《中国城市统计年鉴》后得到的共同城市。根据城市行政区划编码将地级市面板数据与铁路数据匹配，获得本研究的基础数据集。样本描述性统计如表 6-1 所示。

表 6-1　样本描述性统计

	实验组			控制组		
	样本量	平均值	标准差	样本量	平均值	标准差
职工平均工资	3 843	32 990.05	22 026.91	1 503	31 172.44	20 610.06
城镇居民人均可支配收入	3 876	18 235.92	11 020.96	1 558	15 311.05	8 877.68
did	3 876	0.34	0.47	1 558	0	0
区域可达性	3 876	8.08	4.51	1 558	5.68	2.54
消费规模	3 846	0.4	0.24	1 509	0.38	0.34
对外开放度	3 761	0.03	0.16	1 338	0.02	0.08
政府规模	3 850	0.15	0.15	1 512	0.23	0.31
人力资本水平	3 712	185.36	360.18	1 404	77.27	92.15
资源环境水平	3 822	40.07	61.46	1 503	31.67	41.58

表 6-1 结果显示，实验组的职工平均工资、城镇居民人均可支配收入、区域可达性、消费规模、对外开放度、人力资本水平与资源环境水平的均值均高于控制组，这表明中国高铁站点的设置并非是随机的，经济发展水平高、地理区位优越或地方政府话语权强的地区更容易获得高铁站点设置，DID 方法能有效处理样

本选择偏误导致的内生性问题。

第三节　高铁建设对城市居民收入的影响估计

>>一、高铁建设对城市居民收入影响基准回归估计结果<<

(一)平行趋势检验

双重差分法有效性的前提是满足平行趋势，我们利用动态事件研究法进行处理组与控制组的平行趋势检验。针对高铁开通时点不同的各个城市，将高铁净效应进行时间动态趋势分解：

$$Inc_{i,t} = \alpha_0 + \sum_{j=-M}^{N} \alpha_1 \times dum\_hsr_{i,t_j} + \gamma x_{i,t} + \eta_t + \mu_i + \varepsilon_{i,t} \text{。} \qquad (6-2)$$

式中，dum_hsr_{i,t_j} 是一个高铁政策虚拟变量，如果城市 i 在 $t-j$ 时期开通了高铁，则取值为 1，否则为 0。用当期时间减去各自的高铁开通时间，M 表示高铁政策时点前的期数，$-8 \leqslant M \leqslant -1$；$N$ 表示高铁政策时点后的期数，$1 \leqslant N \leqslant 10$，将政策前一期作为基准组删除处理。图 6-3 显示，高铁开通前，实验组与对照组差值不显著异于 0；高铁开通后，实验组与对照组差值显著异于 0，平行趋势检验通过，证明了双重差分法的有效性。

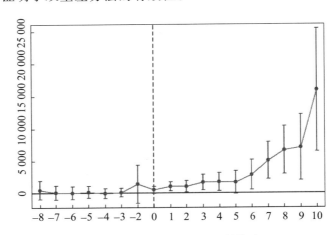

图 6-3　事件研究法平行趋势检验

注：纵轴为实验组与控制组的工资差；横轴为高铁开通前后的年份；垂直线表示 95% 水平的置信区间。

（二）基准回归结果

我们在通过共同趋势检验的条件下，针对我国 286 个地级及以上城市高铁开通对城市居民收入的净效应进行 DID 估计。结果如表 6-2 所示。

表 6-2 2000—2018 年中国地级及以上城市高铁开通对工资影响的 DID 估计

	基准回归	稳健性检验		
	（1）	（2）	（3）	（4）
	职工平均工资	城镇居民人均可支配收入	职工平均工资	
			提前政策年一年	提前政策年三年
did	1 033.845*	1 377.161***	557.232	714.660
	(565.838)	(279.452)	(594.503)	(495.780)
$\_cons$	8 831.883***	5 605.025***	8 802.071***	8 808.658***
	(397.244)	(264.493)	(400.064)	(395.243)
控制变量	是	是	是	是
时间固定效应	是	是	是	是
地区固定效应	是	是	是	是
N	4 821	4 839	4 821	4 821
R^2	0.910	0.939	0.910	0.910

注：①括号中为 t 值；②*、**、***分别表示在 10％、5％和 1％显著性水平下显著；③采用以地级及以上城市为聚类变量的聚类稳健标准误。

表 6-2 结果显示，相较于未开通高铁的城市而言，高铁开通运行对拥有高铁的城市居民收入产生了显著的提升作用，高铁开通带来高铁地区职工平均工资提升 1 033.845 元。经济活动的地理空间组织主要依赖于交通基础设施体系，它是经济要素空间流动的重要渠道，是有效连接、强化区域联系的基础。交通条件影响着劳动力在部门间和区域间的流动和配置，高铁运营给城市带来可达性的极大改善，会直接降低交通成本，促进城际物质资本、人力资本的快速流动，缓解资源要素的配置扭曲，促进经济结构调整，提高经济运行效率，缩小区域发展差异。根据劳动供需理论，高铁一方面给居民就业、生活带来便利，会增加地区吸引力和劳动力供给；另一方面会给企业带来生产率的增长，增加企业对劳动力的需求。如果增加的基础设施给企业带来的生产率增长效应较大，则企业对劳动力需求增加会大于劳动力供给的增加，导致地区工资和收入水平上升。

（三）稳健性检验

进一步进行稳健性检验[见表 6-2（2）～（3）]：第一，以 2018 年为例，全国城镇居民平均工资性收入 23 792.2 元，占人均可支配收入的比重为 60.62％，即按收入来源划分，职工平均工资是居民人均可支配收入的主要构成部分，可作为其替代变量。将被解释变量"职工平均工资"替换为"城镇居民人均可支配收入"进行高铁开通的收入净效应估计，结果显示，相较于未开通高铁的城市而言，高铁开通带来城市居民人均可支配收入提升 1 377.161 元。这与基准回归结论一致，证明了结果的稳健性。第二，高铁开通运行后城市劳动力市场空间格局的变化，可能受到其他相关政策和因素影响。为检验基准模型回归结果的稳健性，对高铁净效应做反事实检验，即考察未实际开通运行高铁时，虚拟变量 did 对城市居民收入的影响。若核心虚拟变量对城市居民收入产生了显著性影响，说明政策效果可能得益于其他政策的实施，基准模型所得出的结论可能是不可信的。应用安慰剂检验，将各地区高铁开通时间分别提前一年、三年，回归系数均不显著，证明了结果的稳健性。

>>二、高铁建设对城市居民收入影响的门槛效应估计<<

随着交通基础设施发展，经济活动空间可能会出现集聚或分散等空间形态，城市间要素资源配置效率的分布反映出城市规模分布的合理性。劳动者为什么趋于向大城市聚集？实际上，交通基础设施改善对城市居民收入的影响可能并非呈现简单的线性关系，而是随着城市规模演变而变化的非线性关系，即交通基础设施建设可能在城市规模的影响下呈现与城市居民收入的非线性关系。

(一)门槛效应模型设定

我们利用非线性门槛模型分析在不同城市规模影响下，各地区高铁开通和普快提速引致的区域可达性改善对城市居民收入的影响，设置单门槛模型为：

$$Inc_{i,t} = \beta_0 + \beta_1 \ln fa_{i,t} I(LA_{i,t} \leq \gamma_1) + \beta_2 \ln fa_{i,t} I(LA_{i,t} > \gamma_2) + \beta_n \sum_{n=1}^{n} X_{i,t} + \delta_i + \mu_t + \varepsilon_{it} \, 。 \tag{6-3}$$

式中，$\ln fa_{i,t}$ 表示交通基础设施水平，用高铁开通和普快提速的区域可达性指数衡量。$LA_{i,t}$ 表示门槛变量，选取城市规模作为门槛变量，应用城市总就业人数进行度量，为单位从业人员、私营和个体从业人员数之和。γ_1、γ_2 为门槛值，为指示函数(若为真则取值为 1，若为假则取值为 0)；多重门槛模型设置同理。$X_{i,t}$ 为一组控制变量，与 DID 模型一致。为避免遗漏变量产生内生性影响，控制个体和时间的双重固定效应。

其中，区域可达性指体现经济活动利用特定交通系统从给定区位到达活动地点的便利程度。我们基于加权平均旅行时间法，结合区域铁路发展和经济发展水平差异，构建包含地区间最短铁路旅行时间、人口以及经济发展指标的区域可达性指数模型：

$$A_i = \sum\nolimits_{j=1}^{n}(T_{ij} \times M_j)/\sum\nolimits_{j=1}^{n}M_j 。 \tag{6-4}$$

式中，T_{ij}表示地区i与地区j之间的阻力参数，用城市i到城市j的最短铁路旅行时间衡量。在计算两地间最短通行时间时，若不能直达，则选取距离始发站最近的城市作为中转站，中转站滞留时间不计；已开通运行高铁的地区选取城市间最短高铁通行时间，未开通运行高铁的地区选取最短普通快车通行时间。M_j表示地区综合参数，用节点城市j的人口规模和地区生产总值的几何平均值衡量，反映节点城市规模对人们移动意愿的影响程度，$M_j = \sqrt{P_j * G_j}$，其中P_j为城市j的人口规模，G_j为城市j的 GDP 总量，n为除i点以外的节点总数。A_i值越小则城市区域可达性越好，为更直观地反映区域可达性变化，将可达性指标A_i进行指数化处理，$Infa_i$数值越大表示区域可达性越好，计算公式如下：

$$Infa_i = \frac{1}{A_i} \times 100 。 \tag{6-5}$$

（二）高铁建设对城市居民收入影响的门槛估计

首先进行门槛个数检验以确定真实门槛个数和门槛模型的形式。门槛个数检验结果如表 6-3 和图 6-4 所示。

表 6-3　门槛值个数检验

	门槛值	F 值	p 值	10％临界值	5％临界值	1％临界值
单门槛检验	199.553***	256.810	0.000	41.860	51.996	74.824
双门槛检验	148.341	8.880	0.832	39.790	48.330	88.579
三门槛检验	151.217	8.57	0.566	19.589	24.662	38.802

注：p 值和临界值均为 Boostrap 自助法重复抽样 500 次得到的结果。

表 6-3 结果显示，仅单门槛模型在 1％水平上接受原假设，表明能够对模型进行较好的拟合。因此，选取单重门槛模型进行估计。图 6-4 直观展示了门槛个数检验结果。平衡面板数据描述性统计如表 6-4 所示。

表 6-4　平衡面板数据样本描述性统计

	样本量	平均值	标准差	最小值	最大值
职工平均工资	2 546	32 278	21 181	4 523	149 843
区域可达性	2 546	8.28	4.46	2.21	22.92
城市规模	2 546	99.16	128.02	10.72	1 729.08
消费规模	2 546	0.39	0.25	0.04	5.20
对外开放度	2 546	0.03	0.05	0	1.08
政府规模	2 546	0.14	0.14	0.01	2.18
人力资本水平	2 546	155.97	190.5	0.92	1270.50
资源环境水平	2 546	36.8	35.30	0	411.18

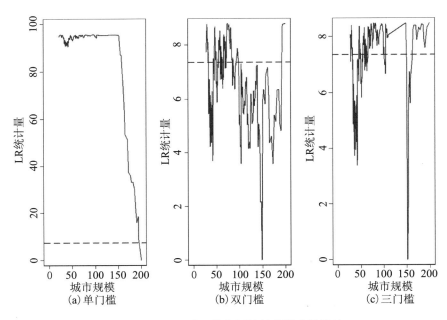

图 6-4　职工平均工资与可达性门槛个数检验

注：纵轴为 LR 统计值；横轴分别为城市规模的单、双、三重门槛；虚线

确定 LR 测试中阈值的 95% 置信区间。

表 6-4 显示，平衡面板中样本城市规模在 10.72 万人～1 729.08 万人，职工平均工资水平在 4 523～149 843 元，城市规模和居民收入水平存在较大差距。进一步，门槛估计结果如表 6-5 所示。

表 6-5　门槛回归

	门槛回归		稳健性检验	
	(5)	(6)	(7)	(8)
			OLS	FE
区间 1(城市规模＜199.553)	−39.437	−54.502	−288.313***	−37.928
	(54.124)	(54.192)	(54.264)	(54.134)
区间 2(城市规模＞199.553)	467.070***	494.335***	583.946***	466.411***
	(56.846)	(56.111)	(64.144)	(56.881)
消费规模	−3 349.655***		−2.8e+03**	−3.4e+03***
	(851.633)		(1 102.272)	(851.981)
对外开放度	−4 584.464***		6 527.039**	−4.6e+03**
	(1 780.276)		(2 630.398)	(1 780.964)
政府规模	3 277.453**		−2.5e+03	3 283.068**
	(1 592.211)		(2 028.901)	(1 592.930)
人力资本水平	4.268***		11.154***	4.284***
	(1.122)		(0.860)	(1.122)

	门槛回归		稳健性检验	
	(5)	(6)	(7)	(8)
			OLS	FE
资源环境水平	13.797***		23.911***	13.817***
	(3.915)		(4.020)	(3.917)
_cons	8 603.335***	8 319.226***	8 732.697***	8 597.569***
	(509.941)	(431.037)	(705.432)	(510.121)
时间固定效应	是	是	是	是
个体固定效应	是	是	否	是
观测值	2 546	2 546	2 546	2 546
R^2	0.666	0.682	0.900	0.959

注：①括号中为 t 值；②*、**、***分别表示在 10%、5%和 1%显著性水平下显著；③采用以地级及以上城市为聚类变量的聚类稳健标准误。

表 6-5 的结果表明，基于城市规模差异，高铁引致的区域可达性提升与城市居民收入存在非线性关系。平均而言，当城市规模低于门槛值时（全部从业人员<199.553），区域可达性改善对这些城市居民收入产生负向影响，但不显著；当城市规模高于门槛值时（全部从业人员>199.553），区域可达性改善对这些城市居民收入产生显著的正向影响。结果表明，不同城市规模的高铁收入效应存在差异，可能以距离适中和一定的就业人口数量为前提条件。大城市拥有大规模专业化和劳动分工、多样化知识溢出和中间产品市场，使人口和经济活动不断集聚，因而大城市劳动者可能获得更高的工资回报。

城市规模工资溢价的来源包括物价水平、集聚经济、劳动力依据自身能力的空间群分，以及人力资本的积累和学习效应。一方面，大城市可以通过各种渠道产生集聚效应，促进经验积累和学习分享，使劳动者人力资本和生产效率提高，因此获得工资溢价；另一方面，劳动者根据能力差异进行空间群分，由于大城市劳动力市场的正规化程度和竞争程度更高，生产效率较低的劳动者自我选择或被淘汰到规模较小的城市中，而潜在生产效率较高的劳动者更偏好大规模城市，他们能够获得较高收入。应当注意的是，尽管大城市由于生产和人口集聚拥有更高的生产效率，但大城市居民承受着更高的生活成本，如更高的房价、更长的通勤时间、噪声与环境污染等，因此劳动者也会获得对高租金和不宜居性的工资补偿。

从交通基础设施的作用来看，高铁开通带来的规模报酬递增和地理空间结构变化，促使生产要素、制造业和服务业更多向大规模和中心城市及其周边地区聚集。这些城市因集聚经济外部性获得劳动生产率和居民收入的提高，对一些低等级城市或小规模欠发达城市形成了一定的虹吸效应，抑制了其他城市的居民收入增长。但长期而言，城市的有效规模反映出生产和人口集中所产生的更高生产率和更高生活成本之间的平衡关系，城市最优规模及其对居民效用水平的影响处于动态演化之中。交通基础设施发展给中小城市、边缘城市和次级城市提供了新的发展契机。就近城市发展越繁荣、劳动力需求越旺盛，交通体系的完善越有利于促进交通闭塞、经济落后区域的过剩劳动力向附近城市转移，随之又进一步推动城市规模扩张，从而将整个经济体系内所有区域生产部门都纳入一个由中心城市带动的大分工体系中，最终实现分工体系内所有区域的人均真实收入趋同。[①]

为避免模型设定存在的估计偏误，本章利用 OLS[见表 6-5(7)]和面板固定效应模型[见表 6-5(8)]对以上门限估计结果进行稳健性检验，基本结论一致，证明了结果的稳健性。

第四节　高铁建设对城市间居民收入不平等的影响估计

2020 年，我国国内生产总值为 1 015 986 亿元，人均国内生产总值 72 447元，稳居世界上中等收入国家行列，与高收入国家差距持续缩小。经济总量是实现共同富裕的雄厚基础，进入新发展阶段，我国共同富裕取得实质性进展的物质基础条件已具备，但过大的收入差距会对经济增长和社会稳定产生不利影响。如何防止陷入"中等收入陷阱"，缩小贫富差距成为我国面临的重大课题。本章将进一步考察在高铁网络建设促进城市居民收入提升的同时，区域可达性提升是否会对城市间居民收入不平等产生调节作用。

>>一、高铁建设对城市间居民收入不平等影响的估计结果<<

我们应用城市常住居民人均可支配收入分位数之间的比值衡量居民收入不平等程度，分别包括 90/10 收入百分位、75/25 收入百分位以及 60/40 收入百分位。

表 6-6 显示，区域可达性对于 90/10、75/25、60/40 收入百分位的收入不平等程度影响系数分别为 -0.153、-0.571、-1.089，高铁开通和普快提速引致的区域可达性提升能够缩小城市间居民收入不平等。交通成本降低带来的城市人

---

① 江鑫、黄乾：《乡村公路、人口城市化和乡村包容性经济增长》，载《南方经济》，2020(4)。

口规模扩大有利于发挥生产和消费的规模效应，带来劳动生产率、就业和劳动收入的增加，改善城市间收入不平等。平均而言，交通基础设施建设水平的提高可以显著缩小城市间居民收入差距。但应当注意的是，新的人口迁入可能造成劳动力市场竞争加剧，影响居民工资水平。[①] 例如，从城乡收入差距来看，有研究表明我国二线城市以人口流入的方式扩大了城乡收入差距，三、五线城市以人口流出的方式缩小了城乡收入差距。

表 6-6 2000—2018 年区域可达性变化对城市间居民收入不平等指数的影响估计

	收入不平等指数 90/10 收入百分位	75/25 收入百分位	60/40 收入百分位
区域可达性	−0.153*** (0.002)	−0.571*** (0.006)	−1.089*** (0.012)
消费规模	0.588*** (0.039)	2.324*** (0.144)	4.249*** (0.271)
对外开放度	0.159*** (0.045)	0.601*** (0.166)	1.117*** (0.313)
政府规模	−1.850*** (0.065)	−7.308*** (0.242)	−13.521*** (0.455)
人力资本水平	−0.000*** (0.000)	−0.000*** (0.000)	−0.001*** (0.000)
资源环境水平	−0.001*** (0.000)	−0.002*** (0.000)	−0.003*** (0.001)
_cons	15.521*** (0.018)	45.451*** (0.067)	75.615*** (0.127)
时间固定效应	是	是	是
个体固定效应	是	是	是
N	4 839	4 839	4 839
R^2	0.519	0.429	0.553

注：①括号中为 t 值；②*、**、***分别表示在 10%、5% 和 1% 显著性水平下显著；③采用以地级及以上城市为聚类变量的聚类稳健标准误。

从不同收入群体来看，不同收入百分位中，高铁开通对城市间中等收入群体的收入差距改善作用最大，交通基础设施的发展可能给中低收入群体带来更多的就业和发展机会。中等收入群体被认为是社会"稳定器"，为高收入和低收入群体

① 王伟同、谢佳松、张玲：《人口迁移的地区代际流动偏好：微观证据与影响机制》，载《管理世界》，2019(7)。

间的极化现象提供了一定程度的缓冲，有利于调整和优化社会结构。扩大中等收入群体，从而使整个社会呈现出中等收入群体占大多数的"橄榄型"结构，是世界各国在解决贫富差距、实现现代化过程中的规律性现象。低收入群体与中等收入群体存在此消彼长的关系。我国存在较大规模的低收入群体，他们极有可能因病因灾返贫，因此，为巩固脱贫成果，需要畅通和拓宽低收入群体进入中等收入群体的通道。新发展阶段是高质量发展阶段，从主要依靠简单劳动、扩大投资、大量投入能源资源转向更多依靠创新驱动发展；从主要依靠制造业转向更多依靠现代服务业；从主要依靠传统产业转向更多依靠战略性新兴产业，交通基础设施的发展则为生产要素流动和资源配置提供了有力支撑。数字经济、新业态、新商业模式不断发展，需要中等收入群体发挥更大作用，随着经济结构优化，中等收入群体也能够逐渐扩大。[1]

从区域收入差距来看，改革开放四十多年来，在自然地理条件、历史因素与改革开放后实行的区域经济发展战略等影响下，我国出现了东部与西部地区经济发展不平衡的现象。同时，由于部分行业行政垄断、高新技术行业门槛等原因，行业间收入差距显著。以城镇非私营单位就业人员年平均工资为例，2019 年，信息传输、软件和信息技术服务业年平均工资为 161 352 元，农林牧渔业年平均工资为 39 340 元。近年来，区域协调发展、户籍制度改革、区域经济一体化等政策实施已有效促进了区域平衡发展。例如，依托交通基础设施发展和"人口东流、产业西进"策略，东部稳定就业的农民工就地市民化；东部部分企业或生产基地向中西部地区转移，促进了产业布局、就业岗位和人口分布匹配；南方产业和技术优势与北方资源优势互补，实现了更多形式的经济技术合作；全国统一的通信网络体系和信息化平台建设，显著缩小了区域间和城乡数字鸿沟；等等。

>>二、高铁建设对城市间居民收入不平等
的动态边际效应检验<<

基准回归平均处理效应无法展示高铁开通运行影响城市间居民收入的时间变动趋势，为进一步检验高铁政策对城市间居民收入的动态边际影响，在基准回归模型中引入时间虚拟变量，$did2008$、$did2009$、$did2010$、$didi2011$、$did2012$、$did2013$、$did2014$、$did2015$、$didi2016$、$did2017$ 和 $did2018$ 分别为本章关注的实验期高铁政策虚拟变量，检验结果如表 6-7 所示。

---

① 张峰：《共同富裕取得更为明显的实质性进展：新的庄严承诺》，载《人民论坛·学术前沿》，2020(24)。

表 6-7 高铁建设对城市间居民收入不平等指数的动态边际效应检验

	90/10 收入百分位 (12)	75/25 收入百分位 (13)	60/40 收入百分位 (14)
$did2008$	0.093***	0.156	0.264
	(0.028)	(0.108)	(0.201)
$did2009$	−0.707***	−2.485***	−5.289***
	(0.020)	(0.079)	(0.147)
$did2010$	−0.869***	−2.942***	−5.791***
	(0.024)	(0.095)	(0.178)
$did2011$	−0.585***	−2.230***	−4.564***
	(0.029)	(0.110)	(0.210)
$did2012$	−0.552***	−2.194***	−4.247***
	(0.024)	(0.094)	(0.177)
$did2013$	−0.877***	−2.975***	−6.100***
	(0.029)	(0.114)	(0.214)
$did2014$	−1.388***	−5.090***	−9.366***
	(0.024)	(0.094)	(0.177)
$did2015$	−1.573***	−5.678***	−10.475***
	(0.027)	(0.106)	(0.199)
$did2016$	−1.585***	−5.966***	−11.120***
	(0.027)	(0.106)	(0.199)
$did2017$	−1.256***	−4.828***	−9.160***
	(0.093)	(0.360)	(0.676)
$did2018$	−1.398***	−5.344***	−10.157***
	(0.029)	(0.113)	(0.213)
$\_cons$	14.728***	42.456***	69.917***
	(0.049)	(0.189)	(0.355)
N	4 839	4 839	4 839
R^2	0.637	0.642	0.632

注：①括号中为 t 值；②*、**、*** 分别表示在 10%、5% 和 1% 显著性水平下显著；③采用以地级及以上城市为聚类变量的聚类稳健标准误。

为观察高铁开通对城市间居民收入不平等的长期影响，动态边际效应检验结果（见表 6-7）显示，由于一定的时间滞后性，高铁开通时间越长，高铁运行对城市间居民收入不平等的改善作用越大。我国高铁迅速发展，充分带动区域经济发展，使空间经济活动密度、广度和深度进一步强化，城市空间格局经历着前所未有的改变。长期来看，交通基础设施发展对减少收入不平等的积极作用不断增强。同时，动态边际效应检验中核心解释变量为高铁开通虚拟变量与政策时间虚拟变量的交乘项，形成对表 6-6 核心解释变量的替换，基本结论一致，证明了研究结果的稳健性。

第五节　研究结论与政策启示

>>一、研究结论<<

实现全体人民共同富裕，是中国共产党奋斗的重要目标。实现第一个百年奋斗目标后，我们开启了全面建设社会主义现代化国家的新征程。在中国共产党领导下积极探索全体人民共同富裕的实现之道，扎实推动全体人民共同富裕取得更为明显的实质性进展，是全面建设社会主义现代化国家的必然要求。然而，地区经济发展不均衡和收入差距持续分化是当前我国经济发展中同时存在的问题，我们还面临着不少挑战。但也要看到，随着我国经济进入高质量发展阶段，工业化、城镇化、信息化和教育科技的现代化水平都发展到了新的阶段，我们是在一个更高起点、更高平台上推进共同富裕。[①]

协调是经济社会持续健康发展的内在要求，全面推进共同富裕取得实质性进展，必须树立协调发展理念，正确处理经济发展中的重大关系，重点推动区域、城乡以及社会各阶层、各行业协调发展，不断增强发展的整体协调性。中国未来城市发展将形成"多中心、多层级、多节点"的网络型城市群结构，中心城市和城市群正在成为我国承载发展要素的主要空间形式，交通基础设施发展突破了以往地缘限制下的"中心—边缘"模式，成为缩小收入差距、提升居民福利的重要途径。高铁带来的时空收缩效应极大地促进了区域空间格局的变化，有助于消除区域壁垒，促进资源要素流动，提升资源配置和生产效率，城镇化空间格局和城市规模结构的进一步优化将有利于更好地发挥大城市和中心城市经济集聚优势，更好地提升中小城市职能专业化水平，推进城市之间的分工演化，促进区域经济一体化，从而推进全体人民共同富裕。

本章以高铁建设作为交通基础设施的代表，基于高铁开通和普快提速引致的区域可达性提升，利用我国 286 个地级及以上城市经济社会面板数据，匹配手工收集的高铁数据，运用双向固定效应多期 DID 模型和门槛模型，考察了高铁建设、城市规模和居民收入，以及收入不平等的内在关系。研究表明：第一，相较于未开通高铁的城市而言，高铁开通运行对有高铁城市居民收入产生了显著的提升作用。第二，基于城市规模差异，高铁引致的区域可达性提升与城市居民收入存在非线性关系。当城市规模低于门槛值时，区域可达性改善对这些城市居民收入产生负向影响，但不显著；当城市规模高于门槛值时，区域可达性改善对这些

---

① 林光彬：《新时代推进共同富裕取得实质性进展》，《光明日报》，2021-07-20。

城市居民收入产生显著的正向影响。第三，高铁引致的区域可达性提升改善了城市间居民收入不平等。其中，高铁开通对中等收入群体的收入差距改善作用最强。随着时间演进，高铁开通对城市居民收入不平等的长期改善作用增强。以高铁为代表的交通基础设施发展对中国区域经济均衡发展、区域经济一体化和共同富裕产生了极大的促进作用。

>>二、政策启示<<

基于研究结果，我们针对如何充分利用高铁网络布局建设促进城市居民收入提升，缩小城市间居民收入差距，促进区域经济一体化和推进全体人民共同富裕，提出以下四点政策启示。

（一）完善交通运输网络，助力区域经济大循环

中国西部和东北地区城市规模分布极不均衡，大多数省份只有省会城市一枝独秀，依托交通运输条件构成的要素流动渠道是城市体系形成的先决条件，应持续完善交通运输网络，加强区域间制度协调，构建以高铁网络为主干的城际高速网络、快速轨道交通以及综合交通枢纽设施融合的多交通系统体系。同时，在京津冀、成渝、粤港澳大湾区等有条件的区域率先探索形成新的发展格局，构建区域经济大循环，为人流、物流、资金流和信息流等生产要素提供更加顺畅有力的交通运输基础支撑。

（二）加强区域经济协调互补，促进区域经济一体化

高铁建设能够改善站点地理区位条件，扩大地区间的经济和人员空间联系范围。次级城市或小规模城市应坚持差异化的区域协调发展战略，加强与中心城市在经济、文化、教育和科技等各领域的交流与合作，利用高铁建设契机加强本地产业规划和布局，拓展城市发展空间和空间利用效率，实现与中心城市在产业发展上的错位互补和区域经济一体化。这一方面能带动当地物流、旅游、电商等特色产业发展，促进人口、资源流动，从而协调区域发展；另一方面，区域内部构建劳动力和生产要素的多样化组合，有效地推动了分工的广度和深度，从而提升城市人口承载能力、资源的集聚能力，进一步提升居民收入，促进全体人民共同富裕。

（三）充分发挥次级城市制度和环境优势，缩小经济发展差距

基于交通基础设施发展为生产要素流动带来的时空收缩效应，劳动力与生产

资料能够实现在城乡之间、区域之间更大程度的流动、融合，地理边界和传统生产分工模式得到巨大突破。但城市集聚带来规模经济，劳动者更倾向于在资源要素集聚程度高的城市工作的同时，往往面临着生产和生活成本高、要素边际报酬下降等负面因素。较小规模的城市可以基于高铁开通带来的区位条件改善，积极推进地方劳动力市场制度建设，优化城市空间，改善投资环境和就业条件，提升居民生活品质，吸引就业和高质量人才流入，激发地区经济活力和消费需求增长。综合来看，要积极推动当地城市工业化和产业化，以保证乡村人口就近城市化，构建大中小城市协同推进的网络支点，以此充分发挥交通基础设施的网络经济效应，促进"中心—外围"整体区域的协同发展，从而推动区域经济发展和缩小收入差距。

（四）持续深化收入分配制度改革，推进全体人民共同富裕

健全与经济发展水平相适应的收入分配、社会保障和公共服务制度。增加劳动者尤其是一线劳动者的劳动报酬，提高劳动报酬在初次分配中的比重。兼顾社会公平正义与发挥资本效率，防止贫富差距的固化。初次分配更加注重公平，与国民经济发展水平和增速相匹配。二次分配利用好税收等政策工具，对高收入群体进行精准调节；发挥好财政转移支付、社会保障、对口帮扶等专项制度调节收入分配差距的功能，着力提升低收入群体和贫困地区的自主发展能力、综合收入水平、社会保障水平和受教育水平。

第七章
新就业形态发展与劳动者权益保障

  2021 年，经国务院同意，人力资源和社会保障部、国家发展改革委、交通运输部、应急管理部、国家市场监督管理总局、国家医保局、最高人民法院、全国总工会共同印发《关于维护新就业形态劳动者劳动保障权益的指导意见》（以下简称《意见》），对劳动者权益保障责任、制度、服务体系、工作机制进行了规范。《意见》要求，各地区各有关部门协同推进新就业形态劳动者权益保障工作，出台具体实施办法，做好政策宣传，拓宽工会维权和服务范围，加强矛盾纠纷调处，加大监管力度，努力营造良好环境，切实维护新就业形态劳动者权益。新就业形态通过降低创新创业成本、带动关联产业发展等途径增加新就业岗位。新就业形态创造了全新的、更加自由的工作范式，对于劳动者来说，他们通过新工作方式输出自己的特长、技能和资源，实现自身价值最大化。近些年来，网店店主、网络主播、网文作者、社区团购团长、餐饮外卖店主、网约车司机等基于平台的自由职业已经成为青年人创新创业和就业的重要选择。与此同时，这些劳动者的权益保障也迎来挑战，如何在新就业形态迅速发展的时代有效保障劳动者权益？这关系着劳动者的根本利益。

第一节　新就业形态的产生背景及理论分析

>>一、新就业形态产生的背景<<

  新就业形态产生根植于工业革命演进过程中劳动力市场半径不断扩大的过程。第一次工业革命发生在 18 世纪下半叶的英国，蒸汽机的发明和应用颠覆了传统的能源动力，机器生产替代了手工生产，社会生产率大幅度提高。第一次工业革命深刻影响了劳动分工，改变了生产方式和产业体系。低成本、高效率和大规模的机械化生产取代了传统的高成本、低效率和分散式的手工生产，相对精细化的分工促使熟练工人和低技能工人的分化，劳动力市场开始分层。技术创造了新的工作岗位，也带来机器引发的失业恐慌。第二次工业革命开始于 19 世纪中叶，电力取代蒸汽动力成为新能源。这次工业革命在交通、信息传播与通信等各个领域引发了颠覆性的变革，交通运输效率的提升有力地推动了城市化的发展，国内和国际市场半径进一步扩大，交易成本大大降低。电力工业和电器制造等一系列新兴工业迅速发展，此时的工业生产模式以规模化、标准化为特征，生产组织形式的改变使得劳动生产率有了质的飞跃。第三次工业革命开始于 20 世纪 60 年代，以自动化和互联网技术为标志，人类进入信息时代。信息技术的应用不仅缩短了时空距离，还降低了由信息不对称造成的不确定性风险，从而降低了交易成本，促进了经济全球化形成。由于计算机和互联网的出现，世界开始连成一个整体。① 当前，人类社会正处于第四次工业革命的开端。这一次工业革命除了在技术发展的速度、广度与深度上远远超过以往的工业革命，其对社会体系的系统性冲击也更强烈。工作与就业，作为人类个体的重要活动和工业社会构建的基础，正在经历着新技术革命以及其他社会经济力量的重塑。第四次工业革命的快速演进，推动了就业形态的变革，产生了大量既不同于标准雇用模式，也不同于传统非正规就业模式的新就业形态。

>>二、新就业形态的演变<<

新就业形态的演变可以从生产力与生产关系的角度加以理解。从生产力的角度，新就业形态描述了新一轮工业革命带动的生产资料智能化、数字化、信息化条件下，劳动者通过与生产资料互动，实现虚拟与实体生产体系灵活协作的工作模式。劳动者在生产过程中依托数字化、信息化、智能化、网络化的生产资料，劳动者主要的工作是对程序和系统进行维护和升级，这与传统生产模式中机器与人力相互配合补充的就业模式有差别。生产力角度的新就业形态不仅局限于生产领域，自动化、机器人、人工智能也在改变服务行业就业，如秘书、电话接线员、银行出纳员等大量岗位被机器替代。从生产关系角度，新就业形态与去雇主化、平台化的就业模式相伴而生。随着人类社会整体上跨入移动互联网时代，以互联网平台连接供给和消费两端的分享经济或零工经济下的工作模式蓬勃发展。

新就业形态是新经济的产物，它既区别于普通的正规就业形态，又与传统的兼职、非正规就业形态等有所不同。与通常意义上的正规就业形态相比，新就业形态具有更强的包容性，对从业者性别、受教育程度、工作时间等方面的要求更

---

① 赖德胜、黄金玲：《第四次工业革命与教育变革——基于劳动分工的视角》，载《国外社会科学》，2020(6)。

为宽松。与萧条的传统兼职与非正规就业相比，由于新经济方兴未艾，市场对新就业形态从业者的需求也呈现稳步上升的趋势。2020年新型冠状病毒感染疫情以来，借助信息手段，从数字化就业到"情感劳动"，从远程就业到"共享员工"，就业新形态、新模式快速成长，活力蓬勃。

新就业形态的"新"主要表现在四个方面：一是就业领域新。就业形态大量出现在互联网和数字技术渗透的创新企业和创新行业，以及共享经济、平台经济等新经济、新业态中。二是匹配方式新。新就业形态依托技术进步和数据共享，提高了劳动力市场匹配效率，实现劳动供需的快速对接，极大降低了就业服务的交易成本，扩大了就业服务的时间和空间范围。三是组织方式新。新就业形态下劳动者与组织的关系更松散、灵活，新就业形态的就业方式更灵活、多元，许多劳动者通过信息技术直接与一个或若干个工作任务对接，去组织化特征明显。四是就业观念新。许多就业者不再追求"铁饭碗"式稳定的就业，逐渐转向更高质量、更匹配专业技能的就业，追求工作和生活的平衡。[1]

>>三、新就业形态的理论分析<<

从政策层面来看，《中国共产党第十八届中央委员会第五次全体会议公报》和2016年《政府工作报告》中首次提出"新就业形态"的概念，引起了社会各界的广泛关注。这一政策性概念概括了新一轮技术革命所导致的就业模式、工作模式的巨大变化，也概括了中国劳动力市场及世界其他先进国家劳动力市场中出现的新趋势。由于新就业形态的表现复杂，有跨行业融合特性，国内对新就业形态并未形成统一的认识，直至2018年，国家统计局给出了"三新"经济的定义，即以新产业、新业态、新商业模式为核心内容的生产活动的集合。2020年国家发展改革委发布的《关于支持新业态新模式健康发展 激活消费市场带动扩大就业的意见》，从统计层面为新就业形态群体划定范围。从学术研究层面来看，将新就业形态与传统灵活就业的概念分离，反映了政策层面对新就业形态的重视。而中国语境中灵活就业的概念更多地对应国际研究中的"非正规就业"，有大量的研究予以关注。[2] 直到目前，已有学者根据研究范围，从不同角度对新就业形态进行界定。与此同时，新就业形态随着新经济的发展又不断涌现出新的表现形式，其概念也在被不断重新界定。

---

① 张成刚：《"稳就业"的经济、制度逻辑与政策实践》，载《经济学家》，2020(7)。
② 张车伟、王博雅、高文书：《创新经济对就业的冲击与应对研究》，载《中国人口科学》，2017(5)；纪雯雯：《可持续社会的就业与未来雇佣关系的研究动态》，载《中国人力资源开发》，2019(6)。

(一)新就业形态的研究范围

根据国际劳工标准、政府政策文件以及学术研究焦点，新就业形态的研究范围主要包括以互联网(尤其是移动互联网)技术为基础的电商平台、共享经济平台和数字经济领域的多种形式的就业。具体包括以下几种类型：一是分担工作(job sharing)，雇主在一个岗位雇用两个以上的劳动者，将每个劳动者的兼职工作合并为该岗位的全职工作；二是临时管理工作，高技能的专家为完成特定项目或解决特定问题而暂时被雇用；三是临时工作(casual work)，雇主没有义务向劳动者提供定期工作，劳动者随叫随到；四是基于信息和通信技术的移动工作(ICT-based mobile work)，劳动者至少花费部分时间但定期在主要办公室之外开展工作，无论是在雇主的办公场所还是定制的家庭办公室，使用信息和通信技术在线连接共享公司计算机系统；五是基于凭证的工作(voucher-based work)，雇主从权威机构(通常是政府机构)获得凭证，不以现金支付给提供服务的工作人员；六是组合工作(portfolio work)，自雇用的个人为大量客户服务，为每个客户做小规模的工作；七是众包就业，在线平台匹配雇主和劳动者，雇主将大规模的任务分解后分配给众多的劳动者；八是合作就业，如自由职业者、自雇用或小企业主以某种方式合作以克服规模和专业壁垒的限制。

(二)典型劳动群体和就业特征

新就业形态研究的重点群体主要包括三类：一是"三新"经济领域、基于信息和通信技术的移动工作群体；二是平台就业和灵活就业群体；三是特定职业群体，包括卡车司机、外卖骑手等群体。

新就业形态下的就业模式呈现出关系灵活化、工作碎片化、工作安排去组织化的特征，这与传统就业形态中，由雇主组织生产、工作时间与工作场所相对固定的就业形态有较大差异。随着"三新"经济的发展、平台经济和数字经济对传统经济的渗透，以及劳动力市场政策的调整，新就业形态的特征也在发生着变化，具体表现为：第一，新就业形态职业范围半径不断扩大。人力资源和社会保障部联合国家市场监督管理总局、国家统计局于 2019 年 2 月、11 月及 2020 年 7 月进行了三批新增职业发布，共发布 38 个新职业，这些新职业在传统三大产业中均有体现。第二，新就业形态扩大就业作用不断凸显。2020 年 7 月，国家发展改革委等 13 个部门联合公布《关于支持新业态新模式健康发展 激活消费市场带动扩大就业的意见》，共同支持各种类型的新就业形态和各类新就业形态的表现形式。第三，新就业形态引发的劳动关系界定的法律风险不断加大。随着新就业形态的蓬勃发展，因劳动关系界定引发的法律风险也不断加大。相关统计数据显示，截至 2016 年 11 月，全国 1 516 份劳动争议案件裁判文书中，判定存在劳动关系的案件占比约为 58%，判定不存在劳动关系的案件占比约为 42%。2020 年《广东省灵活就业人员服务管理办法（试行）》，明确指出新就业形态的范围包括依托电子商务、网络约车、网络送餐、快递物流等新业态平台实现就业，但未与新业态平台相关企业建立劳动关系的从业人员。研究将聚焦政策干预省份的新就业形态下劳动关系的新变化。

第二节　我国新就业形态发展的变动趋势

>>一、新就业形态的未来发展：基本判断及对劳动力市场的冲击<<

新就业形态从业者在各国劳动者市场中的占比越来越高。有观点认为，未来是属于自由职业者的时代，传统的正规就业和非正规就业都将被新就业形态所替代。还有观点认为，新就业形态不会完全替代传统的正规就业、非正规就业，未来更可能的图景是多种就业形态并存。一方面，互联网技术通过更加灵活的雇用模式改变了工作方式，而数字化和人工智能等技术则通过替代人工劳动，或与人工劳动互补，引起了工作岗位的数量变化。另一方面，信息要素参与到生产过程中，通过经济规模的动态变化，对劳动力产生了新的派生需求（derived demand）变化。

在创造就业岗位的过程中，新就业形态也会对劳动力市场造成冲击，概括起来，其影响效应主要体现在以下几个方面。第一，互补效应（complementary effect）。人工智能填补了以往的技术空缺，创造了新的技术性岗位，与现有的工作岗位形成了互补关系。例如，协作式机器人（collaborative robots）就是为实现机器人与人类在生产线上协同作战而设计的一类机器人，这充分发挥了机器人的效率及人类的智能，提高了人类的工作效率，减少了生产中的人身伤害事故的发生。第二，替代效应（substitution effect）。人工智能不仅可以在生产过程中替代人类独立完成体力劳动，还可以独立完成脑力劳动，这是人工智能区别于传统技术进步的主要特征。第三，规模效应（scale effect）。数字信息作为一种新的虚拟生产要素，以更低的成本使新企业加速涌现，开辟了崭新的经济增长空间。第四，匹配效应（matching effect）。互联网提供了有效的信息平台，这就避免了传统劳动力市场中的供求信息不匹配。数字经济借助大数据信息和互联网平台，实时共享信息，动态匹配供求信息，以更为灵活的用工方式创造各种形态的工作机会。

>>二、我国新就业形态的主要模式和变动特征<<

(一)新就业形态的模式

新就业形态主要基于网络数字平台搭建。我国目前网络数字平台主要有三种运行模式。第一种模式为平台自营。该模式由企业建立自己的互联网平台开展业务,并直接面对客户,也称"B2C"。在该模式中,平台以用工主体身份与从业人员建立劳动关系,严格控制人员招聘、服务标准和劳动条件;也有平台采取劳务派遣方式,由劳务派遣公司与从业人员签订合同。"首汽约车"和"神州专车"是这种自营模式的典型代表。

第二种模式为加盟合作模式。平台企业搭建互联网平台,吸纳大量第三方小微企业参与,形成平台规模集聚效应,也称"B2B2C"。这类平台大多为生活服务平台,采取这种模式运营的平台在很大程度上承担着信息中介的角色。成立于2012年的"云家政"平台则是此模式的代表,该平台与上海家政行业协会合作。课题组利用该协会的"家政数据库"进行案例分析。

第三种模式是新型共享模式。这种模式利用大数据、云计算等互联网信息技术整合和共享闲置的劳动力、技能、生产资料等各种资源,以满足社会多元化的需求。这种模式采取"平台+个人"的用工形式,也称"C2C",平台仍然承担着信息中介的角色,但同时它要负责制定服务规则,这些规则可以保证服务的安全性、服务费用的价格等,典型企业为"滴滴出行"。课题组与滴滴出行合作,对其注册司机的多元化就业形态进行调查。

(二)我国新就业形态的主要变动特征和变动趋势

我国新就业形态主要展现了如下的一些变动特征和变动趋势。第一,增长迅速。毋庸置疑,新就业形态是近年来劳动力市场创造岗位的重要来源。根据中国信通院数据,2007年中国数字经济占GDP比重为14.7%,吸纳就业人数4 411万人。十几年来,数字经济继续保持规模化高速扩张态势。我国的新型用工规模从2015年的5 200万人增加到2020年的8 500万人(见图7-1),年平均增速达到了8.2%[①],远超GDP增速,亦显著高于同期全国总就业规模增速。

第二,新就业形态有下沉农村的特征,起到稳定就业的作用。新就业形态的新

---

① 张车伟、蔡翼飞:《人口与劳动绿皮书——中国人口与劳动问题报告》,34~56页,北京,社会科学文献出版社,2020。

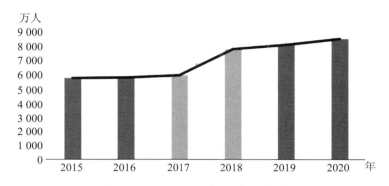

图 7-1 2015—2020 年新型用工规模

数据来源：根据《2020 中国劳动力市场发展报告》《人口与劳动绿皮书——中国人口与劳动问题报告》，借助 2017 年投入产出表估计得到。

型组织方式具有较强的包容性，在城镇化和去产能过程中吸纳转移劳动力。新就业形态在推进城镇化、就业扶贫、吸纳未充分就业劳动力，特别是转移农村剩余劳动力与去产能转岗职工的过程中扮演了重要角色。2015 年，乡镇及以下辖区新型用工占比不足 30％，到 2020 年，该指标已经达到 49.1％（见图 7-2）。在 2.4 万名支付宝云客服中，有 88.5％来自二至五线城市，AI 数据标注师则几乎全是小镇青年。

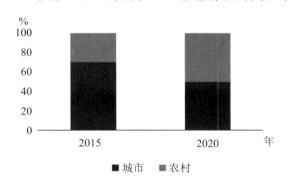

■ 城市 ■ 农村

图 7-2 2015 年、2020 年城市和农村新型用工占比

第三，新就业形态带动和影响了关联产业发展与就业升级。新经济的发展间接带动了上下游关联产业的就业。例如，根据第三方网约车平台测算，2016—2017 年共有 2 108 万人在平台上获得收入，其中超过三分之一为去产能行业职工、转业军人、失业人员等。2018 年，该平台不仅创造了包括网约车、代驾等在内的大约 1 194.3 万个直接就业机会，还带动了包括汽车生产、销售、加油及维修保养等在内的 631.7 万个间接就业机会。[①]

---

① 冯帅章、孙坚栋：《"新就业形态"：稳就业的机遇与挑战》，载《浙江经济》，2020(8)。

　　第四，新型用工正在从东部地区逐步扩大到中西部地区，成为区域协调发展的"助推器"。我国的新型用工呈现从东部地区向中西部地区扩展的趋势，2015—2020年，东部地区新型用工占比从85.2％下降到64.4％，而中部和西部地区占比均增加了约10％（见图7-3）。新型用工在中西部地区的资源型城市表现更优，譬如在新疆、宁夏等地，新就业在优化就业结构、协调区域发展方面的作用明显。由于新就业模式突破了地理空间的限制，欠发达的中西部地区逐步布局网络资源、搭建网络平台，其资源优势被不断放大，地理劣势和经济劣势被缩小，包括生态旅游、有机农业等在内的新的就业增长点被激发。

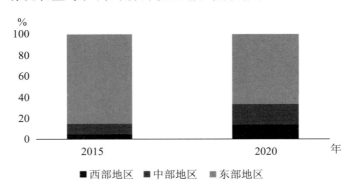

图7-3　2015年、2020年东、中、西部地区新型用工占比

　　第五，新型用工正在从交通、餐饮等传统领域扩展至技术、知识服务等新兴领域。从分布领域来看，新型就业主要分布在交通出行、餐饮住宿、知识技能服务提供、生活服务提供等领域。根据《2020年中国共享经济发展报告》的划分标准，共享经济领域划分为交通出行、共享住宿、外卖服务、网络直播、专业技能服务和知识付费、内容创作及其他领域七类（见图7-4、图7-5）。对比2015年和2020年的数据不难发现，外卖服务占比变化不大，维持在25％左右。但是交通出行的占比从2015年的26％下降到2020年的11％，这意味着从事交通出行平台服务工作的劳动者总量基本饱和，其他业务领域就业者占比增加。数量增加最为显著的是网络直播，从2015年的7％增加到2020年的19％。事实上，除了网约车司机、外卖送餐员等，新经济又催生了AI数据标注师、数字微客等诸多新职业，这里将其列为其他领域。其他领域新型用工占比增加也较为显著，从2015年的6％增加到2020年的11％。

　　第六，新就业形态在一定程度上发挥了稳定就业的作用。新就业形态提高了劳动力市场应对不利冲击的韧性，维持了现有的就业存量，通过新就业形态的"组织方式新"和"匹配方式新"来稳定就业。新就业形态的新匹配方式降低了搜寻成本。一方面，平台型企业可以将岗位需求和劳动者的需求进行更加快速有效的匹配；另一方面，由于平台型企业的发展具有规模效应，公众对平台以及平台的

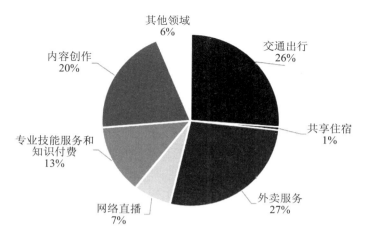

图7-4 2015年各领域新型用工占比

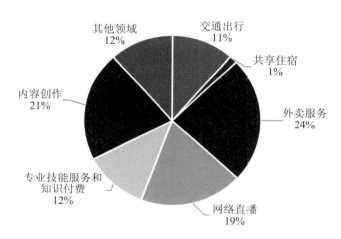

图7-5 2020年各领域新型用工占比

用工模式都有较高的认知度。越是技能不足的劳动者，找工作时就越可能受困于信息不足，有知名度、可靠、便于操作的求职渠道对他们的就业尤其重要。

第三节 适应新就业形态发展调整和完善劳动者权益保障政策

>>一、劳动者权益保障现状、挑战与需求<<

在相当长的时期内，开发更多的就业岗位、创造更多的就业机会是就业工作要解决的首要问题，制度抓手主要体现在税收、贷款、营商、促进创业和灵活就业等方面。在这样的背景下，政府连续五年对新就业形态发展进行政策调控：

2016 年，以新就业形态作为产业结构转型过程中的劳动力"蓄水池"，以此进行就业指导；2017 年，以新就业形态作为创业带动就业的方式，以包容审慎的态度进行管理；2018 年，以新就业形态作为拓展就业增量的渠道，以调节手段进行放松管理；2019 年，以"互联网＋"推动行业转型发展，继而促进新就业涌现；2020 年新型冠状病毒感染疫情防控过程中，顺势利用新就业形态作为就业的稳定器，并出台国家级领军人才认定政策，以"各显其能，各得其所"打通各行业各类人才的晋升通道。现行的积极就业政策保障了我国在经济增速放缓时期，开发更多的就业岗位和创造更多的就业机会。然而，在构建国内国际双循环相互促进的新发展格局和实现更加充分更高质量就业的目标下，现行制度仍面临效率与公平、灵活与稳定的"双约束"。劳动力市场供求匹配效率较低，供给侧结构性改革和实施扩大内需战略脱节。缺乏国际标准制定和国际规则对话，我国现行的劳工标准与国际标准存在差异，我国的积极就业政策与世界各国的就业政策也存在鸿沟。

系列政策依然有提升空间，一是新就业形态的统计体系已有雏形，但是数据积累尚不充足、也不全面，不利于决策层对就业形势的判断和相关经济政策的制定。二是传统劳动制度难以保障新就业形态从业者的基本权益。三是新就业形态从业者参与社会保险仍存在明显制度性障碍，相关从业者社保覆盖率较低、险种不全。四是目前教育和技能培训体系尚不能适应新就业形态的需求。现行的教育体系根植于工业化时代，难以满足以数字平台发展催生的以现代服务业为主的新就业形态岗位的技能需求。

根据"十四五"时期经济社会发展创新、协调、绿色、开放、共享的新发展理念，劳动者权益保障有了新需求。政府应当根据新就业形态对社会的冲击程度综合运用各类应对策略，以协同治理、促进创新发展为主要原则，在不违反竞争原则的前提下，根据情况适时采取其他应对策略。创设新的劳动关系分类和新的法律主体概念，以适应新就业形态的发展。将实施扩大内需战略同深化供给侧结构性改革有机结合。充分利用现代技术，通过大数据分析引导劳动力技术培训，畅通劳动力需求侧信息向供给侧传递。劳动力供给侧应注重信息的指引和统筹协调，改革和完善信息时代的社会保障制度、财政税收制度、企业管理制度、行业制度和教育制度等相关制度。积极参与新经济领域国际规则和国际标准制定。

>>二、调整和完善能适应新就业形态 发展的劳动者权益保障政策<<

应认识到新就业形态的趋势性意义，制定长期规划。不能仅从工具层面考虑新就业形态的发展，而应加强新就业形态发展的顶层设计，提前做好适应新就业形态及其冲击的准备。在更高水平开放型经济新体制中，打造具有国际竞争力的新经济产业集群。建立数据资源产权、交易流通、跨境传输和安全保护等基础制度和标准规范，推动数据资源开发利用。政策的设置旨在保持新就业形态灵活性与稳定性的相对平衡。不能将所有新型用工都认定为传统意义上的雇员，这将会加重企业的运营负担，也会造成重复保障的问题，一定程度上制约新经济和新业态的发展活力。未来，应该充分认识到"互联网＋"带来的市场活力，我们的零工经济劳动法律法规不应使用"一刀切"式的简单手段，将所有零工经济中的用工划归为劳动关系或者非劳动关系，而应当认识到零工经济的活力正是依托于灵活的就业模式，在新型用工的灵活性和稳定性上寻求更好的平衡。具体可从以下几个方面着手。

第一，细化新型用工类型，完善社保制度。一方面，可将劳动者按照工作具体细则分为雇员和独立合同工，这种以事实为依据的划分方式有助于实现企业与劳动者权责对等。只要企业在工作时长、工作方式和支付报酬等事项上与劳动者有关联，就需要承认该劳动者是自己的雇员，需要为他缴纳税金和社会保障金等。谨防企业以"劳动者工作自由独立"为借口，逃避其承担社会保障费用的责任。另一方面，可以将新型劳动者具体细分为雇员、平台或网络自由职业者、在校学生等，便于分类制定权益保护政策。鉴于新型用工中劳动者可能存在多个雇主，也可能已经参加社会保险，基本养老保险和基本医疗保险仍然可以按照现行的《社会保险法》，以灵活就业人员身份参保并缴纳相应的基本养老保险和基本医疗保险费，并且不得重复参保。这就需要改革户籍制度，去除新型用工中劳动者参加社会保险的障碍，使他们可以参加工作地的基本养老保险和基本医疗保险。

第二，扩大劳动关系的覆盖范围。劳动关系是劳动和社会保障的核心。在实践中，从事从属性工作而不能确定劳动关系的劳动者主要包括受雇于家庭的保姆、受雇于建筑行业包工头的工人、退休返聘者、学校实习生等，以及一部分从业于平台或零工经济的新型劳动者。这类劳动者获得的保护要远少于那些签订了劳动合同的劳动者。面对"三新"经济的发展与新兴的就业形态，应当建立一套与时俱进的、明确且全面的劳动关系指标来填补长期存在的规制空白，促进公平的市场竞争，有效解决劳动争议。推进新型用工中的劳动者权益保护和社会保障，有必要在 2005 年原劳社部发布的《关于确立劳动关系有关事项的通知》的基础上，为劳动关系设立一个清晰、全面的界限，并使之与劳动力市场与商业模式的变化相适应。

第三，积极确立新型用工劳动标准的底线保护。鉴于平台从业人员的弱势地位，须探讨新型用工中的劳动者权益保护和社会保障，应当撇开错综复杂的商业模式创新，忽视合同形式和雇用身份，以职业安全卫生、最低工资、工作时间与休息等基本权利为重点，规定新型用工最低限度的权利清单，建立劳动标准底线保护，以确保新型用工模式下的劳动者能够享有基本的工作条件。这是我们在权衡保护新型用工模式下的劳动者权益时提取的最大公约数，也是必须守住的底线，更是探索新型用工模式下的劳动者权益保护和社会保障的重点着力领域。具体来讲，就是不论"三新"经济到底采用何种商业模式，不论平台企业到底采取的是什么技术手段和算法，也不论平台企业与从业人员之间经过了多少层转包关系，我们都应当通过相关法律规范，明确要求平台企业确保从业人员享有职业安全和健康权、最低工资保障权以及适当工作时间和休息休假权。在条件成熟时，可以考虑制定出台《新就业形态劳动者权益基准法》，使得平台企业在上述权利所涉及的领域对从业人员承担最终责任；从业人员在上述权利遭受平台企业侵害时，可以诉诸法院寻求救济。

第四，积极推动新型用工的集体协商，完善从业者发声渠道。在"三新"经济中探索网络化集体协商模式，推动新业态劳动关系双方就普遍关心的行业工资标准、工资调整幅度、劳动定额标准、工时休假等开展集体协商，签订行业集体劳动合同，鼓励建立集体劳动关系，督促平台建立内部对话机制，并就劳动者权益和社会保障达成具有约束力的集体协议。地方工会应当承担起组织责任，当新型用工模式下的劳动者难以选举出谈判代表时，为他们承担谈判代表的角色，充分发挥工会在新型用工中劳动者权益保障方面的作用。

第八章

"十四五"时期劳动力要素
配置与人力资源服务业发展

　　人力资源服务业作为生产性服务业的重要组成部分，具有较大的经济效益和社会效益。应该说，其发展是与市场在人力资源配置中作用的逐步发挥相辅相成的：劳动力市场的改革为用人单位和劳动者的自由选择、流动提供了基础，也对相关的中介服务产生了需求，而包括职业介绍、招聘、测评、培训等在内的人力资源服务则为劳动力的市场化配置和劳动力市场体系的完善提供了支持。20 世纪 90 年代，我国对劳动力市场的建设和改革进行了系统部署。1993 年，党的十四届三中全会通过《中共中央关于建立社会主义市场经济体制若干问题的决定》，提出改革劳动制度，逐步形成劳动力市场。同年 12 月，原劳动部研究制定了《劳动部关于建立社会主义市场经济体制时期劳动体制改革总体设想》，第一次明确了"劳动力市场"这一概念的内容。[①] 经过三十多年的探索建设，我国劳动力市场取得了长足的进展，市场在劳动力配置的作用逐步增强，劳动力流动日趋活跃，人力资源服务业成为优化劳动力配置的重要力量，右劳动力流动、就业等方面发挥了重要作用。[②]

第一节　人力资源服务业发展的基本状况

　　关于人力资源服务业的定义，国内外尚没有一个统一的表述。[③] 各国在人力

---

　　① 我国劳动力市场的相关管理部门涉及原人事部、原劳动和社会保障部、人力资源和社会保障部等多个部门，在相关文献特别是政策性文件和研究中，存在"人才市场""劳动力市场""人力资源市场"等表述，这些表述与管理部门的职能、管理内容密切相关，为行文方便，除特别说明外，本章统一使用学术界所指一般意义上的"劳动力市场"的表述。

　　② 田永坡：《劳动力市场改革与发展历程》，载《中国人力资源社会保障》，2019(1)。

　　③ 余兴安主编：《人力资源服务概论》，3 页，北京，中国人事出版社，2016。

资源服务业基本构成的认识和实践上各有侧重。[1] 人力资源和社会保障部、国家发展改革委、财政部发布的《关于加快发展人力资源服务业的意见》将人力资源服务业定义为向劳动者就业和职业发展，为用人单位管理和开发人力资源提供相关服务的专门行业。出于管理体制和服务对象等原因，在某些政策表达中还出现了"人才服务业"的表述。[2] 除特别说明外，本章统一使用"人力资源服务业"这一表述。

改革开放之初，我国出现了满足专业技术人才流动、外资企业用工相关的招聘、档案管理、劳务派遣等人力资源服务。随着市场经济的发展和劳动力市场主体的变化，人力资源服务业在需求驱动之下，由简单的职业介绍、档案管理等扩展到猎头、测评、外包等多种业态，一个包括招聘、猎头、培训、测评、人力资源和社会保障事务代理等在内的人力资源服务体系基本形成。[3] 根据人力资源和社会保障部公布的数据，截至 2020 年年末，人力资源服务机构共计 4.58 万家，人力资源服务业从业人员共计 84.33 万人。全年共为 4 983 万家次用人单位提供人力资源服务，帮助 2.90 亿人次实现就业、择业和流动。[4]

>>一、营业收入<<

根据人力资源和社会保障部统计数据（见表 8-1），2020 年全口径的营业收入达到 2.03 万亿元，比 2018 年增长了 14.69%，2018—2020 年的三年平均增速为 12.13%[5]，远高于同期国内生产总值的增长率。除了行业规模的快速增长，人力资源服务业的发展效率也在不断提高，发展质量得到进一步提升。2018 年至 2019 年人均营业收入从 275 万元增长至 290 万元[6]，而 2020 年由于受新型冠状病毒感染疫情的影响，人均营业收入出现较大幅度下降，降至 240 万元，比 2018 年减少 12.73%。

国家级人力资源服务产业园的建设也取得新的进展。自 2010 年起，国内

---

[1] 汪怿：《发达国家人力资源服务业的发展趋势及启示》，载《中国人力资源开发》，2007(4)。

[2] 《关于加快发展服务业的若干意见》，http://www.gov.cnzwgk2007-03/27/content_562870.htm，2021-11-01。

[3] 田永坡：《人力资源服务业四十年：创新与发展》，载《中国人力资源开发》，2019(1)。

[4] 《2020 年度人力资源和社会保障事业发展统计公报》，http://www.mohrss.gov.cn/SYrlzyhshbzbzwgkszrstjgb202106/t20210604_415837.html，2021-11-01。

[5] 2018—2020 年的平均增长率是以 2017 年为基期，2020 年为末期，通过复合增长率计算所得，即基期×(1+x%)³＝末期，其中 x% 为三年的平均增长率。如果未做特别说明，本章中所有表中的其他平均增长率均采用类似算法。

[6] 人均营业收入为营业收入/从业人数。

陆续批复建设了 22 家国家级人力资源服务产业园,据人力资源和社会保障部的统计,截至 2020 年年底,各国家级产业园已有入园企业超 3 000 家,园区营业收入 2 048 亿元,服务各类人员 2 700 万人次,为超过 80 万家次用人单位提供了人力资源服务,在新型冠状病毒感染疫情期间为服务和促进就业做出了重大贡献。

表 8-1 2018—2020 年人力资源服务业营业收入

营业收入	2018 年	2019 年	2020 年
总营业收入/万亿	1.77	1.96	2.03
从业人员人均营业收入/万	275	290	240

资料来源:2018 年数据来源于《2018 年人力资源服务业统计情况》;2019 年数据来源于《2019 年度人力资源服务业发展统计报告》;2020 年数据来源于《2020 年度人力资源服务业发展统计报告》。下同。

>>二、人力资源服务机构的规模<<

随着公共就业服务机构和人才公共服务机构整合改革的推进,市场体制的健全,公共性人力服务机构数量除 2020 年增长较快以外,2018 年和 2019 年增长均较为缓慢,而经营性人力资源服务机构近三年均呈现出快速增长的特点。据人力资源和社会保障部统计(见表 8-2),全国县级以上公共就业和人才服务机构以及各类人力资源服务企业总量从 2018 年的约 3.57 万家增加至 2020 年的约 4.58 万家,三年平均增速 14.89%;2020 年全国建立各类人力资源市场网站 1.85 万个,比 2018 年增加 0.52 万个,增长了 39.10%,三年平均增速为 16.58%;2020 年各类人力资源服务机构共设立固定招聘(交流)场所 4.24 万个,比 2018 年增加 1.05 万个,增长了 32.92%,三年平均增速为 26.39%。

从服务机构构成类别上看,2018—2020 年经营性人力资源服务机构快速增加;公共人力资源服务机构在 2020 年的增速达到了 11.44%,而 2018 年和 2019 年公共人力资源服务机构增速均不超过 3%。2020 年公共人力资源服务机构为 5 904 家,比 2018 年增长了 13.98%,增加数为 724 家,三年平均增速为 3.93%,其中九成以上均是在 2020 年增加的,增加数为 606 家;2020 年经营性人力资源服务机构 3.99 万家,比 2018 年增长了 30.66%,增加数为 9 357 家,三年平均增速为 17%。值得注意的是,在 2020 年新型冠状病毒感染疫情期间经营性人力资源服务机构仍保持了较高的增长,比 2019 年增长了 16.37%,增加数为 5 610 家,这说明我国推进人力资源配置的市场化效果显著。

表 8-2　2018—2020 年人力资源服务机构规模

服务机构类别	2018 年/个	2019 年/个	2020 年/个	2020 年比 2018 年增长/%	平均增速/%
各类人力服务机构总量	35 700	39 600	45 800	28.29	14.89
公共性人力服务机构	5 180	5 298	5 904	13.98	3.93
经营性人力服务机构	30 523	34 270	39 880	30.66	17.00
人力资源市场网站总数	13 300	15 000	18 500	39.10	16.58
固定招聘（交流）场所	31 900	/	42 400	32.92	26.39

注：平均增速是指 2018—2020 年的三年平均增速。

>>三、从业人员状况<<

随着人力资源服务业的高速增长，人力资源服务业的从业人员也出现较快增长。据人力资源和社会保障部统计（见图 8-1），2018 年从业人员数量约 64.14 万人，比上一年增长 9.83%；2019 年从业人员数量约 67.48 万人，比上一年增长 5.21%；2020 年从业人员数量约 84.34 万人，比上一年增长 24.99%；2018—2020 年的平均增速达到 13.03%。这说明人力资源服务业本身具有吸纳就业的强大功能，在不断扩大行业规模的同时，也在不断提供着就业岗位。

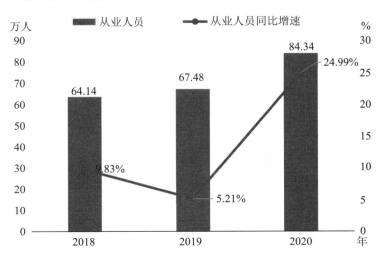

图 8-1　2018—2020 年全国人力资源服务业的从业人员情况

>>四、人力资源服务业态发展<<

从近几年的发展看，人力资源服务业态主要呈现如下特点：现场招聘业务量经历先慢后快的增长，而网络招聘业务保持高速发展；劳务派遣业务量与人力资源外包服务需求保持稳步增长；高级人才寻访服务、人力资源管理咨询服务和人力资源培训等需求持续较快增长，特别是高级人才寻访服务持续保持高增长。2020年受新型冠状病毒感染疫情的影响，现场招聘业务量出现断崖式下跌，网络招聘业务量则出现倍数增长，同时高级人才寻访服务和人力资源管理咨询服务等业务也出现大幅度降温。

（一）招聘服务

随着互联网等新一代信息技术与人力资源服务的融合，招聘服务突破了时间和空间的限制，可以依托互联网完成大部分传统招聘在现场才能实现的功能，因而以"互联网＋"为特征的网络招聘受到用人单位的青睐，特别是在新型冠状病毒感染疫情期间，网络招聘业务保持了高速发展。

如表8-3所示，从现场招聘会举办情况看，全国各类人力资源服务机构举办现场招聘会（交流会）从2018年的23.48万次增加至2019年的30.26万次，但2020年新型冠状病毒感染疫情期间，现场招聘会（交流会）大幅减少，降低至23.32万次，比2018年减少0.68％；现场招聘会提供的岗位招聘信息从2018年的1.14亿条增加至2019年的1.19亿条，而2020年也减少至0.68亿条，比2018年减少40.35％，三年平均增速为－13.21％。从网络招聘情况来看，各类人力资源服务机构通过网络发布的岗位招聘信息从2018年的3.08亿条增加至2019年的4.04亿条，2020年更是迅猛增长，为16.47亿条，比2018年增长357.50％，三年平均增速为74.87％；通过网络发布的求职信息从2018年的6.27亿条增加至2020年的8.40亿条，增长了15.23％，三年平均增速为10.24％。

与现场招聘相比较而言，网络招聘一直保持高速增长，特别是在2020年新型冠状病毒感染疫情期间，网络招聘得到长足的发展。这说明我国目前信息技术的发展及良好的网络招聘环境促进了网络招聘的快速发展。艾瑞咨询的调查数据也体现出了这一点：网络招聘市场从2018年的91.2亿元增长至2020年的108亿元，平均增速为15.77％。这不仅与网络招聘平台线上业务的稳定发展有关，也与通过技术与产品进一步扩展的人力资源生态系统有关。

表 8-3　2018—2020 年人力资源市场招聘服务

服务类别	2018 年	2019 年	2020 年
现场招聘会/万场次	23.48	30.26	23.32
现场招聘会提供岗位招聘信息/亿条	1.14	1.19	0.68
通过网络发布岗位招聘信息/亿条	3.6	4.04	16.47
通过网络发布求职信息/亿条	7.29	8.23	8.40
网络招聘行业市场规模/亿元	91.2	107.0	108.0

（二）劳务派遣服务与人力资源外包服务

近年来，《劳务派遣暂行规定》实施，企业经营社会化大分工发展，人力资源服务企业转型升级压力释放，加之人力资源供给与使用的分离，导致劳务派遣与人力资源外包服务的市场需求保持稳步增长。据人力资源和社会保障部统计（见表 8-4），2020 年，全国约有 55.6 万家用人单位使用了人力资源服务机构提供的劳务派遣服务，比 2019 年增加 7.6 万家，同比增长了 15.83%，三年平均增速为 25.25%；全国约有 106 万家用人单位使用了各类人力资源服务机构提供的人力资源外包服务，比 2019 年增长 15 万家，同比增长了 16.48%，三年平均增速为 22.26%；总的派遣人员为 1 929 万人，比 2019 年增加 755 万人，同比增长了 64.31%，三年平均增速为 29.27%；登记要求派遣人员为 1 228 万人，比 2019 年增加 416 万人，同比增长了 51.23%，三年平均增速为 29.53%。这种状况表明，劳务派遣和人力资源外包服务可降低成本、提高效率，使企业的人力资源和机构运行更精干、灵活、高效，助力企业获得可持续性竞争优势，实现战略目标。尤其在新型冠状病毒感染疫情期间，企业临时性、结构性、应急性用工猛增，对此类服务产生了巨大需求。

表 8-4　2018—2020 年劳务派遣服务与人力资源外包服务

服务类别与人员情况	2018 年	2019 年	2020 年
机构的劳务派遣服务/万家	/	48.0	55.6
机构的人力资源外包服务/万家	81.2	91	106
总的派遣人员/万人	/	1 174	1 929
登记要求派遣人员/万人	/	812	1 228

(三)档案管理服务

近三年来,档案管理服务进一步规范,人力资源流动日益活跃,档案管理服务出现了快速增长。据人力资源和社会保障部的统计(见表8-5),管理流动人员人事档案从2018年的8 492万份增长至2020年的9 180万份,增长了8.10%,三年平均增速为4.33%,这说明人力资源流动配置能力不断提升。但是,因受新型冠状病毒感染疫情的影响,依托档案提供开具相关证明、工资调整、档案查阅等服务的需求在2020年仅3 638万人次,比2018年减少1 257万人次,比2018年减少了25.68%,三年平均增速为-7.83%。

表8-5 2018—2020年人力资源的档案管理服务

服务类别	2018 年	2019 年	2020 年
依托档案提供相关服务/万人次	4 895	5 014	3 638
管理流动人员人事档案/万份	8 492	8 836	9 180

(四)管理咨询、猎头与培训等服务

由于国际国内经营环境复杂多变,企业经营难度加大,人力资源作为核心要素地位提升,人岗匹配度矛盾凸显,特别是国家大众创业万众创新持续推进,高级经营管理人才和高级技能人才需求进一步增加,使得人力资源管理咨询服务、人力资源培训和高级人才寻访服务等需求持续保持较快增长。但在2020年,受新型冠状病毒感染疫情的影响,这三类业态的发展呈现出一定的差异。

据人力资源和社会保障部统计(见表8-6),2020年,全国各类人力资源服务机构为182万家用人单位提供人力资源管理咨询服务,比2018年减少约147万家,同比减少44.68%;高级人才寻访(猎头)服务成功推荐选聘各类高级人才125万人,比2018年减少约43万人,同比减少25.60%;而举办培训班从2018年的37万次增加到2020年的43万次,增长16.22%,三年平均增速为10.35%。

表8-6 2018—2020年人力资源猎头培训等服务

服务类别	2018 年	2019 年	2020 年
人力资源管理咨询服务/万家	329	349	182
猎头服务(成功推荐)/万人	168	205	125
举办培训班/万次	37	39	43

>>五、人力资源流动配置效能<<

随着人力资源服务体系的进一步完善，以及人力资源市场作为人力资源配置的决定性作用凸显，人力资源流动配置服务需求得到了更好的开发与满足。

2018—2020 年，人力资源服务业实现就业和流动的规模保持较快的增长。据人力资源和社会保障部统计（见表 8-7），2020 年，全国各类人力资源服务机构共帮助约 2.90 亿人次实现就业和流动，比 2018 年增加 0.62 亿人次，增长了 27.19％，三年平均增速高达 12.62％；各类人力资源服务机构为 4 983 万家次用人单位提供了人力资源服务，比 2018 年增加 1 314 万家次，增长了 35.81％，三年平均增速高达 16.03％。这说明随着人力资源市场体系建设的不断推进，人力资源流动配置效能仍得到进一步提升。

表 8-7　2018—2020 年人力资源流动配置能力

配置情况	2018 年	2019 年	2020 年
实现就业和流动/亿人次	2.28	2.55	2.90
为用人单位提供服务/万家次	3 669	4 211	4 983

第二节　人力资源服务业发展面临的形势

人力资源服务业的发展，一方面与人力资源本身的状况密切相关，另一方面又离不开行业发展的技术、政策的支撑。"十四五"时期，以下一些形势需要予以特别关注。

>>一、人力资源变化导致服务对象构成发生转变<<

2021 年，第七次全国人口普查主要数据公布，为人口和人力资源的变化提供了一些有益的分析依据。

(一)人口规模庞大，增速放缓

根据第七次全国人口普查数据，2020 年，全国人口共 141 178 万人，比 2010 年的 133 972 万人增加 7 206 万人，增长 5.38％，年平均增长率为 0.53％，比上一个十年的年平均增长率 0.57％下降 0.04 个百分点。这表明，我国人口规模呈现出一个增速放缓的态势，按照这种态势粗略估算，"十四五"期末的人口规模将达到 148 773 万人。

（二）年龄结构和素质结构变化明显，"两升一降"凸显

从年龄结构看，"两升"是指 0～14 岁和 60 岁及以上两个年龄段的人口规模和占比上升。其中，0～14 岁人口为 25 338 万人，占 17.95％，比 2010 年上升 1.35 个百分点；60 岁及以上人口为 26 402 万人（其中，65 岁及以上人口为 19 064 万人，占 13.50％），占 18.70％，比 2010 年上升 5.44 个百分点（65 岁及以上人口上升了 4.63 个百分点）。与上个十年相比，60 岁及以上人口、65 岁及以上人口占比的上升幅度分别提高了 2.51 和 2.72 个百分点，人口老龄化呈加速之势。"一降"为 15～59 岁年龄段人口规模下降，2020 年为 89 438 万人，占 63.35％，比 2010 年降低 6.79 个百分点。在人口素质方面，同样有"两升一降"。"两升"为具有大学文化程度的人口、15 岁及以上人口的平均受教育年限两个指标上升。数据显示，与 2010 年相比，2020 年每 10 万人中具有大学文化程度的由 8 930 人上升为 15 467 人，15 岁及以上人口的平均受教育年限由 9.08 年提高至 9.91 年；"一降"为文盲率，由 2010 年的 4.08％下降为 2020 年的 2.67％。

人口年龄结构的变化实际上反映了未来劳动力市场供给结构的变化特征，即劳动力供给由过去的以数量为主转变为数量和质量并重，且质量优势开始显现出来。如何激发人才活力、提高人力资本使用效率进而提升人的生产效率，将成为未来就业和人力资源开发关注的一个重点。

（三）流动人口规模快速增长，流动性持续增强

第七次全国人口普查数据显示，2020 年，人户分离人口为 49 276 万人，其中，市辖区内人户分离人口为 11 694 万人；流动人口为 37 582 万人，其中，跨省流动人口为 12 484 万人。与 2010 年相比，人户分离人口增长 88.52％，市辖区内人户分离人口增长 192.66％，流动人口增长 69.73％。值得注意的是，在全球最大规模的城乡流动中，从农村到城市的流动开始出现一些回流，农村—城市—农村的劳动力环流现象开始出现，随着乡村振兴战略、区域协调发展战略的实施，这种趋势可能会进一步凸显。当前，这种现象有两个表现。

第一，农民工返乡创业人数持续增高。根据农业农村部的测算，2020 年返乡入乡创业创新人员 1 010 万，比上年增加 160 多万，首次超过 1 000 万，带动农村新增就业岗位超过 1 000 万。人力资源和社会保障部的相关调研显示，返乡创业人员 80％为农民工，且目前进入快速增长阶段，2019 年第三季度返乡农民工中有 9.5％选择了创业。国家发展改革委等 19 个部门在 2020 年联合印发的《关于推动返乡入乡创业高质量发展的意见》中明确提出，到 2025 年，全国各类返乡入乡创业人员达到 1 500 万人以上，带动就业人数达到 6 000 万人左右。

第二，本地农民工增速超过外出农民工。从国家统计局发布的历年农民工监测报告看，近十年来，无论是增长规模还是增长比例，本地农民工均高于外出农民工。2019 年，本地农民工达 11 652 万人，比 2011 年增加了 1 727 万人，增加了 23.76%；外出农民工为 17 425 万人，比 2011 年增加了 1 562 万人，增长了 9.85%。2019 年，在外出农民工中，在省内就业的农民工 9 917 万人，比上年增加 245 万人，增长 2.5%；跨省流动农民工 7 508 万人，比上年减少 86 万人，下降 1.1%。省内就业农民工占外出农民工的 56.9%，所占比重比上年提高 0.9 个百分点。

>>二、提升劳动力的素质和配置效率对人力资源服务提出新的要求<<

在"十四五"期间，劳动力质量在整个国家发展战略中将发挥更加重要的作用。受经贸摩擦、新型冠状病毒全球流行等因素的影响，我国经济发展的外部环境面临很大的不确定性，经济发展正在经历结构优化、动力转换，这使得人力资本在经济发展中的作用更加重要。党的十九大报告提出，要在中高端消费、创新引领、绿色低碳、共享经济、现代供应链、人力资本服务等领域培育新增长点、形成新动能。这意味着，人力资源服务业在整个国家发展战略中的地位得到了提升。国家发展改革委发布的《产业结构调整指导目录（2019 年本）》将人力资本服务与人力资源服务并列为鼓励类产业，命名为"人力资源与人力资本服务业"，进一步凸显了劳动力质量提升的重要性和紧迫性。

《中华人民共和国国民经济和社会发展第十四个五年规划和 2035 年远景目标纲要》在第二篇中，专章提出"培养造就高水平人才队伍"，对培养造就国际一流的战略科技人才、科技领军人才和创新团队、高水平工程师和高技能人才队伍以及具有国际竞争力的青年科技人才后备军等做出了具体部署，人才培养和人力资本投资成为创新驱动战略实施中的一个有机组成部分。

为了提高劳动力的配置效率，中共中央、国务院在 2020 年 4 月出台《关于构建更加完善的要素市场化配置体制机制的意见》，将劳动力作为五个进行配置改革的要素之一，并明确了改革方向和措施。这对人力资源服务和产品提出了更高的要求，需要人力资源服务在以往提供信息和匹配服务的基础上，加大教育和培训内容的比例，提升匹配的精准性，以专业化提升推动人力资源服务产业高质量发展。在人才工作领域，国家也对发挥市场机制的作用提出了要求。

这些战略判断和部署，将劳动力要素配置水平的提升提到了新的历史高度。人力资源服务业除更好发挥资源配置作用外，在培养人才、提升劳动者素质等方面的功能也亟须加强，以满足迈向人才强国的需要。

>>三、以技术进步和管理创新为内核的新经济、新业态带来新的需求<<

当前，劳动者与各要素组合运行的机制也发生了变化，新一代信息技术的快速发展导致工作场所和方式的多元化、平台化在经济运行中越来越明显。在劳动关系之中，适应工业化发展的、单一的雇用关系正在变成一个包括传统雇用、合伙制、短期制、项目制等多种形式在内的复杂体系。在这个体系中，劳动者以多个身份参与到经济活动中来，扮演了零工、自由职业者、"斜杠"青年等多个角色。

这种变化的原因，一方面来自技术推动的生产方式的变化，另一方面也与劳动者的职业观念变化有关。如前所述，中国的劳动年龄人口正在发生巨大变化，"80后""90后"乃至"00后"都已经步入职场并成为劳动力市场的主力。与更高年龄段的劳动者相比，这三代的劳动者具有鲜明的个性特征，如追求自由。因此，他们在进入职场以后，希望能够以一种更为自由和弹性的方式工作，让自己获取更多平衡工作和生活的选择权。而在上一代的劳动者中，也有部分追求自由、弹性工作的群体。

一些人力资源服务机构立足当前经济形态变化的机遇，利用互联网、云计算等信息技术，在此轮经济模式创新的过程中找到了发展机会，并根据市场需要创新了包括灵活用工、薪酬筹划等在内的产品和服务。但是，也存在少数通过搭"零工经济"、平台经济的顺风车降低成本、损害劳动者利益的行为，而相应的劳动、社保、商业监管等又存在空白，亟须从制度上加以解决。

第三节 "十四五"时期我国人力资源服务业发展的预测

>>一、"十四五"时期人力资源服务业预期发展目标<<

从与整个经济发展的关系看，人力资源服务业的增长速度要高于经济增长速度，但作为服务业的有机组成部分，其发展又不可能脱离经济的基本盘。因此，下文综合"十四五"时期经济增长的趋势和人力资源服务业自身的发展特征，对人力资源服务业的发展目标进行预测。

在预测方法上，课题组选取"十三五"时期经济增长速度和人力资源服务业的增长速度之比，作为"十四五"时期二者增长的对应关系，然后依据经济增长速度推算出人力资源服务业相关指标的发展速度。其中，2020年至2021年的经济增速来源于 2021 年世界银行发布的《中国经济简报：跨越复苏——迈向绿色包容性增长之路》。该报告指出，2021 年中国经济将呈现强劲增长，假设疫情得到控制，经济增长有望达到 8.5％，2022 年经济恢复到疫情前的趋势增长速度，增长速度将放缓至 5.4％。关于 2023 年至 2025 年的经济增速，一些学者进行了预测，肖宏伟和李辉的研究认为，2025 年我国潜在经济增长率在 5.6％左右。[1] 刘陈杰和李晓磊认为，2021 年至 2025 年的经济增长将在 5.5％左右。[2] 刘哲希和陈彦斌指出，预计"十四五"时期中国经济的潜在增速均值为 5.1％左右。[3] 陈锡康和杨翠红等相关学者预测"十四五"期间，中国经济平均增速可能达到 6.3％左右。[4] 综合这些预测，考虑到后疫情时代的变化以及中国对经济发展的支持力度，我们保守预设 2023 年至 2025 年的经济增速为 5.3％，以此来测算人力资源服务业的增长速度。

（一）人力资源服务业行业规模、机构和从业人员

1. 营业收入

根据上述预测（见表 8-8），2022 年经济回归正常水平，人力资源服务行业也将回归正常水平，增速预计降至 8.78％，营业收入将达到 2.51 万亿元；以 2023 年至 2025 年增速保持在 8.62％左右预测，2025 年人力资源服务业营业收入将达到 3.22 万亿元。

表 8-8　2022—2025 年人力资源服务业营业收入预测情况

营业收入情况	2022 年	2023 年	2024 年	2025 年
营业收入/万亿	2.51	2.73	2.97	3.22
营业收入增速/％	8.78	8.62	8.62	8.62

2. 从业人员

根据预测（见表 8-9），受宏观经济影响，2022 年人力资源服务业也将回归正常水平，增速预计降至 4.26％，从业人员数量将达到 93.83 万人。以 2023 年至 2025 年增速保持在 4.18％左右预测，2025 年人力资源服务业从业人员数量将达到 106.10 万人。

---

① 肖宏伟、李辉：《中国经济潜在增长率测算及预测研究》，载《海南金融》，2014(11)。
② 刘陈杰、李晓磊：《中国经济增长速度即将进入 5 时代》，https://xueqiu.com/5894228201/126982537，2021-11-01。
③ 刘哲希、陈彦斌：《"十四五"时期中国经济潜在增速测算——兼论跨越"中等收入陷阱"》，载《改革》，2020(10)。
④ 陈锡康、杨翠红、祝坤福等：《2021 年中国经济增长速度的预测分析与政策建议》，载《中国科学院院刊》，2021(1)。

表 8-9　2022—2025 年人力资源服务业的从业人员预测情况

从业人员情况	2022 年	2023 年	2024 年	2025 年
从业人员/万人	93.83	97.75	101.84	106.10
从业人员数量增速/%	4.26	4.18	4.18	4.18

3. 各类机构的发展规模

根据预测(见表 8-10),2022 年人力资源服务业将回归正常水平,增速预计降至 8.94%,各类人力服务机构总量将达到 5.69 万家。以 2023 年至 2025 年增速保持在 8.77% 左右预测,2025 年各类人力服务机构总量将达到 7.32 万家。其中,2025 年公共性人力服务机构总量增速预计保持在 1.83% 左右,总量将达到 6 536 家;而经营性人力服务机构仍将保持较高速度发展,预计 2025 年增速仍保持在 9.86% 左右,总量将达到 67 385 家。

同时,人力资源市场网站的发展也将保持较高增速,预计 2025 年增速仍有 10.26% 左右,总数将达到 3.19 万个。固定招聘(交流)场所预计 2025 年将达到 9.41 万个。

表 8-10　2022—2025 年人力资源服务机构规模预测情况

服务机构类别与规模增速	2022 年	2023 年	2024 年	2025 年
各类人力服务机构总量/万家	5.69	6.19	6.73	7.32
各类人力服务机构总量增速/%	8.94	8.77	8.77	8.77
公共性人力服务机构/家	6 190	6 304	6 419	6 536
公共性人力服务机构增速/%	1.86	1.83	1.83	1.83
经营性人力服务机构/家	50 824	55 834	61 338	67 385
经营性人力服务机构增速/%	10.04	9.86	9.86	9.86
人力资源市场网站总数/万个	2.38	2.62	2.89	3.19
人力资源市场网站总数增速/%	10.46	10.26	10.26	10.26
固定招聘(交流)场所/万个	6.12	7.06	8.15	9.41
固定招聘(交流)场所增速/%	15.71	15.42	15.42	15.42

(二)人力资源流动配置效能

人力资源流动配置效能进一步提升。根据预测(见表 8-11),2022 年人力资源服务业将回归正常水平,增速预计降至 9.69%,实现就业和流动 3.67 亿人次。以 2023 年至 2025 年增速保持在 9.51% 左右预测,2025 年将实现就业和流动 4.81 亿人次。此外,2022 年增速预计回归至 12.09%,将为 6 648 万家次用人单位提供人力资源服务;以 2023 年至 2025 年该增速保持在 11.86% 左右预测,至

2025 年将能为 9 305 万家次用人单位提供人力资源服务。

表 8-11　2022—2025 年人力资源流动配置能力预测情况

配置能力	2022 年	2023 年	2024 年	2025 年
实现就业和流动/亿人次	3.67	4.01	4.40	4.81
实现就业和流动增速/％	9.69	9.51	9.51	9.51
为用人单位提供服务/万家次	6 648	7 436	8 319	9 305
为用人单位提供服务增速/％	12.09	11.86	11.86	11.86

(三) 人力资源服务业态发展

1. 招聘服务

2020 年由于受新型冠状病毒感染疫情的影响,现场招聘服务业务量大幅减少,而网络招聘服务业务量出现猛增,但随着疫情得到控制和经济的复苏,现场招聘和网络招聘也将回归正常发展水平。

现场招聘服务方面,根据预测(见表 8-12),2022 年将回归正常发展水平,增速预计降至 23.63％,举办现场招聘会(交流会)将达到 39.55 万场次。若 2023 年至 2025 年该增速保持在 23.19％左右,预计至 2025 年将举办现场招聘会(交流会)73.94 万场次。此外,2022 年现场招聘会提供岗位招聘信息数量将回归正常水平,增速将有所减缓,至 2025 年增速将维持在 3.52％左右,提供岗位招聘的信息将达到 0.83 亿条。

表 8-12　2022—2025 年人力资源市场招聘服务预测情况

服务类别与规模增速	2022 年	2023 年	2024 年	2025 年
现场招聘会/万场次	39.55	48.72	60.02	73.94
现场招聘会增速/％	23.63	23.19	23.19	23.19
现场招聘会提供岗位招聘信息/亿条	0.74	0.77	0.80	0.83
现场招聘会提供岗位招聘信息增速/％	3.59	3.52	3.52	3.52
通过网络发布岗位招聘信息/亿条	20.97	23.03	25.29	27.77
通过网络发布岗位招聘信息增速/％	10.00	9.81	9.81	9.81
通过网络发布求职信息/亿条	10.83	11.95	13.19	14.55
通过网络发布求职信息增速/％	10.55	10.35	10.35	10.35

网络招聘服务方面,根据预测(见表 8-12),2022 年发展回归正常水平,增速将降至 10％,发布总量将达到 20.97 亿条。若 2023 年至 2025 年该增速保持在 9.81％左右,通过网络发布岗位招聘信息将达到 27.77 亿条。此外,全国各类人力资源服务机构通过网络发布求职信息的增速在 2022 年后将随着经济增速的减缓而有所减缓,预计增速 10.55％,通过网络发布求职信息 10.83 亿条,

至 2025 年将达到 14.55 亿条。

2. 劳务派遣服务与人力资源外包服务

随着人力资源服务业的发展，服务质量和服务水平得到较大提高，越来越多的用人单位通过人力资源服务机构获取各类服务。根据预测（见表 8-13），随着经济的回暖，预计 2022 年劳务派遣服务与人力资源外包服务的增速将回归至为 15.87%。若 2023 年至 2025 年仍保持在 15.58% 左右的增长，预计 2025 年将会有 124.32 万家用人单位使用人力资源服务机构提供的劳务派遣服务。根据同样的预测，2021 年全国约有 122 万家用人单位使用了各类人力资源服务机构提供的人力资源外包服务，增速将达到 15.54%。2022 年的增速也预计将回归至 9.87%。若 2023 年至 2025 年也仍保持在 9.69% 左右的增长，预计 2025 年全国约有 178 万家用人单位使用各类人力资源服务机构提供的人力资源外包服务。

在派遣人员方面，根据预测（见表 8-13），2022 年总的派遣人员数量回归正常，增速将会有所下降，预计为 8.39%。若 2023 年至 2025 年也仍保持在 8.23% 左右的增长，预计 2025 年总的派遣人员将会达到 3 001 万人。登记要求派遣人员 2022 年增速预计将下降至 11.23%。若 2023 年至 2025 年也仍保持在 11.03% 左右的增长，预计 2025 年登记要求派遣的人员将达到 2 200 万人。

表 8-13　2021—2025 年劳务派遣服务与人力资源外包服务预测情况

服务类别与规模增速	2022 年	2023 年	2024 年	2025 年
机构的劳务派遣服务/万家	80.52	93.07	107.56	124.32
机构的劳务派遣服务增速/%	15.87	15.58	15.58	15.58
机构的人力资源外包服务/万家	135	148	162	178
机构的人力资源外包服务增速/%	9.87	9.69	9.69	9.69
总的派遣人员/万人	2 367	2 562	2 773	3 001
总的派遣人员增速/%	8.39	8.23	8.23	8.23
登记要求派遣人员/万人	1 607	1 785	1 981	2 200
登记要求派遣人员增速/%	11.23	11.03	11.03	11.03

（3）档案管理服务

根据预测（见表 8-14），2022 年随着经济的降温，人力资源服务业发展也将有所减缓，预计依托档案提供开具相关证明、工资调整、档案查阅等服务的需求的增速将降至 1.99%，达到 3 827 万人次。若 2023 年至 2025 年该增速保持在 1.95% 左右，预计 2025 年依托档案提供相关服务的需求将达到 4 055 万人次。此外，在管理流动人员人事档案方面，预计 2022 年该类服务的增速将降至 3.31%，管理档案总数将达到 9 979 万份。若 2023 年至 2025 年该增速保持在 3.25% 左右，预计 2025 年管理流动人员人事档案将达到 10 985 万份。

表 8-14　2022—2025 年人力资源的档案管理服务预测情况

服务类别与规模增速	2022 年	2023 年	2024 年	2025 年
相关档案服务/万人次	3 827	3 901	3 977	4 055
相关档案服务增速/%	1.99	1.95	1.95	1.95
管理流动人员人事档案/万份	9 979	10 304	10 639	10 985
管理流动人员人事档案增速/%	3.31	3.25	3.25	3.25

(4)管理咨询、猎头与培训等服务

根据预测(见表 8-15),2022 年全国各类人力资源服务机构提供的人力资源管理咨询服务同比增速将下降至 4.97%,预计将为 206 万家用人单位提供人力资源管理咨询服务,至 2025 年将达到 238 万家。2022 年举办培训班场次增速也将有所下降,预计增速为 4.42%,举办培训班将达到 48.03 万次。若继续保持一定增长,至 2025 年举办培训班将达到 54.56 万次。2022 年高级人才寻访(猎头)服务成功推荐选聘各类高级人才同比增速也将下降,预计为 18.02%,成功推荐选聘各类高级人才将达到 189 万人。若继续保持一定增长,至 2025 年预计将达到 309 万人。

表 8-15　2022—2025 年人力资源猎头培训等服务预测情况

服务类别与规模增速	2022 年	2023 年	2024 年	2025 年
人力资源管理咨询服务/万家	206	216	227	238
人力资源管理咨询服务增速/%	4.97	4.88	4.88	4.88
举办培训班/万次	48.03	50.11	52.29	54.56
举办培训班增速/%	4.42	4.34	4.34	4.34
猎头服务(成功推荐)/万人	189	223	262	309
猎头服务(成功推荐)增速/%	18.02	17.69	17.69	17.69

>>二、人力资源服务业发展对策<<

(一)扩大服务对象范围,研发适老人力资源服务

人口老龄化的加速及人均期望寿命的延长,意味着未来的劳动供给中,老龄人口将会成为一个越来越重要的组成部分。日本等老龄化程度较高的国家在老年人力资源开发方面已经出台了系列政策并积累了较丰富的经验。[1]

---

[1]　王磊、郝静:《日本老年人力资源开发的实践与启示——以老年人才中心为例》,载《老龄科学研究》,2020(3)。

对人力资源服务企业来说，对待中老年劳动人口的增加，首先要转变观点，将老龄人口作为一种有价值的资源而非纯粹的社会负担。应该说，随着我国教育事业、科技、医疗卫生事业的发展，我国人口素质提升也进入加速阶段，老龄人口中的人力资本存量也在提升。因此，针对老龄人口的特点，设计和开发适合老年人的岗位，提供适合老年人行为方式的职业介绍、培训、就业等服务将是未来人力资源服务业发展的一个细分市场。同时，要辅以劳动法律法规和相关政策修订，鼓励用人单位去开发老年人力资源。这一点可以吸取韩国的经验，在韩国，随着老龄人口的增加，高龄劳动者（55岁以上）派遣业务获得了法律的许可。

（二）延展产业链条和业态，优化人力资源服务和产品结构

创新驱动战略的实施以及打造高水平人才队伍的要求，为人力资源服务转型升级提供新的方向——提升全民人力资本投资水平。人力资本投资涉及政府、居民、社会组织等多方主体共同投入。培训、职业指导等人力资源服务作为提升人力资本的重要手段，需要根据产业结构调整对劳动者技能提升的需求加以跟进，并设计相应的服务产品。人力资源服务的功能定位，需要由原来的以配置为主转为劳动者质量提升和配置优化"双轮驱动"。

事实上，市场对于劳动者素质升级的需求已经开始凸显，具有专业知识和技能的人才日益紧缺。数据显示，截至2020年年末，我国技能劳动者超过2亿人，其中高技能人才超过5 000万人。但我国技能劳动者占就业人口总量仅为26％，高技能人才仅占技能人才总量的28％。[①] 人力资源和社会保障部公布的2020年第四季度全国"最缺工"的100个职业排行显示，在经济发展水平比较高的东部地区，第二大类（专业技术人员）的短缺比较明显。

而在劳动者这一端，职业培训日益得到重视。针对近年来进入上海的流动劳动力的调查发现，40.7％的劳动者在外出前接受过职业技能培训，有66.9％的劳动者在进入上海劳动力市场后接受过培训。在对培训作用的评价上，超过七成的流动劳动力认为参加职业技能培训对找工作是有帮助的。

（三）打造新的企业核心竞争力，推动行业高质量发展

劳动力供给结构的变化将从两个方面对人力资源服务业的发展产生影响：一方面，劳动年龄人口的下降将增加企业的雇用难度和雇用成本。这也意味着，劳动力资源正在变得比以往更加稀缺和珍贵，部分区域出现且长期存在的"招工难"就是很好的印证。另一方面，劳动者素质的提高对人力资源管理水平提出了更高

---

① 《让更多技能人才脱颖而出》，《人民日报》，2021-05-13。

要求，高素质劳动者对工作环境的需求更具个性，更加关注个人发展和工作环境因素。

为了应对上述变化，人力资源服务企业需要从过去的以规模取胜转变为品质提升，把核心竞争优势由过去的扩大人力资源服务数量转变为服务产品创新和服务模式优化，推动人力资源管理从以满足经济回报向满足多元化、高级化的需求发展。在整个行业中，最先应当改变的是对劳动者规模变化敏感的、占据大半壁江山的劳务派遣服务，其发展路径要由依靠规模优势转变为依靠数量和提升员工素质并重，要由过去的简单、粗放式管理转变为精细化、内涵式管理。

（四）创新模式，塑造人力资源服务产业园可持续发展优势

人力资源服务产业园作为推动产业集聚创新、优化营商环境的重要抓手，在人力资源服务的发展过程中发挥了重要作用。[1] 从已有园区发展特点看，出台包括税收、金融、租金等在内的一揽子激励性政策是各地通常使用的发展利器。在短期内，这是行之有效的，但可持续性不强。从长期看，营商环境建设将成为未来一个地区推动经济发展的手段。[2] 打造营商环境、形成可持续的发展环境，将是未来产业园区持续竞争力的关键。在对营商环境的评估中，人力资源已经成为其中的一个维度。比如，央视发布的《2019 中国城市营商环境报告》中，就将人力资源作为五个维度之一加以评价。因此，结合本地经济社会发展对人力资源的需求和国家在人才、人社领域改革的重点难点，在服务、制度等软环境上下功夫，将成为未来人力资源服务产业园赢得竞争优势的基础。

（五）完善行业发展制度体系，补齐行业发展短板

在"三新"经济快速发展的背景下，新兴的各类自由职业者为劳动力市场增添了活力，解决了大量就业问题。但是，劳动者与雇主之间由雇用和被雇用关系变成了合伙、合作关系，以前所有依附于雇用关系所建立的税收征管、社保分担及缴纳、权益分配均发生了变化，雇主承担的经济成本、代扣义务也随之而变。因此，要在总结地方探索经验的基础上，及时修改和增加适合从事零工经济者税收、社保、劳动权益保障的管理体系，增加任务分发平台、大型工作发包单位的用工责任，为劳动者的工作环境、收入、工作安全等提供相应的保障。

---

① 田永坡、王琦、吴帅等：《中国人力资源服务产业园发展质量评估研究》，载《中国人力资源开发》，2020(10)。

② 赖德胜：《营商环境的优化没有休止符》，《社会科学报》，2019-01-17。

第九章

论新发展阶段就业优先政策的全面强化

就业是最大的民生工程、民心工程、根基工程。党和国家历来都十分重视就业工作，并在党的十八大报告中明确提出实施就业优先战略和更加积极的就业政策，推动实现更高质量的就业。经济新常态和就业新形势是就业优先战略提出的主要现实背景。党的十八大以来，在稳定实施中，就业优先战略的内涵、外延、举措都得到了丰富和拓展，成为扶贫脱贫的重要手段、推进供给侧结构性改革的重要保障①，促进了经济发展与扩大就业良性互动。实施就业优先战略为我国顺利完成"十二五""十三五"就业目标，全面建成小康社会、实现第一个百年奋斗目标提供了重要支撑。

"十四五"时期我国进入新发展阶段。面临"两大变局"、新一轮科技革命以及新型冠状病毒感染疫情广泛深远的影响，我国劳动力市场发展也进入新的阶段，劳动力市场所面临的机遇和挑战都有新的发展变化。比如，我国经济体量大、韧性好、潜力足、回旋空间大，这使得劳动力市场仍处于重要战略机遇期；但与此同时，劳动力市场也将面临就业总量压力持续存在、结构性矛盾更加突出、重点群体就业压力不断加大、新就业形态与传统就业制度的矛盾日益凸显、灵活稳定性不足等严峻挑战。为抓住机遇、应对挑战，推动就业高质量发展，人力资源和社会保障部印发了《人力资源和社会保障事业发展"十四五"规划》，明确提出了"十四五"时期的就业目标，即"实现更加充分更高质量就业"，以及 2035 年远景就业目标，即"就业质量显著提升，保持较低的失业水平，劳动关系更加和谐稳定，满足劳动者对美好生活的向往"。基于我国经济运行面临的内外部环境，有序实现上述就业目标、助力高质量发展亟须全面强化就业优先政策。

---

① 蔡昉：《十八大以来就业优先战略的丰富发展》，载《人民日报》，2017-03-21。

第一节 新发展阶段全面强化
就业优先政策的实践逻辑

新发展阶段，将促进就业摆在经济社会发展的优先位置、作为经济社会发展的优先目标，全面强化就业优先政策，是习近平总书记关于就业工作重要论述的最新发展，具有很强的政治性、思想性、战略性、指导性和针对性。从"六稳""六保"到 2021 年《政府工作报告》所要求的"就业优先政策要继续强化、聚力增效"，"新发展阶段全面强化就业优先政策"这一认识具有鲜明的实践逻辑。

>>一、从"稳就业"到"保就业"是我国就业政策
体系延续的结果<<

2018 年中美经贸摩擦加剧，国际国内经济形势错综复杂，在此背景下，中央首次提出"六稳"，要求稳就业、稳金融、稳外贸、稳外资、稳投资、稳预期。"六稳"的顺序安排与时俱进，具有深刻的政策含义，尤其是把"就业"放在"六稳"之首，意味着按照坚持以人民为中心的发展思想，宏观经济政策目标更加强调"保就业、稳民生"①。在"六稳"发力下，我国经济经受住了外部环境变化的冲击，保持了平稳健康发展，就业工作也取得了较好成绩。然而，2020 年受新型冠状病毒感染疫情冲击，我国经济形势遭受前所未有的困难和挑战。经济增长不稳，经济主体陷入危机，金融风险加大，内外经济失衡，加之世界经济出现前所未见的负增长、负利率、负收益，我国经济发展的外部环境严重恶化，经济平稳健康发展面临一系列新挑战和新风险。鉴于此，中央审时度势，及时做出新的安排，在扎实做好"六稳"的基础上，提出了"六保"的新任务，即保居民就业、保基本民生、保市场主体、保粮食能源安全、保产业链供应链稳定、保基层运转。

"稳"可以理解为有一定的弹性区间，"保"则更强调底线思维，保不住底线就可能出问题，而只有保住了才能稳定当前经济大局，为今后的稳中求进、进一步发展打下基础。从这个角度看，"六稳"和"六保"统一于稳中求进工作总基调，都是稳中求进工作总基调的具体体现，但二者着力点有所差异。②"六稳"坚持结果导向，立足于增长变量实现稳中求进；"六保"坚持问题导向，立足于经济主体实现稳中求进。"六稳"是大局，"六保"是前提，只有全面落实好"六保"，才能实现"六稳"，也才能稳住中国经济这个大局，实现稳中求进。通过保居民就业实现稳

---

① 蔡昉：《稳就业的政策优先序和实施原则》，载《经济日报》，2019-02-19。
② 徐黎：《"六稳"和"六保"是什么关系？》，载《学习时报》，2020-05-18。

就业，通过保基本民生、保市场主体实现稳投资，通过保产业链供应链稳定实现稳外资、稳外贸。"六稳"是工作，"六保"是任务，"六稳"的要求是扎实做好，"六保"的要求是全面落实。① 沿此逻辑看，"六保"是底线，"六稳"是高线，是我们追求的目标。"六保"和"六稳"形成了一个区间，是十八大以来区间调控思维的体现。在当前经济工作中，要坚持底线思维，守住"六保"，争取更好的"六稳"的结果。

>>二、将就业优先政策置于宏观政策层面<<

2019 年《政府工作报告》首次将就业优先政策置于宏观政策层面，旨在强化各方面重视就业、支持就业的导向。这个安排和导向具有十分重要的政策意涵。

第一，将就业置于优先地位是坚持以人民为中心的发展思想的重要体现。就业是人民群众最关心、最直接、最现实的利益问题，关系到人民的获得感、幸福感、安全感。将就业政策置于宏观政策层面，对保就业、稳增长、惠民生具有决定性作用，体现了我们党全心全意为人民服务的根本宗旨。

第二，将就业置于优先地位是有效降低就业压力和失业风险的现实需要。根据有关测算，未来几年，我国城镇每年新增劳动力在 1 500 万人以上，此外每年还有几百万的农民工需要进城就业，要解决好这么多人的就业问题，任务的艰巨性可想而知。而且，我国经济增长速度下行，供给侧结构性改革继续推进，国际经贸环境的不确定性增加，机械化、自动化和智能化加速推行，这都无疑会放大就业压力。因此，当前一项紧迫的任务是动员各方面力量，更加重视就业问题，把就业摆在更加突出的位置，更好地解决就业问题。

第三，将就业置于优先地位是化解我国就业主要矛盾、实现更加充分更高质量就业目标的制度保障。当前我国就业主要矛盾主要表现在就业结构性问题更加突出。解决就业结构性问题这一主要矛盾要比以往主要解决就业总量供大于求的问题更加复杂、难度更大。将就业优先政策置于宏观政策层面，能够强化各方面重视就业、支持就业的政策取向，实现就业优先政策与各项经济社会政策的协同，全面发力，综合治理失业②，进而确保稳就业、更加充分更高质量就业目标的实现。

第四，将就业置于优先地位是经济高质量发展的需要。我国经济已进入高质量发展阶段，与高速增长阶段相比，现阶段的经济增长更依赖于创新，更依赖于

---

① 人民日报评论员：《做好"六稳"工作 落实"六保"任务》，载《人民日报》，2020-04-24。
② 刘燕斌：《将就业优先政策置于宏观政策层面的重要意义、政策涵义和落实措施》，载《中国劳动保障报》，2019-05-18。

全要素生产率的提高，更依赖于人力资本红利的增加。伴随我国劳动者受教育年限的大幅度提高，人力资本存量将显著增加，这是创新的重要源泉。更高水平的人力资本存量如果能够最大可能地实现真实就业，无疑会进一步推动创新，从而提高全要素生产率，并最终实现更高水平的增长。因此，解决好就业问题，既事关民生，也事关供给侧结构性改革和经济的高质量发展。①

>>三、新发展阶段就业优先政策要继续强化<<

新型冠状病毒感染疫情给经济社会发展和就业带来较大冲击。面对严峻挑战，党中央、国务院出台了一系列应对疫情的"稳就业"政策，采取积极的财政政策、稳健的货币政策和就业优先政策，实施更加积极的稳就业措施，先后印发了《关于推动返乡入乡创业高质量发展的意见》《扩大返乡留乡农民工就地就近就业规模实施方案》《关于进一步加大创业担保贷款贴息力度全力支持重点群体创业就业的通知》《关于支持新业态新模式健康发展激活消费市场带动扩大就业的意见》《国务院办公厅关于支持多渠道灵活就业的意见》《人力资源社会保障部关于做好2021年全国高校毕业生就业创业工作的通知》等文件政策。这些组合政策出台之快超出了预期，确保了就业形势总体稳定，稳就业保就业工作取得显著成绩。

但劳动力市场仍然面临一些突出的困难和挑战。正如2021年《政府工作报告》所指出的，新型冠状病毒感染疫情仍在全球蔓延，国际形势中不稳定不确定因素增多，世界经济形势复杂严峻。国内疫情防控仍有薄弱环节，经济恢复基础尚不牢固，居民消费仍受制约，投资增长后劲不足，中小微企业和个体工商户困难较多，稳就业压力较大。面对新发展阶段下我国劳动力市场的新形势新任务新挑战，确保"十四五"开好局起好步，2021年《政府工作报告》则进一步强调，要保持宏观政策的连续性、稳定性和可持续性，促进经济运行在合理区间；就业优先政策要继续强化、聚力增效。

具体要求体现为：着力稳定现有岗位，对不裁员、少裁员的企业，继续给予必要的财税、金融等政策支持。继续降低失业和工伤保险费率，扩大失业保险返还等阶段性稳岗政策惠及范围，延长以工代训政策实施期限。拓宽市场化就业渠道，促进创业带动就业。推动降低就业门槛，动态优化国家职业资格目录，降低或取消部分准入类职业资格考试工作年限要求。支持和规范发展新就业形态，加快推进职业伤害保障试点。继续对灵活就业人员给予社保补贴，推动放开在就业地参加社会保险的户籍限制。做好高校毕业生、退役军人、农民工等重点群体就业工作，完善残疾人、零就业家庭成员等困难人员就业帮扶政策，促进失业人员

---

① 赖德胜：《作为宏观政策的就业优先政策》，载《光明日报》，2019-04-09。

再就业。拓宽职业技能培训资金使用范围，开展大规模、多层次职业技能培训，完成职业技能提升和高职扩招三年行动目标，建设一批高技能人才培训基地。健全就业公共服务体系，实施提升就业服务质量工程。运用就业专项补助等资金，支持各类劳动力市场、人才市场、零工市场建设，广开就业门路，为有意愿有能力的人创造更多公平的就业机会。

第二节　如何理解新发展阶段就业优先政策的全面强化

准确理解新发展阶段全面强化就业优先政策的内涵，是落实好就业优先政策的前提。基于相关理论研究和社会实践，把握新发展阶段就业优先政策的全貌至少要充分认识以下几个方面。

>>一、就业优先政策的全面强化要凸显全面性<<

新发展阶段就业优先政策全面强化首先要着重全面性。全面性具体体现为两个方面：一方面，要坚持党的全面领导。就业是一项长期系统性工程，需要动态平衡好阶段性任务与长期性目标，及时兼顾短期效果和长期效应，这就需要坚持党的全面领导。坚持把党的集中统一领导作为推进就业发展的根本保证，不断提高贯彻新发展理念、构建新发展格局能力和水平，为实现更加充分更高质量就业、经济社会高质量发展提供保证。另一方面，就业事业属于社会全部事业的子系统，就业事业系统本身还含有诸多子元素，这就要求在全面强化就业优先政策时要凸显全面性，要加强前瞻性思考、全局性谋划、战略性布局、整体性推进，加大就业事业系统内部各元素之间、就业领域与其他领域的协同联动，推动经济发展与民生改善良性互动、相互促进。

>>二、就业优先政策的全面强化要凸显协同性<<

将就业优先政策置于宏观政策层面，这涉及就业优先政策和财政政策、货币政策各自的地位和相互之间的关系问题。财政政策和货币政策作为传统的和广泛使用的宏观政策，具有逆周期调节的特点。具体而言，在经济比较热的时候，实施紧缩性的财政政策和货币政策，比如增加税收和减少支出，以及提高利率和收缩信贷等，以抑制总需求；在经济下行的时候，实施扩张性的财政政策和货币政策，比如减少税收和增加支出，以及降低利率和扩大信贷等，以刺激总需求。就业优先政策作为新的宏观政策，也具有逆周期调节的特点。比如在经济下行的时候，实施积极的就业政策，包括就业岗位的创造和维持政策、劳动者就业能力和创业能力的提升政策等。[①] 相比较而言，就业优先政策更强调就业在宏观政策中的优先地位，比如对经济热或冷的研判，不仅包括经济增长的维度，更包括就业的维度；财政政策和货币政策的走向及其效果的好坏，不仅要考虑经济增长速度和经济结构的变化，更要看就业状况的变化。因此，这内在地要求三大政策之间加强协调配合（见图9-1），以保持经济运行在合理区间。事实上，针对当前经济运行新情况，我国已明确要求保持宏观政策的连续性、稳定性、可持续性，继续实施积极的财政政策和稳健的货币政策，同时全面强化就业优先政策。而且，财政政策和货币政策在很大程度上也都是围绕就业来进行的，切实推动了就业扩容提质。

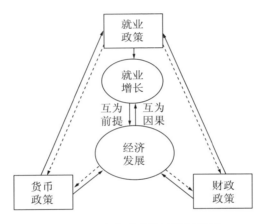

图 9-1　三大宏观政策的协同发展

>>三、就业优先政策的全面强化要凸显优先序<<

充实和调整宏观经济政策工具箱，在当前是一项需要置于重要优先序的任务。将就业优先政策置于宏观政策层面，意味着新发展阶段全面强化就业优先政策要始终凸显其优先性。众多理论和实践表明，解决就业问题根本上要靠经济发展。坚持经济发展就业导向，将更加充分更高质量就业作为经济社会发展的优先目标，将稳定和扩大就业作为宏观调控的下限，健全财政、货币、就业等政策协同和传导落实机制，强化就业影响评估，实现经济增长与就业扩大良性互动，推动就业岗位扩量提质。例如，在构建新发展格局过程中，政府要优先投资岗位创造多的项目，要优先发展吸纳就业能力强的行业产业，培育新的就业增长极，推动劳动者实现体面就业。在具体实施上，切实把就业指标作为宏观调控取向调整

---

① 赖德胜：《作为宏观政策的就业优先政策》，载《光明日报》，2019-04-09。

的依据，推动财政、金融、投资、消费、产业等政策聚力支持就业。[①]特别是在产业政策方面，应建立就业影响评估机制。在组织实施发展规划、调整经济结构和优化产业布局、规划区域发展和实施重大工程项目过程中，注重强化对就业影响的评估。在此背景下，进一步健全就业需求调查和失业预警监测机制，动态观察和研判就业走势，从而为宏观决策和政策制定提供有力支持。

>>四、就业优先政策的全面强化要凸显时代性<<

"十四五"时期是我国全面建成小康社会、实现第一个百年奋斗目标之后，乘势而上开启全面建设社会主义现代化国家新征程、向第二个百年奋斗目标进军的第一个五年，我国将进入新发展阶段。新发展阶段是经济社会高质量发展的新阶段，是全面建设社会主义现代化国家的新阶段，是全面深化改革开放的新阶段，是以人民福祉为中心发展的新阶段，是由全面小康向美好社会转换的新阶段。[②]新发展阶段这些鲜明的属性，决定了就业优先政策的全面强化不是简单的政策叠加和政策合并，而是立足新发展阶段、贯彻新发展理念、构建新发展格局下的就业政策再设计再优化。比如后疫情时代，国家应建立科学的公共政策体系，强化财政、货币等政策支持就业的导向；强化创业带动就业，放大就业倍增效应；推进新产业新业态新商业模式健康发展，增加新的就业岗位；完善机制和政策，做好高校毕业生、农民工、退役军人和脱贫人口等就业服务；面向市场需要加强职业技能培训，提升劳动者技能和安全生产素质。

第三节　新发展阶段就业优先政策如何全面强化

作为一种新的宏观政策，就业优先政策应该是一个政策集合，具有典型的统整性。我们认为，就业优先政策体系至少包括如下内容，为此需要逐一强化细化，才能真正做到就业优先政策的全面强化。

>>一、重视强化就业岗位创造政策<<

就业岗位创造政策即支持微观主体创造更多的就业岗位，这离不开进一步对创新、创业活动的支持。2018年9月国务院印发了《关于推动创新创业高质量发

---

① 李心萍：《实现更加充分更高质量就业（经济新方位·聚焦"十四五"目标）》，载《人民日报》，2021-08-13。
② 虞崇胜：《深刻认识新发展阶段的重大意义》，载《国家治理》，2020(33)。

展打造"双创"升级版的意见》，该文件从纵深推进"放管服"改革，加快营造市场化、法治化、国际化营商环境等角度，强调着力促进创新创业环境升级；从加大财税政策支持力度、完善知识产权管理服务体系等角度，要求加快推动创新创业发展动力升级；从重视大学生、农民工、退役军人、海归等重点群体创业激励角度，推动创业带动就业能力升级；从健全科技成果转化的体制机制等角度，推进科技创新支撑能力升级；从引导金融机构有效服务创新创业融资需求、拓宽创新创业直接融资渠道、完善创新创业差异化金融支持政策等角度，完善创新创业金融服务，全方位多层次立体化打造"双创"升级版，值得充分肯定。另外，还要积极推进产业、区域发展与就业协同，建立一批国家级充分就业社区；支持吸纳就业能力强的服务业、中小微企业和劳动密集型企业发展，稳定拓展社区服务岗位；科学适度有序鼓励地摊经济、夜经济、小店经济；高度重视新型基础设施建设、数字平台经济，统筹推进西部大开发、中部地区高质量发展、东北全面振兴、粤港澳大湾区发展以及城市群建设等。这都有利于就业岗位创新创造，推动就业扩容提质。

>>二、重视强化就业岗位维持政策<<

就业岗位维持政策，即降低企业成本，鼓励企业在遇到困难时不裁员或少裁员。为此，必须首先稳住上亿市场主体。对受疫情影响大的企业特别是中小微企业，推出各种政策措施，打出系列政策组合拳，助企纾困，"放水养鱼"。比如，对不裁员或少裁员的企业，继续给予必要的财税、金融等政策支持。继续降低失业和工伤保险费率，扩大失业保险返还等阶段性政策惠及范围，延长以工代训政策实施期限。对招用农村贫困人口、城镇登记失业半年以上人员的各类企业，给予更大年限内的定额税费减免。此外，重视用改革办法推动降低企业生产经营成本和用工成本。推进能源、交通、电信等基础性行业改革，提高服务效率，降低收费水平。允许所有制造业企业参与电力市场化交易，进一步清理用电不合理加价，继续推动降低一般工商业电价。鼓励受疫情影响较大的地方对承租国有房屋的服务业小微企业和个体工商户减免租金。推动各类中介机构公开服务条件、流程、时限和收费标准。要严控非税收入不合理增长，严厉整治乱收费、乱罚款、乱摊派，不得扰民渔利，让市场主体安心经营、轻装前行，增强劳动力市场的韧性、灵活性和稳定性。

>>三、重视强化就业岗位匹配政策<<

就业岗位匹配政策即促进劳动者与用人单位之间更好匹配的政策，比如，拓展就业渠道、降低工作搜寻成本、降低劳动力流动成本、使岗位需求信息更高效共享等方面的政策。具体而言，首先，要健全覆盖城乡的公共就业服务体系，完善城乡基层服务平台功能，开展公共就业服务人员队伍培训，加强覆盖全国的智慧就业服务信息网络建设，提升公共就业服务标准化、智慧化、专业化水平。其次，要新建一批国家级专业性、行业性、区域性人力资源市场，充分发挥专业行业优势和区域性人力资源市场集聚发展和辐射带动作用。实施西部和东北地区人力资源市场建设援助计划，推动西部和东北地区人力资源市场建设。最后，要开展联合招聘服务、重点行业企业就业服务、重点群体就业服务、促进灵活就业服务、就业创业指导服务、优质培训服务、劳务协作服务、就业扶贫服务、供求信息监测服务、人力资源服务产业园区促就业综合服务。

>>四、重视强化完善重点群体就业支持体系<<

坚持把高校毕业生等青年就业作为重中之重，完善就业创业支持体系，结合实施产业升级、区域发展、乡村振兴等重大战略，实施开发适合高素质青年群体的就业岗位，拓宽市场化社会化就业渠道。完善引导鼓励高校毕业生到基层工作的政策措施，统筹实施"三支一扶"计划等基层服务项目，开展"最美基层高校毕业生"学习宣传活动，引导更多毕业生到城乡基层、中西部、艰苦边远地区就业。强化不断线就业服务，加强职业指导、就业见习，对困难毕业生和长期失业青年实施就业帮扶。畅通失业人员求助渠道，健全失业登记、职业介绍、职业培训、职业指导、生活保障联动机制。健全统筹城乡的就业援助制度，统筹利用公益性岗位支持就业，对城乡就业困难人员提供优先扶持和重点帮助。着力帮扶残疾人、零就业家庭成员等困难人员就业，扶持残疾人自主创业。统筹做好妇女、退役军人等群体就业工作，做好大龄劳动者就业帮扶。

>>五、重视强化劳动者就业创业能力<<

健全终身职业技能培训制度，持续大规模开展职业技能培训。深入实施职业技能提升行动和重点群体、重点行业领域专项培训计划，形成人力资本提升和产业转型升级良性循环。大力开展先进制造业产业工人技能培训，全面推行企业新型学徒制培训，广泛开展新业态新模式从业人员职业技能培训，有效提高培训质量。大力开展新职业培训特别是数字经济领域人才培训。探索引入现代化手段和方式开展数字技能类职业培训。广泛开展新职业技能竞赛活动。发挥各级各类职业技能培训资金效能，创新使用方式，畅通培训补贴直达企业和培训者渠道。依托企业开展岗位技能提升培训。组织培训机构依据国家职业标准，采取多种形式开展培训。支持开展"订单式""定岗式""定向式"培训。建设一批高技能人才培训基地和公共实训基地，推动培训资源共建共享。推进线上职业技能培训，搭建新职业数字资源培训线上服务平台。加强残疾人职业技能培训，做好培训鉴定评价服务。完善新职业信息发布制度和职业分类动态调整机制，开发完善职业技能标准、培训大纲、职业培训包和职业技能培训教材。重视劳动力市场与整个教育系统的协同改革与发展。

>>六、重视强化就业质量提升政策<<

首先，要完善工资制度，建立工资正常增长机制，提高劳动报酬在初次分配中的比重，推动更多低收入人群迈入中等收入行列。构建初次分配、再分配、第三次分配协调配套的基础性制度安排，逐步实现全体人民共同富裕。其次，要构建中国特色劳动关系。重视推进劳动关系协调机制和工作体制机制进一步完善，劳动人事争议调解仲裁体制机制进一步健全，劳动保障监察执法效能有效提升，根治欠薪成果更加巩固，促进劳动关系总体和谐稳定。严厉打击就业歧视、非法职介等侵害劳动者权益违法行为。最后，要建立健全多层次社会保障体系。着重做到法定人员应保尽保，实现企业职工基本养老保险全国统筹、失业保险省级统筹，工伤保险省级统筹更加完善。扩大低保和失业保障的范围，使民生得到切实保障。

>>七、重视强化创业带动就业、多渠道灵活就业<<

持续深化"放管服"改革，对新产业新业态实施包容审慎监管，进一步优化营商环境。建立健全创业带动就业扶持长效机制，加大初创实体支持力度，支持农民工等人员返乡入乡创业，提供场地支持、租金减免、创业补贴、创业担保贷款及贴息等政策扶持。支持建设一批高质量创业孵化示范基地等创业载体和创业园区，提升线上线下创业服务能力，打造创业培训、创业实践、咨询指导、跟踪帮扶等一体化的创业服务体系。开展创业型城市创建工作。组织各级各类创业推进和指导活动，培育构建区域性、综合性创业生态系统。持续提倡灵活多样的就业形式，如全日制工、季节工、短期工、临时工、计时工、计件工、轮换工以及弹性工作制等，支持和规范发展新就业形态，清理取消不合理限制灵活就业的规定。推进新就业形态技能提升和就业促进项目，强化对灵活就业人员就业服务，加快完善相关劳动保障制度。

第三篇

国际比较

第十章

人口结构转变与日本的积极老龄化政策

日本作为西方主要国家中老龄化程度较高的国家，为了应对越发严重的"少子老龄化"问题，制定了一系列政策措施。就其总体思路来说，主要包括四个方面的举措：一是提高生育率，二是扩大就业群体（主要是增加女性就业），三是开发老年人力资源，四是引进外来移民。这些政策措施在一定程度上缓解了日本"少子老龄化"对经济社会发展的影响。中国第七次全国人口普查结果表明，我国老龄化程度进一步加深，未来一段时间将持续面临人口长期均衡发展的压力。本章在研究借鉴日本开发老年劳动力资源的实践经验的基础上，结合我国现阶段经济发展特征和劳动力市场特点，提出从观念转变、政策法规、岗位设置、公共服务以及技能培训五个方面促进我国老年劳动力市场发展的措施建议。

第一节　日本人口结构的变化和老龄化发展现状

>>一、日本人口数量和结构的演变和现状<<

第二次世界大战结束以后，为了加快经济重建，日本政府大力鼓励生育，日本新出生人口数大幅度增加，出现了所谓的"婴儿潮"，加之《和平宪法》的颁布和生活水平的提高，日本的死亡率较战争时期大幅度下降，较高的出生率和较低的死亡率使得日本的人口在战后相当长的一段时期内得到了较快的增长。自 1947 年至 2020 年，日本总人口从 7 810 万人增加到 12 384 万人，总人口绝对增加 4 574 万人，增长了 58.6%。但就其过程来看，日本的总人口经历了先增长后减少的发展过程。期间，日本有两次"生育高峰期"，一次是 1945 年至 1955 年，这十年间日本年均新出生人口超过 260 万；另一次是 20 世纪 70 年代后期。与此形成鲜明对比的是 2010—2020 年，日本每年新出生人口不到 100 万。据日本总务省①的数据显示，2020 年日本人口总数自 1950 年以来第一次跌出世界前 10，跌至世界第 11 位。自 20 世纪 90 年代以来，"少子老龄化"成为困扰和制约日本经济社会发展的重要问题。

人口总数的减少也导致了日本人口结构的变化。20 世纪 70 年代日本总人口历史上第一次突破 1 亿，当时的老龄人口仅为 7％。2020 年日本的老龄人口比例已经达到 28.7％，位居全球第一。据预测，到 2040 年，日本 65 岁以上的老年人将达到总人口的三分之一。与此相对比，日本儿童的比例却大幅度下降，1950 年日本儿童人口占总人口的比例为 11.9％，达到 2 943 万人；2021 年 4 月 1 日，日本 14 岁以下儿童人口仅为 1 493 万人。②

>>二、日本"少子老龄化"的原因及影响<<

已有的研究将日本"少子老龄化"问题的主要原因归纳为三类。一是日本高速工业化、城市化改变了传统的日本家庭结构，其显著特征就是家庭规模的不断缩小；二是日本泡沫经济破裂后大企业和劳动力市场改变了终身雇用制度，派遣工、合同工的比例大幅度提高，与此同时平均工资增长缓慢，这些变化使日本民众对经济基础的未来预期大幅下降，导致晚婚、不婚的比例上升；三是互联网以及 ACG③文化的盛行，使得日本年青一代结婚生育意愿下降。

严重的"少子老龄化"使日本的社会活力、经济活力走低，对经济社会产生了深刻的影响。一是劳动力供给的下降，一方面适龄劳动人口数量逐年递减，另一方面整体劳动人口老龄化程度不断加深；二是国内市场尤其是消费市场的萎缩，对经济的拉动作用明显下降；三是养老成本的提升，包括家庭的养老成本和社会成本，并且造成财政赤字的增加；四是创新能力的下降，日本虽然在汽车、精密仪器、材料、工业母机和加工设备等产业领域依旧保持领先地位，但是在新一代信息技术、互联网、人工智能等需要大批年轻高素质劳动力的新兴领域的国际竞争力明显不同。④

---

① 日本中央省厅之一，主要管理范围包括行政组织、公务员制度、地方财政、选举制度、情报通信、邮政事业、统计等。

② 苏海河：《日本"少子老龄化"》，载《经济日报》，2021-07-12。

③ ACG 是 Animation(动画)、Comics(漫画)与 Games(游戏)的首字母缩写，是对日本动画、漫画和游戏三大娱乐产业的统称。

④ 项梦曦：《人口老龄化下的日本经济困局》，载《金融时报》，2021-06-18。

第二节　日本政府和社会应对老龄化
的总体思路和具体举措

>>一、应对老龄化的总体思路<<

日本政府为了应对本国严重的"少子老龄化"问题，制定了一系列政策措施，就其总体思路来说，主要包括四个方面的举措：一是提高生育率。二是扩大就业群体（主要是增加女性就业），三是开发老年人力资源，四是引进外来移民。

其中，提高生育率是改善人口结构、应对老龄化最根本的措施。日本政府认为，提高生育率的根本在于提高日本民众的生育意愿。日本政府及学者通常认为经济、时间和心理是影响生育意愿的最主要因素，因此在政策制定过程中也重点围绕这三个方面进行。在经济因素方面，日本政府的主要思路和措施是减少家庭生育和抚育的经济负担，通过向多子女家庭提供儿童补贴、减免赠与税、各种减免政策，为育龄青年人提供更多的就业岗位（特别是稳定的就业岗位），提高就业劳动力收入水平以及增加女性的就业岗位与收入来减轻相关家庭的后顾之忧。在时间因素方面，日本政府的主要思路和措施是提高家庭可用于生育和抚育的时间，减轻生育和抚育所耗费的精力，通过延长保育时间、限制工作时间（特别是加班时间）、设立男性育儿休假制度、依托公立教育资源托管儿童、增加课外服务等措施减轻父母抚育的精力消耗等。在心理因素方面，日本政府的主要思路和措施是重塑年轻人的生育观念，提高全社会对"少子老龄化"问题的认识，使年轻人能够更积极地考虑婚姻、生育、抚养等问题，重新审视社会系统中现有规则和制度对生育观念的影响。例如，针对高房价、不稳定的职业、有限的收入以及以ACG为代表的"二次元"文化对年青一代造成的影响以及由此形成的低欲望社会，通过改变社会风气和氛围，使得年轻人在观念上重新认可婚姻和生育。从实践来看，日本政府的相关政策取得了一定的成效，但是从整体上来看，日本生育率仍处于较低水平，远没有达到2.1标准的人口替代率。

在应对人口结构转变和老龄化社会带来的劳动力不足的问题方面，日本政府的第二项主要措施是促进日本女性群体的就业。长期以来，日本的女性尤其是已婚妇女的就业率较低，为了补充劳动力的不足，日本政府开始大力推进女性就业计划。[①] 该计划主要包括四个方面的措施：一是将女性就业与男性就业平等化，先后通过《男女雇用机会均等法》《育儿、看护休假法》，在法律上确保两性的就业

---

① 王国华：《日本女性劳动就业支持政策及影响分析》，载《长春大学学报》，2017(9)。

市场的平等地位；二是大力发展适合女性就业的第三产业和服务业，为女性提供更多的就业机会和就业岗位；三是大力推行和创造兼职岗位，传统的日本女性在婚后特别是生育后很少再从事相关职业，而是全面负责育儿和照顾家庭，为了保障女性兼顾家庭和就业，日本政府通过发放补助和补贴，鼓励企业设置能够在家办公或兼职性的工作岗位；四是加大对女性的职业技能培训，使之能够更好地适应劳动力市场的需求。

在应对人口结构转变和老龄化社会带来的劳动力不足问题方面，日本政府的第三项主要措施是深度开发和挖掘老年人力资源。日本政府在延迟退休年龄的基础上，进一步针对已经退休的老龄人群重点挖掘相关潜力，具体思路包括四个方面：一是增加适合老龄人群的工作岗位，这类工作岗位要适合老年人的生理身体特征，如短时间、非全职、远程、轻体力等，为此日本政府通过修正《劳动派遣法》《劳动契约法》等法律强制要求各类企业提供这样的岗位；二是积极依托互联网等新一代信息技术发展，创造一些线上远程办公的岗位，减轻就业群体的通勤奔波；三是加强对老龄就业群体的职业技能培训，老年人对新兴技术适应能力不足，同时通过设立"银色人才中心"这样的就业服务公共平台，为老年人提供就业服务；四是对雇用老年人的企业进行补贴，鼓励企业雇用更多的老年人。

在应对人口结构转变和老龄化社会带来的劳动力不足问题方面，日本政府的第四项主要措施是审慎引进外来移民。在主要发达国家中，日本是接收移民最少的国家之一，日本民众普遍对开放移民持疑虑和反对态度。这一点与美国和德国等发达国家相比形成了鲜明的对比。但是为了应对老龄化带来的创新能力不足的问题，日本政府还是在 2008 年发布了"留学生 30 万人计划"，在十年间接纳 30 万外国留学生在日本就业。2018 年日本政府又完成了《出入国管理及难民认定法》修正，放松对外籍劳工的签证申请要求，延长外籍劳工的居留时限。但直到目前，日本对移民的限制仍然较为严格，短时间内不会大规模引进外来移民。

>>二、日本开发老年人力资源的具体举措<<

在应对人口老龄化的各项措施中，开发老年人力资源是对当前日本劳动力市场影响最直接的措施。

日本自明治维新启动工业化以来就高度重视人力资源的开发和利用，在工业化早期由于严重缺乏资本，对人的开发和利用成为日本工业化和现代化的显著特点。第二次世界大战结束后，日本在美国（朝鲜战争）军事订单的刺激下，重新启动了工业化进程和国家重建。日本政府由于军事技术和整体实力落后于美国，因此高度重视科学技术特别是高技术人才的培养。在这一思想的指导下，日本十分重视对教育的投入和投资，培养了一大批优秀的理工科人才和工程师，这些人才在日本战后经济腾飞和经济发展过程中发挥了极其重要的作用。随着日本进入老龄化社会，日本政府将开发老年人力资源作为支撑经济发展的重要举措，为了完成这一目标，日本政府和社会从立法、政策、管理等角度开展了诸多开发老年人力资源的实践。具体包括以下五个方面。

一是改革教育制度，重塑教育体系。第二次世界大战结束后，在美国的压力下，日本政府按照美国的理念和体制对教育制度和教育体系进行了改革，其基本原则是法制化、民主化和自由化，尤其是在教育体系内废除军国主义和忠君爱国的思想。这次改革主要取得了三个方面的成果[①]：一是制定和实施《教育基本法》，规范战后日本教育基本法则。1946 年颁布实施的《教育基本法》根据日本战后宪法中的教育条款，规定了国家办教育的基本目标和基本原则，阐明了教育在国家建设中的重要作用，规定了关于学校教育、社会教育、政治教育、宗教教育、教育行政等方面的一般原则。二是首次确定了教育均等的基本原则，在确立面向全民义务教育的基础上，确认男女同校受教育等原则，此后日本各个阶层都得到较为良好的教育机会，增加了社会的流动性，人力资本的积累速度快速提高，对日本的经济腾飞、产业升级和科学技术进步产生了巨大的推动作用。三是营造自由开放的教育生态，在重点废除战前军国主义和极端国家主义的基础上，积极营造开放自由的教育环境和学术环境，将教育领域的部分权力如教材编制等下放地方，容许不同的教育理念和思想在教育体系中传播。

二是树立人力资本是最重要资本的理念，高度重视对人力资本的投资。第二次世界大战结束后，日本开始经济重建，为了追赶先进发达国家，制定了"追随经济发展战略"，并且提出科技立国的指导思想。科技发展的关键在人才，因此日本政府高度重视对国民教育的投资，在财政支出方面，日本的教育支出长期达到国家财政支出的 20％以上。1960 年池田政府上台，此时日本的工业化和经济恢复已经取得初步成效，在此基础上为了促进日本的产业升级，池田政府制订了著名的旨在提高全民福利的《国民收入倍增计划》。在这份计划中，关于加强教育和人才培养的内容延续了 20 世纪 50 年代起对教育的重视。此时，日本超越联邦德国成为第二大经济体，仍然继续增加对教育的投资。在这一理念的指导下，日本产生了一大批获得诺贝尔奖的科学家、具有创新意识的工程师和高水平技工，为产业升级发挥了重要的作用。

三是树立"终身教育、终身学习"的理念。第二次世界大战结束后日本重新启动工业化进程，但据日本政府自己估计，当时日本的工业化水平和整体技术水平仍要比欧美国家落后 20～30 年，因此制定了技术赶超战略，高度重视人力资本

---

① 王桥：《老年人力资源开发：日本实践的启示》，载《福祉研究》，2019(1)。

的投资。日本在明治维新时期就高度重视国民基础教育，第一次世界大战前，日本甚至比英国更早普及小学义务教育。第二次世界大战后仅仅三年，日本便普及了初中教育，此后又很快普及了高中教育。基础教育的普及对日本制造业尤其是工业化早期劳动密集型产业发展产生了极大的推动作用。到 20 世纪 60 年代末 70 年代初，日本开始进入重化工业发展阶段。重化工业是典型的资本密集型和技术密集型产业，需要大量的工程技术人员和理工领域的基础研究作支撑，为此日本通过增设大学理工科增加培养学生、增设职业高中培养工程技术人员、职工培训等措施，在理论基础研究、应用基础研究、应用研究等领域培养了大量满足产业发展和升级需求的人才。此外，日本政府和产业界高度重视技术引进后的吸收和再创新，对技术升级和改造需要的人才进行了大量的投资，日本的职业教育体系为其制造业发展提供了强大的人力支撑。最为重要的是，日本政府和产业界对工业发展和技术进步有着深刻的理解。西方发达国家工业化和制造业发展的历史实践表明，几乎所有的工业领域的知识，尤其是工艺和技术，大都属于那种无法形式化或者公式化的实践性知识，这一类型知识往往不能用形式逻辑从一堆鲜艳的公理体系中演绎出来，而只能从实践或者实验中学习，因此，"从干中学"和"实践中创新"的铁律已经被证明是人类技术发展史的最重要、最直接的推动力。[1]因此日本政府和产业界在做好职业教育的同时，高度重视员工教育、员工培养和终身教育[2]，使得日本的人力资源尤其是制造业领域的人力资源可以从大量的生产实践中不断获得新的知识，进而不断对工业和生产技术进行改进。日本在汽车、电子、化工、精密仪器等领域的技术进步，无一不是依赖于常年的技术改进和积累的结果，在这一过程中员工的终身学习和教育无疑发挥了重要的作用。

四是积极开展老年人再就业培训政策。日本在人才资源开发过程中，特别重视高校与企业界、产业界的联系。科技活动一般过程包含前、中、后三个环节。前端的科学研究，也被描述为知识创新环节，这是技术创新的源泉；中间环节的技术成果形成和工程化，也可描述为创新知识孵化为新技术的环节；后期的商业化过程，即新技术使用环节。知识创新环节主要是科学发现或知识创造过程，它是技术创新或技术成果的源泉；而技术创新的主要任务则是负责将科学发现或创新知识孵化为新技术，并将这种技术工程化；而商业环节多与企业行为紧密挂钩。从这一过程可以看出，科技活动的前端环节处于科学探索阶段，是否有新发现，尚未可知，具有较大的风险。这个阶段往往是追求价值导向的企业不愿意深

① 文一：《伟大的中国工业革命——"发展政治经济学"一般原理批判纲要》，151 页，北京，清华大学出版社，2016。

② 熊缨、车思涵、杨一帆：《日本老年人力资源开发法规政策及启示》，载《中国人事科学》，2019(9)。

度涉及的，因为风险成本过高。所以，高技术企业多介入技术创新和新技术使用阶段，具有明显的市场价值取向，较为关注利润、市场规律和产品竞争力。因此，只有将高校的基础研究和企业界、产业界应用研究结合起来，才能顺利跨过"技术死亡谷"，实现高校科研成果转化在产业领域的真正应用，在这一过程中需要院校科研人员和产业界的研究人员充分交流和合作，改变长期以来学校教育与产业需求脱离的现实。日本在这一方面取得了不错的成绩，大企业在各类高校设置研发中心、提供资金支持，帮助学校在学科设置、专业建设、人才培养等方面与产业发展高度匹配。这种"产学合作"体制在老年人力资源开发中也发挥了巨大的作用，随着日本婴儿潮的退去，曾经是推动经济腾飞主力军的群体开始陆陆续续地退出劳动力市场，这一群体中有很多人长期在产业一线工作，具有良好的专业技能。为了应对老龄化对产业发展带来的影响，日本原文部省牵头积极推动老年大学建设和老年教育，为退休后仍有就业意愿的人群提供了专门的再学习机会，为他们提供工作技能和培训，充分挖掘老年人的专业技能为经济发展服务。

五是依据平均寿命的增长科学延长退休。随着经济的发展和人类平均寿命的提高，劳动力的工作时限也在逐步延长。20 世纪 70 年代，日本男性劳动力的平均退休年龄为 55 周岁，当时日本男性平均寿命为 70 岁左右。之后随着经济发展、生活水平的不断提高，日本的人均寿命尤其是男性平均寿命也大幅提高，根据日本厚生劳动省发布的《2017 年简易生命表》的数据，2017 年日本男性的平均寿命已经达到 81.09 岁；到 2020 年，日本厚生劳动省发布的数据表明，日本男性的平均寿命又提高到 81.64 岁。在这种情况下，延迟退休、增加工作年限便是应对老龄化的重要措施和手段。2013 年日本政府修订了《老年人就业稳定法》，正式将延迟退休作为开发老年劳动力资源，应对劳动力不足的重要举措。之后，日本大部分的企业都将退休年龄修改为 60 岁或者 65 岁，同时支持和鼓励退休后的员工再次就业为企业服务。

第三节　对我国的启示和政策建议

2021 年 5 月 11 日，第七次全国人口普查主要数据显示，当前我国 0～14 岁人口为 2.533 8 亿人，占总人口的 17.95%；15～59 岁人口为 8.943 8 亿人，占总人口的 63.35%；60 岁以上人口为 2.640 2 亿人，占总人口的 18.70%。与 2010 年相比，我国少儿人口比重回升，生育政策调整取得了积极成效。同时，老龄化程度进一步加深，未来一段时间将持续面临人口长期均衡发展的压力。与此同时，2019 年我国人均 GDP 首次突破 1 万美元，正在迈向高质量发展阶段。可以预见，我国未来将面临 15～59 岁劳动力减少和社会养老保障费用增高的双重压力，积极应对人口结构变化和老龄化社会是关系国家长远发展的战略问题。

日本更早进入老龄化社会，其实践经验值得我国学习和借鉴。

>>一、对我国的主要启示<<

一是完善相关劳动法律法规，根据人的生理特征和岗位变化合理安排或者延长工作年限。一方面，改革开放以来，随着国家经济的发展、人民生活水平的提高、医疗水平的提高、卫生状况的改善以及人们健康意识的提高，我国的人均预期寿命得到了普遍提高。1949 年新中国成立之初人均预期寿命仅为 35 岁，到 2019 年我国人均预期寿命达到 77.3 岁，城市人口平均年龄甚至已经达到了 80 岁。另一方面，我国的产业结构也在发生深刻的变化，第一产业和第二产业的比重下降，第三产业的比重不断上升，加上智能制造的普及，劳动密集型产业的比重和就业量同时也在下降，适合老年劳动力的依靠脑力和经验的工作岗位的比重也在同比增加。因此，供需两个方面都为改变现行退休制度、延长工作年限提供了可能和需求。但延长工作年限绝不能"一刀切"，每个产业、每个部门、每个岗位对老年劳动力的需求的适应程度是不同的。例如，目前我国的高校、科研院所、国有企业之中有几百万的退休科技人员，这些人员往往在各自的领域有着丰富的经验，而且身体健康，通过适当延长工作年限让这些人员继续参与科技创新、人才培养等工作，可以有效缓解老龄化带来的高技术劳动力不足的问题。

二是积极构建老年人就业服务平台，优化老年劳动力市场环境。目前，我国的老年人劳动力市场缺少政府的有效支撑。以国有企业和高校为例，常常采用延迟退休或者退休返聘的方式，对单位内部的高层次人才进行吸纳。老年劳动力资源开发存在严重的路径依赖特点。这就意味着，如果原单位或者原部门没有意愿进行延迟退休或者返聘，这些退休的劳动者很难找到其他适合的工作岗位。同时，政府缺乏对退休劳动力的统一管理，老年劳动力市场的信息不对称问题较为突出。我国应该学习和借鉴日本设立"银发人才中心"和"高龄者事业团"的做法，一方面，积极为有继续就业意愿的老年劳动力提供各种岗位需求信息；另一方面，根据用人单位对老年劳动力的特殊要求，组织开展相关技能培训，建立用人单位和就业群体之间的直通渠道。鼓励企业积极研究和开发适合老年人就业的工作岗位，为老年人发挥余热创造机会和环境。[①]

三是组织老年人积极参加社会公益活动，为构建平安中国美丽中国贡献力量。社会公益活动具有不定期、时间短、节奏慢、消耗少等特点，这些特点比较适合时间充裕的老年劳动力的生理特征。退休的老年人特别是刚刚退下来的老年

---

① 王磊、郝静：《日本老年人力资源开发的实践与启示——以老年人才中心为例》，载《老龄科学研究》，2020(3)。

劳动力，在退休早期往往有不适应的现象，这时参加一些虽然收入不高、但是具有意义的社会活动，对于老年人的身心健康具有一定的积极作用。年轻人工作压力大、生活节奏快，没有精力过多参加社会性的公益活动，但是这些活动对于社会发展又是必不可少的。以日本为例，很多诸如环境保护、文化保护、健康服务、社区活动等非盈利社会公益活动中都会有大量老年劳动者的参与，有力地促进了社会的健康和发展。我国在这一方面还没有形成完善的配套政策，老年人参与这些活动往往是自发组织的，缺少统一管理和政策保障。应当采取鼓励性的措施支持老年人参与社会活动，促进社会的健康稳定发展。

>>二、政策建议<<

《中华人民共和国国民经济和社会发展第十四个五年规划和二〇三五年远景目标纲要》明确指出，要实施积极应对人口老龄化国家战略，从推动实现适度生育水平、健全婴幼儿发展政策、完善养老服务体系三个方面促进人口长期均衡发展，重点指出综合考虑人均预期寿命提高、人口老龄化趋势加快、受教育年限增加、劳动力结构变化等因素，按照小步调整、弹性实施、分类推进、统筹兼顾等原则，逐步延迟法定退休年龄，促进人力资源充分利用，发展"银发经济"，开发适老化技术和产品，培育智慧养老等新业态。这是国家站在战略高度对老年劳动力资源开发和利用提出的顶层设计。围绕这一顶层设计，未来我国应该在学习借鉴日本的实践经验的基础上，结合我国现阶段经济发展特征和劳动力市场特点，研究制定具有针对性的政策措施，加大老年劳动力资源开发利用的力度，积极应对老龄化社会对我国经济社会发展的影响，将老年劳动力市场纳入整体劳动力市场中统筹考虑。围绕这一思路，未来我国促进老年劳动力市场发展应该从以下五个方面发力。

一是正确看待老龄化社会的来临。随着我国经济的发展和产业升级的不断加速，要正确认识人口红利对经济发展的作用。要正确认识到人口多是红利，但不是劳动者的红利。随着我国人口红利的减少，劳动力成本上升，产业升级是唯一的出路。在产业升级的过程中，一部分具有高技能的老年劳动者必将发挥重要的作用，要建立完善的老年高技能人才市场，支撑未来我国的产业升级。

二是要完善老年劳动力市场的相关法律法规和政策制度体系。要根据老年人的生理特点，围绕劳动关系、劳动权利、劳动保障、劳动合同等制定相应的政策体系，切实保障老年劳动者的权益，充分挖掘老年人力资源的潜力，释放老年人对经济社会发展的贡献和劳动价值。[①]

---

① 陆杰华：《老龄社会背景下老年人力资源开发与利用》，载《中国党政干部论坛》，2021(5)。

三是积极搭建老年劳动力市场公共服务平台，加强供需双方的信息对接平台。加快利用新一代信息技术加强对老年劳动力资源的数字化管理，全面掌握我国老年劳动力资源的基本状况（如规模、职业技能、身体状况、地区分布、就业意愿等），同时加强与用人单位的信息沟通，及时掌握和了解用人单位对老年劳动力的需求状况，搭建老年劳动力市场的供需对接平台，提高老年劳动力就业水平。

四是支持各类用人单位开发差异化的老年工作岗位及薪酬福利制度。充分考虑老年人的身体特点、工作习惯和就业意愿，如短时间、非全职、远程、轻体力，设计适合老年人工作的岗位，减轻就业群体的通勤奔波。在劳动时间安排、工作场所限制、保险福利计算、劳动关系界定等方面要突出老年人工作岗位的特点。同时，政府要对雇用老年人的企业进行补贴，鼓励企业雇用更多的老年人。

五是加强老年劳动力的技能培训。当前新一轮科技革命和产业变革深入发展，传统产业在国民经济中的比重不断降低，对老年劳动力的劳动技能提出了新的挑战。老年人由于身体机能的原因对新事物、新技术的接受程度较慢，必须加强对有就业意愿的老年群体的职业培训和技能培训，使他们能够适应新产业、新经济和新业态的发展。

第十一章

欧盟推动绿色就业的实践及对中国的启示

近年来，全球气候变暖越来越成为各个国家和国际组织重点关注的问题，欧盟也不例外。自 1992 年以来，欧盟一直致力于通过联合解决方案，开展应对全球气候变化的行动。2019 年 12 月，欧盟委员会公布了应对气候变化、推动可持续发展的《欧洲绿色协议》，希望能够在 2050 年前实现欧盟范围内的碳中和，通过利用清洁能源、发展循环经济和绿色农业、恢复生物多样性、减少污染等措施提高资源利用效率，实现经济可持续发展。2021 年 6 月，欧盟通过了《欧洲气候法》，确立了到 2050 年实现欧盟"气候中性"的目标。该法案规定：与 1990 年相比，到 2030 年欧盟的温室气体将减排至少 55%。欧盟委员会为实现 55% 的减排目标提出了一系列政策建议，具体包括：进行碳价格调整，将可再生能源生产目标提高到 40%，能源效率目标更新为 36%～39%，修订欧盟碳排放交易系统和能源税的相关法令，提高汽车的二氧化碳排放标准；等等。那么，欧盟的气候政策会对劳动力市场产生怎样的影响？欧盟在促进绿色就业方面又做出了哪些努力？本章旨在围绕以上问题，归纳总结欧盟推动绿色就业的实践经验，并探讨这些实践经验对中国推动绿色就业的启示。

第一节　欧盟的绿色转型与绿色就业

本节将参考欧盟发布的官方报告，对欧盟绿色转型战略的基本构想进行介绍和梳理。同时，还将根据国际可再生能源机构发布的报告，梳理和呈现欧盟及代表性成员国可再生能源行业的绿色就业现状。

＞＞一、欧盟绿色转型战略＜＜

欧盟近年来发布了多项绿色转型战略规划，部署和推动绿色转型的开展。

2019 年，欧盟通过了《欧洲绿色协议》，强调通过"从农场到餐桌"战略打造更加绿色和健康的可持续农业体系；主张使用清洁能源，通过可再生能源能效提升等智能整合方式以尽可能低的成本实现脱碳；推行可持续工业战略，使工业部门更环保、更加数字化；改善公共和私人建筑的节能性，建造化石燃料零能耗的新建筑，以净零碳标准对现有建筑进行全面改造，实现建筑部门全面脱碳；通过"可持续欧洲投资计划"调动资金进行可持续性投资，为欧盟绿色转型提供资金支持。[①]

2020 年，欧盟提出了《欧盟复苏计划》。该计划聚焦绿色转型并将绿色复苏放在首要位置，致力于帮助成员国尽快走出疫情阴霾，这是迄今为止欧盟规模最大的一揽子财政计划。[②]

2021 年，欧盟推出了《2021 年度可持续发展战略》，提出了新型冠状病毒感染疫情冲击下国家复苏计划的四项原则，包括绿色转型、数字转型、公平和宏观经济稳定。

第一，在绿色转型方面，要求所有成员国大力关注和支持绿色转型的改革和投资，每个复苏和弹性计划必须包括至少 37% 的气候相关支出；支持能源、交通运输、脱碳工业、循环经济、水管理和生物多样性领域的绿色转型；对低碳能源技术和可再生能源基础设施进行投资；加快利用可再生能源和氢气，加大力度推进减排工作；对车辆和燃料征税；促进循环经济发展，推行以数字技术为动力的创新商业模式，提高资源和二次原材料的有效利用率，通过更可持续的土地利用方式在农村地区创造新的经济机会。

第二，高度重视数字化转型。欧盟认为，发展数字技术是实现绿色转型的关键。因此，欧盟力图通过在基础教育、高等教育和终身学习等领域实行数字教育变革，支持劳动力市场转型，开发部署关键性数字技术和尖端数字能力，从而塑造欧洲的数字未来。

第三，营造公平的就业环境，确保机会平等、包容性教育、公平的工作条件和充分的社会保护。欧盟认为，需要特别关注青年就业，要尽最大努力实现劳动力技能可以适应绿色和数字转型的要求；需要强化积极劳动力市场政策，增加教育制度的包容性，保障处境不利群体获得高质量教育和平等培训的机会，从而提高这一群体的就业能力。

第四，在推进绿色转型的过程中实现宏观经济稳定。为了达到这一目标，欧盟提出，应该提供针对性的临时财政支持和可持续性的中期财政保障；提高公共

---

① 庄贵阳、朱仙丽：《〈欧洲绿色协议〉：内涵、影响与借鉴意义》，载《国际经济评论》，2021(1)。

② 杨成玉：《欧盟绿色复苏对中欧经贸关系的影响》，载《国际贸易》，2020(9)。

财政质量，加大公共支出对绿色和数字转型的支持，包括绿色和数字公共采购、绿色预算等。

>>二、欧盟绿色就业现状<<

绿色就业，是一种有助于保护或恢复环境的高质量就业形式。从其分布范围来看，绿色就业同时存在于传统行业和新兴绿色部门中。从其价值和功能来看，绿色就业有助于提高能源和原材料效率，限制温室气体排放，减少浪费和污染，保护和恢复生态系统，是一种与全球气候变化趋势相适应的就业形式。[①] 欧盟上述绿色转型战略的实施，显著带动了其绿色就业岗位的规模扩张。对于欧盟劳动力市场变化趋势的分析表明，绿色就业将会是未来欧盟劳动力市场中增长速度最快的一种就业形式。

从 2012 年开始，国际可再生能源机构每年都对全球可再生能源行业的就业状况及其发展趋势进行评估，发现全球范围内的可再生能源行业的就业规模都在持续增长。其中，太阳能光伏、生物能源、水电和风力发电行业是这一劳动力市场中最大的雇主，欧盟 75％ 以上的工作岗位来自这些排放更少、增长更快的行业。可再生能源的发展正在创造越来越多的就业机会。2020 年，全球可再生能源行业的就业人数约为 1 200 万人，其中，太阳能光伏行业拥有 400 万劳动力，占可再生能源行业劳动力总数的三分之一。[②] 预计到 2023 年，可再生能源行业将新增就业岗位 549 万个，而化石能源行业的就业岗位将减少 107 万个。[③] 2018 年，欧盟可再生能源行业提供了大致 130 万个就业机会，而德国、英国、法国、意大利、西班牙和波兰的就业规模排名领先。

国际可再生能源机构近年来发布的评估报告显示了欧盟可再生能源各细分行业的绿色就业状况。在太阳能光伏行业中，2018 年欧盟的就业人数为 12.73 万人，欧盟太阳能光伏行业的工作岗位全球占比为 4.4％。在生物燃料行业中，2018 年欧盟生物燃料就业岗位约为 23.9 万个，就业份额的全球占比为 10％。在风能行业中，2019 年欧盟就业于陆上和海上风能行业的人数为 117 万人，其就业

---

① ILO，2016，"What Is a Green Job？"，http：//www.ilo.org/global/topics/green-jobs/news/WCMS_220248/lang—en/index.htm，2021-11-01。

② International Renewable Energy Agency，2021，"Renewable Energy and Jobs：Annual Review 2021"，https：//www.irena.org/-/media/Files/IRENA/Agency/Publication/2021/Oct/IRENA_RE_Jobs_2021.pdf，2022-11-01。

③ International Renewable Energy Agency，2020，"The Post-COVID Recovery：An Agenda for Resilience，Development and Equality"，https：//www.irena.org/-/media/Files/IRENA/Agency/Publication/2020/Jun/IRENA_Post-COVID_Recovery_2020.pdf.，2021-11-01。

份额的全球占比为 27%。在风能行业就业规模排名前十的国家中，有四个是欧盟成员国。在太阳能供暖和制冷行业中，欧盟的就业人数约为 82 万人。在该行业就业规模排名前十的国家中，有三个国家（英国、德国和西班牙）是欧盟成员国。

国际可再生能源机构的报告还细致评估了欧盟几个代表性国家在可再生能源行业的绿色就业现状。具体情况如下：

在德国，太阳能光伏行业的就业展现了不断向好的前景，2018 年新增了 4 000 个工作岗位。德国可再生能源的其他细分行业的就业岗位也有小幅增长。但在可再生能源中占主导地位的风能行业，自 2016 年以来一直在大幅度裁员，这主要是由德国对风力发电场选址的限制性规定和许可程序的延长等政策变化引起的。

在西班牙，2018 年可再生能源行业实现了 10.7% 的实际增长，可再生能源行业对国内生产总值的贡献接近 1%；可再生能源行业雇用了 8 万余人，其中最大的雇主首先是生物质能领域（提供了 32 300 个工作岗位），其次是风能和太阳能（分别有 22 200 个和 13 300 个工作岗位）；2018 年，西班牙可再生能源行业的就业总数增加了 3.3%，增长率创下 2013 年以来的最高纪录，但就业规模仍远低于 2008 年（14.4 万人）的水平。

在英国，2018 年可再生能源行业提供的就业岗位为 114 500 个，其中，风能产业提供的就业岗位占英国可再生能源行业就业总量的 37%。英国拥有欧洲第三大风电装机容量，仅次于德国和西班牙。多格尔沙洲（Dogger Bank）是世界上最大的海上风力发电场，该发电场为英国创造了超过 550 个直接工作岗位和 2 000 个间接工作岗位。

在法国，2018 年拥有与风力发电直接和间接相关的就业岗位约为 18 400 个；固体生物质能领域是法国可再生能源行业最大的雇主，提供了 31 100 个工作岗位，其次是液体生物燃料领域（提供了 29 100 个工作岗位）、风能领域（提供了 15 700 个工作岗位）和太阳能光伏领域（提供了 15 000 个工作岗位）。

第二节　欧盟促进绿色就业的专项政策

最近几年，为推动经济复苏，实现经济增长与资源使用脱钩，欧盟出台了一系列政策措施，促进成员国实现绿色复苏和绿色转型。这些政策一方面促进了经济复苏，另一方面推动了绿色经济和绿色就业的发展，为绿色就业的扩大奠定了基础。本节主要对欧盟推动绿色就业的专项政策，尤其是与绿色技能培训相关的专项政策进行介绍。

>>一、欧盟青年绿色技能培训政策<<

欧盟十分重视劳动者的绿色技能培养,将提高青年绿色技能、加强绿色技能培训等内容纳入青年就业保障政策中。欧盟的青年就业保障政策强调,青年劳动者的绿色技能应该与其工作岗位相匹配,应注重绿色技能的培养和加强数字技能的培训。具体政策内容包括:(1)加强对青年群体的人力资本投资,特别是绿色技能和数字技能的培训。(2)加强青年群体的就业保障,推动更多青年人参与就业。鼓励企业雇用失业青年,提升青年就业率,减少因经济下行和新型冠状病毒流行所带来的不利影响。(3)确保所有 30 岁以下的失业者或毕业后 4 个月内未就业的青年群体获得更多的就业机会、学徒或培训机会和良好的继续教育。(4)对于涉及数字或绿色技能等特定技能领域的就业者,强化入职前的岗位培训。促进面向绿色技能、创业技能和职业管理技能的再培训,帮助青年群体抓住劳动力需求增长强劲部门的工作机会,帮助他们为应对不断变化的劳动力市场需求做好技能准备。(5)加强青年群体就业、教育和社会事务等政策领域的有效协调。通过政策协调,为青年群体提供个性化、灵活和响应性更强的就业保障。(6)确保有足够数量且专业素养高的工作人员为青年群体提供就业保障服务。(7)采取有针对性的就业激励措施,如工资补贴、招聘奖金、减少社会保险缴款、税收抵免和创业激励,为青年群体有效融入劳动力市场创造更多的机会。(8)确保青年群体享有在工作条件、社会保护和培训方面的平等权利,企业要安排合理的试用期,禁止滥用非典型劳动合同。(9)提供多样化的继续教育,确保非正规和非正式教育的有效性。(10)增加学徒制的供给数量和质量,进一步加强对学徒制的支持。(11)为青年群体提供持续的就业后服务,利用这类服务了解他们就业后的工作情况,为青年群体提供更高质量的就业培训服务。(12)强化各级青年就业保障服务部门与利益相关方之间的合作关系,如与雇主、教育和培训机构、青年组织和其他民间社会组织间的合作关系。(13)要投入足够的资源严格落实青年群体就业保障政策,确保上述政策措施能够满足每一位青年的就业需要。

>>二、职业教育和培训政策中的绿色技能培训<<

随着技术加速进步,劳动力通过培训"提高技能"(upskilling)和"再次获得技能"(reskilling)的需求日益增加。面对这一紧迫的现实需求,欧盟及各成员国高度重视职业教育和培训(vocational education and training,VET)政策,以帮助青年和成年人在整个职业生涯中保持就业能力,并适应不断变化的工作环境和职业需求。

具体而言，欧盟在 VET 领域的重要经验包括如下四个方面。

第一，促进各种形式的以工作为基础的学习，其中，特别关注学徒制。2013年，为应对欧洲青年失业危机，欧盟成立了欧洲学徒联盟。2015年，西班牙成立双重培训联盟，要求企业为学徒建立薪酬体系，确保提供培训的教师得到应有的可持续的培训。

第二，增加劳动力市场利益相关方的参与，加强了校企合作。爱沙尼亚的VET学校引进了教育—商业协调员机制，以帮助寻找企业伙伴和协调培训合作。教育机构和雇主之间的合作，促进了以工作为导向的培训活动的开展。

第三，建立质量保障机制。质量保障机制的重点在于：关注VET的供给质量；促进VET学校的自我评估；发展外部评价方法，如建立质量观察站（保加利亚），与VET提供者达成质量协议（荷兰）。欧盟认为，预测职业技能需求变化是提高VET质量的一个关键，应该依据现有的统计数据与信息，推断技术发展和社会变化的趋势，实现对劳动力市场未来技能需求的预测。

第四，提升劳动力在绿色技能和数字技能方面的关键能力。欧盟及很多成员国都高度重视提升劳动力在绿色技能和数字技能方面的关键能力，尤其关注劳动力为适应可再生能源、气候变化、环境工程和人工智能等领域的发展所需具备的关键能力。其中，数字能力最受关注。有些成员国还建立了专门的数字事务主管部门，该部门的一项重点任务就是在VET领域构建针对学习者和教师的全面数字战略。另外，欧盟的大多数成员国都加强了对非正规学习和非正式学习的验证，确保更多的人能获得VET资格证书，为进入高质量就业岗位做好准备。

近些年来，为实现经济复苏、保护和创造就业机会、推动绿色和数字化转型及应对新型冠状病毒感染疫情冲击，欧盟不断调整其VET政策，强调了提高劳动者技能、知识和能力以适应劳动力市场需求不断变化的重要性。其调整重点包括四项内容。

第一，确保VET能够灵活适应劳动力市场的动态变化。为此，欧盟建立了完备的劳动力市场职业技能需求预测系统和毕业生就业追踪机制，并相应调整VET的内容；通过赋予自主权和资金支持，促进VET提供者对不断变化的职业技能需求做出快速反应。另外，欧盟认为工作导向型的学习进修和学徒制是确保VET紧跟劳动力市场需求的有效方式，因此，致力于通过公司间共同培训、线上培训等措施，确保VET课程个性化和以学习者为中心，以提高培训的有效性和针对性。

第二，欧盟认为，VET是创新和增长的驱动力，应为数字化和绿色转型进行技能准备。为此，欧盟建议：首先，成员国应促进VET融入能源转型与技术创新等国家战略；其次，要致力于提高商业环境吸引力，支持VET领域的创业活动和初创企业的生存发展；最后，可以借助跨国职业英才中心推动技能发展，促进劳动力从衰退部门向新增长部门过渡，将绿色和数字技能嵌入职业环境中。通过绿色化 VET 方案、课程和内容，为劳动力提供绿色转型所需的新型技能。

第三，致力于增强 VET 的吸引力。为此，欧盟提出：在学习环境、教学方法方面，应该注重数字化技术的应用。促进教育和培训系统在 VET、普通教育、成人教育之间的纵向和横向联系。加大对 VET 工作人员的支持，帮助他们发展技能、掌握新技术——只有在拥有大量训练有素、积极进取的教师和培训人员的条件下，才能提高 VET 质量。

第四，消除不利于参与 VET 的所有障碍，推动残疾人、低技能成年人、少数族裔等处境不利群体融入，促进进入 VET 系统的机会平等。欧盟认为，应通过针对性措施和灵活的培训形式，防止上述处境不利群体过早地离开 VET，还要为辍学者重新进入 VET 提供机会。鼓励女性参加传统的"男性职业"的职业培训，同时，也要鼓励男性参加传统的"女性职业"的职业培训，进一步减少劳动力市场中的性别歧视。

第三节　对中国的启示

欧盟的经验表明，绿色转型政策会带动绿色就业发展，相应的，也会对现有的就业总量和就业结构产生影响，其中，传统能源产业向新能源产业转型过程中的劳动力产业转移和劳动者技能再培训问题，尤其值得研究和关注。中国计划在 2030 年实现碳达峰，2060 年实现碳中和。欧盟的既有经验对我国的主要启示体现在如下四个方面。

第一，应加强对劳动力适应新能源行业就业技能等方面的培训，提升就业者的绿色技能。绿色就业尤其是新能源行业的就业，对劳动力技能的要求相对更高，如果劳动力没有具备足够的必要技能，支持绿色经济发展的政策可能需要更长时间才能奏效，影响政策作用更好地发挥。相对而言，绿色技能有利于长期经济发展和就业增长。因此，要努力完善和优化就业培训体系、做大做强职业教育，使得就业培训和职业教育能够及时把握市场动向，给予劳动者及时有效的教育和培训，使劳动者的人力资本水平能够满足市场高层次、多样化的需求。

在技能培训方面，可以借鉴欧盟的已有做法，推进我国绿色技能培训水平，提升培训质量，具体包括：（1）尝试采用学徒制，维持培训者和受培训者的长期互动关系，增加对受培训者的追踪关注；（2）加强校企合作，引入在企业和学校兼职的混合型教师，使得培训教育与企业岗位需求接轨；（3）加强绿色技能培训的资格认证，这样能够增加劳动者参加培训的积极忆，确保非正规和非正式学习的有效性；（4）关注和提升绿色技能培训的质量，遥过政府、企业、民间组织的合作，加强培训教师队伍建设；（5）特别关注处境不利群体尤其是女性群体的绿色培训。要高度重视绿色转型过程中呈现出的绿色就业性别失衡趋势，通过培训解决女性参与工作的不对等问题；(6)加强数字化技术对绿色技能培训的支持，增加学习途径的灵活性。

第二，在实现节能减排、促进绿色就业的过程中，可以采用多样化的激励措施，发展多元化的绿色经济和绿色产业，进而扩大绿色就业的岗位供给数量。中国目前的绿色就业很大一部分是通过可再生能源行业实现的。未来，还可以考虑发展循环经济和绿色农业，这在保护环境的同时也有利于粮食和食品品质与安全性的提升；促进交通运输行业可持续性发展，尤其是注重新能源汽车的推广和技术的提升；对建筑物进行翻新和改造，提高能源利用效率，降低碳排放量。以上措施都有利于绿色就业的规模扩大和质量提升。

第三，巩固和维持中国可再生能源行业的就业吸纳能力，不断开拓新的市场，加强自主创新和技术研发。中国是全球可再生能源行业就业的领先者，就业人数常年稳定在 440 万人以上，占世界总量的 38% 以上。中国还是光伏设备的主要生产国和全球最大的安装市场，拥有 220 万个工作岗位，占全球光伏就业人数的一半以上。近年来，国内企业在开拓海外市场方面取得了相当大的成功。但是，面对必将日趋激烈的国际化竞争，中国企业只有不断创新，提高技术水平，才能继续保持世界先进水平，在扩大全球市场份额的过程中实现可再生能源行业就业规模的扩大。在全球绿色转型的大背景下，中国还应通过强有力的技术开发和创新活动，抢占市场先机，打造绿色经济的全球产业链，努力向产业链高端迈进。培育和发展新的绿色制造业，创造出更多的高质量绿色就业岗位。

第四，中国要将绿色经济和数字化发展结合在一起，使两者相互促进，互动发展。首先，可以运用人工智能发展绿色农业，尽管人工智能会取代传统劳动，从而减少对劳动力的需求，但人工智能可以引致新的劳动密集型任务的产生，这就又增加了对劳动力的需求。其次，积极采用数字化技术，为绿色技能培训提供技术和基础设施支撑。最后，应加大资金支持力度，推动数字技术赋能绿色经济可持续发展，从而为劳动力市场提供更多的高质量绿色就业岗位。

附　录

表 1　国内生产总值/亿元

年份	国民总收入	国内生产总值	第一产业	第二产业			第三产业	人均国内生产总值（元）
				总值	工业	建筑业		
2000	99 066.1	100 280.1	14 717.4	45 664.8	40 259.7	5 534.0	39 897.9	7 942
2001	109 276.2	110 863.1	15 502.5	49 660.7	43 855.6	5 945.5	45 700.0	8 717
2002	120 480.4	121 717.4	16 190.2	54 105.5	47 776.3	6 482.1	51 421.7	9 506
2003	136 576.3	137 422.0	16 970.2	62 697.4	55 363.8	7 510.8	57 754.4	10 666
2004	161 415.4	161 840.2	20 904.3	74 286.9	65 776.8	8 720.5	66 648.9	12 487
2005	185 998.9	187 318.9	21 806.7	88 084.4	77 960.5	10 400.5	77 427.8	14 368
2006	219 028.5	219 438.5	23 317.0	104 361.8	92 238.4	12 450.1	91 759.7	16 738
2007	270 844.0	270 232.3	27 788.0	126 633.6	111 693.9	15 348.0	115 810.7	20 505
2008	321 500.5	319 515.5	32 753.2	149 956.6	131 727.6	18 807.6	136 805.8	24 121
2009	348 498.5	349 081.4	34 161.8	160 171.7	138 095.5	22 681.5	154 747.9	26 222
2010	411 265.2	413 030.3	39 362.6	191 629.8	165 126.4	27 259.3	182 038.0	30 876
2011	484 753.2	489 300.6	46 163.1	227 038.8	195 142.8	32 926.5	216 098.6	36 403
2012	539 116.5	540 367.4	50 902.3	244 643.3	208 905.6	36 896.1	244 821.9	40 007
2013	590 422.4	595 244.4	55 329.1	261 956.1	222 337.6	40 896.8	277 959.3	43 852
2014	644 791.1	643 974.0	58 343.5	277 571.8	233 856.4	44 880.5	308 058.6	47 203
2015	682 635.1	685 505.8	60 870.5	280 560.3	235 183.5	46 546.6	344 075.0	49 992
2016	741 140.4	744 127.2	63 670.7	296 236.0	247 860.1	49 522.2	384 220.5	53 980
2017	824 828.4	827 121.7	65 467.6	334 622.6	279 996.9	55 689.0	427 031.5	59 660
2018	915 243.5	919 281.1	64 745.2	364 835.2	301 089.3	65 493.0	489 700.8	65 534
2019	983 751.2	986 515.2	70 473.6	380 670.6	317 108.7	70 904.3	535 372.0	70 328
2020	1008 782.5	1015 986.2	77 754.1	384 255.3	—	—	553 976.8	72 000

表 2　各地区国内生产总值/亿元

地区	2006 年	2007 年	2008 年	2009 年	2010 年	2011 年	2012 年	2013 年	2014 年	2015 年	2016 年	2017 年	2018 年	2019 年	2020 年
北京	8 117.8	9 846.8	11 115.0	12 153.0	14 113.6	16 251.9	17 879.4	19 800.8	21 330.8	22 968.6	25 669.1	28 014.9	30 320.0	35 371.8	36 102.6
天津	4 462.7	5 252.8	6 719.0	7 521.9	9 224.5	11 307.3	12 893.9	14 442.0	15 726.9	16 538.2	17 885.4	18 549.2	18 809.6	14 104.3	14 083.7
河北	11 467.6	13 607.3	16 012.0	17 235.5	20 394.3	24 515.8	26 575.0	28 443.0	29 421.2	29 806.1	32 070.5	34 016.3	36 010.3	35 104.5	36 206.9
山西	4 878.6	6 024.5	7 315.4	7 358.3	9 200.9	11 237.6	12 112.8	12 665.3	12 761.5	12 802.6	13 050.4	15 528.4	16 818.1	17 026.7	17 652.9
内蒙古	4 944.3	6 423.2	8 496.2	9 740.3	11 672.0	14 359.9	15 880.6	16 916.5	17 770.2	18 032.8	18 128.1	16 096.2	17 289.2	17 212.5	17 359.8
辽宁	9 304.5	11 164.3	13 668.6	15 212.5	18 457.3	22 226.7	24 846.4	27 213.2	28 626.6	28 743.4	22 246.9	23 409.2	25 315.4	24 909.5	25 115.0
吉林	4 275.1	5 284.7	6 426.1	7 278.8	8 667.6	10 568.8	11 939.2	13 046.4	13 803.1	14 274.1	14 776.8	14 944.5	15 074.6	11 726.8	12 311.3
黑龙江	6 211.8	7 104.0	8 314.4	8 587.0	10 368.6	12 582.0	13 691.6	14 454.9	15 039.4	15 083.7	15 386.1	15 902.7	16 361.6	13 612.7	13 698.5
上海	10 572.2	12 494.0	14 069.9	15 046.5	17 166.0	19 195.7	20 181.7	21 818.2	23 567.7	24 965.0	28 178.7	30 633.0	32 679.9	38 155.3	38 700.6
江苏	21 742.1	26 018.5	30 982.0	34 457.3	41 425.5	49 110.3	54 058.2	59 753.4	65 088.3	70 116.4	77 388.3	85 869.8	92 595.4	99 631.5	102 719.0
浙江	15 718.5	18 753.7	21 462.7	22 990.4	27 722.3	32 318.9	34 665.3	37 756.6	40 173.0	42 886.5	47 251.4	51 768.3	56 197.2	62 351.7	64 613.3
安徽	6 112.5	7 360.9	8 851.7	10 062.8	12 359.3	15 300.7	17 212.1	19 229.3	20 848.8	22 005.6	24 407.6	27 018.0	30 006.8	37 114.0	38 680.6
福建	7 583.9	9 248.5	10 823.0	12 236.5	14 737.1	17 560.2	19 701.8	21 868.5	24 055.8	25 979.8	28 810.6	32 182.1	35 804.0	42 395.0	43 903.9
江西	4 820.5	5 800.3	6 971.1	7 655.2	9 451.3	11 702.8	12 948.9	14 410.2	15 714.6	16 723.8	18 499.0	20 006.3	21 984.8	24 757.5	25 691.5
山东	21 900.2	25 776.9	30 933.3	33 896.7	39 169.9	45 361.9	50 013.2	55 230.3	59 426.6	63 002.3	68 024.5	72 634.2	76 469.7	71 067.5	73 129.0
河南	12 362.8	15 012.5	18 018.5	19 480.5	23 092.4	26 931.0	29 599.3	32 191.3	34 938.2	37 010.3	40 471.8	44 552.8	48 055.9	54 259.2	54 997.1

续表

地区	2006年	2007年	2008年	2009年	2010年	2011年	2012年	2013年	2014年	2015年	2016年	2017年	2018年	2019年	2020年
湖北	7 617.5	9 333.4	11 328.9	12 961.1	15 967.6	19 632.3	22 250.5	24 791.8	27 379.2	29 550.2	32 665.4	35 478.1	39 366.6	45 828.3	43 443.5
湖南	7 688.7	9 439.6	11 555.0	13 059.7	16 038.0	19 669.6	22 154.2	24 621.7	27 037.3	29 047.2	31 551.4	33 903.0	36 425.8	39 752.1	41 781.5
广东	26 587.8	31 777.0	36 796.7	39 482.6	46 013.1	53 210.3	57 067.9	62 474.8	67 809.9	72 812.6	80 854.9	89 705.2	97 277.8	107 671.1	110 760.9
广西	4 746.2	5 823.4	7 021.0	7 759.2	9 569.9	11 720.9	13 035.1	14 449.9	15 672.9	16 803.1	18 317.6	18 523.3	20 352.5	21 237.1	22 156.7
海南	1 044.9	1 254.2	1 503.1	1 654.2	2 064.5	2 522.7	2 855.5	3 177.6	3 500.7	3 702.8	4 053.2	4 462.5	4 832.1	5 308.9	5 532.4
重庆	3 907.2	4 676.1	5 793.7	6 530.0	7 925.6	10 011.4	11 409.6	12 783.3	14 262.6	15 719.7	17 740.6	19 424.7	20 363.2	23 605.8	25 002.8
四川	8 690.2	10 562.4	12 601.2	14 151.3	17 185.5	21 026.7	23 872.8	26 392.1	28 536.7	30 103.1	32 934.5	36 980.2	40 678.1	46 615.8	48 598.8
贵州	2 339.0	2 884.1	3 561.6	3 912.7	4 602.2	5 701.8	6 852.2	8 086.9	9 266.4	10 502.6	11 776.7	13 540.8	14 806.5	16 769.3	17 826.6
云南	3 988.1	4 772.5	5 692.1	6 169.8	7 224.2	8 893.1	10 309.5	11 832.3	12 814.6	13 717.9	14 788.4	16 376.3	17 881.1	23 223.8	24 521.9
西藏	290.8	341.4	394.9	441.4	507.5	605.8	701.0	815.7	920.8	1 026.4	1 151.4	1 310.9	1 477.6	1 697.8	1 902.7
陕西	4 743.6	5 757.3	7 314.6	8 169.8	10 123.5	12 512.3	14 453.7	16 205.5	17 689.9	18 171.9	19 399.6	21 898.8	24 438.3	25 793.2	26 181.9
甘肃	2 276.7	2 702.4	3 166.8	3 387.6	4 120.8	5 020.4	5 650.2	6 330.7	6 836.8	6 790.3	7 200.4	7 459.9	8 246.1	8 718.3	9 016.7
青海	648.5	797.4	1 018.6	1 081.3	1 350.4	1 670.4	1 893.5	2 122.1	2 303.3	2 417.1	2 572.5	2 624.8	2 865.2	2 966.0	3 005.9
宁夏	725.9	919.1	1 203.9	1 353.3	1 689.7	2 102.2	2 341.3	2 577.6	2 752.1	2 911.8	3 168.6	3 443.6	3 705.2	3 748.5	3 920.5
新疆	3 045.3	3 523.2	4 183.2	4 277.1	5 437.5	6 610.1	7 505.3	8 443.8	9 273.5	9 324.8	9 649.7	10 882.0	12 199.1	13 597.1	13 797.6

表 3　全国人口数及构成

年份	常住人口数 /万人	男性人口占 总人口比重/%	女性人口占总 人口比重/%	城镇人口占总 人口比重/%	流动人口数 /亿人
2000	126 743	51.63	48.37	36.22	1.21
2001	127 627	51.46	48.54	37.66	—
2002	128 453	51.47	48.53	39.09	—
2003	129 227	51.50	48.50	40.53	—
2004	129 988	51.52	48.48	41.76	—
2005	130 756	51.53	48.47	42.99	1.47
2006	131 447	51.52	48.48	44.34	—
2007	132 129	51.50	48.50	45.89	—
2008	132 802	51.47	48.53	46.99	—
2009	133 450	51.44	48.56	48.34	—
2010	134 091	51.27	48.73	49.95	2.21
2011	134 735	51.26	48.74	51.27	2.30
2012	135 404	51.25	48.75	52.57	2.36
2013	136 072	51.24	48.76	53.73	2.45
2014	136 782	51.23	48.77	54.77	2.53
2015	137 462	51.22	48.78	56.10	2.46
2016	138 271	51.21	48.79	57.35	2.45
2017	139 008	51.17	48.83	58.52	2.44
2018	139 538	51.13	48.87	59.58	2.41
2019	140 005	51.09	48.91	60.60	2.36
2020	141 178	51.24	48.76	63.89	3.76

表 4　各地区人口自然增长率/‰

地区	2006年	2007年	2008年	2009年	2010年	2011年	2012年	2013年	2014年	2015年	2016年	2017年	2018年	2019年
北京	1.29	3.40	3.42	3.50	3.07	4.02	4.74	4.41	4.83	3.01	4.12	3.76	2.66	8.12
天津	1.60	2.05	2.19	2.60	2.60	2.50	2.63	2.28	2.14	0.23	1.83	2.60	1.25	6.73
河北	6.23	6.55	6.55	6.50	6.81	6.50	6.47	6.17	6.95	5.56	6.06	6.60	4.88	10.83
山西	5.75	5.33	5.31	4.89	5.30	4.86	4.87	5.24	4.99	4.42	4.77	5.61	4.31	9.12
内蒙古	3.96	4.48	4.27	3.96	3.76	3.51	3.65	3.36	3.56	2.40	3.34	3.73	2.40	8.23
辽宁	1.10	1.53	1.10	0.97	0.42	−0.34	−0.39	−0.03	0.26	−0.42	−0.18	−0.44	−1.00	6.45
吉林	2.67	2.50	1.61	1.95	2.03	1.02	0.36	0.32	0.40	0.34	−0.05	0.26	0.36	6.05
黑龙江	2.39	2.49	2.23	2.06	2.32	1.07	1.27	0.78	0.91	−0.60	−0.49	−0.41	−0.69	5.73
上海	1.58	3.04	2.72	2.70	1.98	1.87	4.20	2.94	3.14	2.45	4.00	2.80	1.80	7.00
江苏	2.28	2.30	2.30	2.56	2.85	2.61	2.45	2.43	2.43	2.02	2.73	2.68	2.29	9.12
浙江	4.87	4.81	4.58	4.63	4.73	4.07	4.60	4.56	5.00	5.02	5.70	6.36	5.44	10.51
安徽	6.30	6.35	6.45	6.47	6.75	6.32	6.86	6.82	6.97	6.98	7.06	8.17	6.45	12.03
福建	6.25	6.10	6.30	6.20	6.11	6.21	7.01	6.19	7.50	7.80	8.30	8.80	7.00	12.90
江西	7.79	7.87	7.91	7.89	7.66	7.50	7.32	6.91	6.98	6.96	7.29	7.71	7.37	12.59
山东	5.50	5.00	5.09	5.62	5.39	5.10	4.95	5.01	7.39	5.88	10.84	10.14	6.08	11.77
河南	5.32	4.94	4.97	4.99	4.95	4.94	5.16	5.51	5.78	5.65	6.15	5.98	4.92	11.02

续表

地区	2006年	2007年	2008年	2009年	2010年	2011年	2012年	2013年	2014年	2015年	2016年	2017年	2018年	2019年
湖北	3.13	3.23	2.71	3.48	4.34	4.38	4.88	4.93	4.90	4.91	5.07	5.59	4.54	11.35
湖南	5.19	5.25	5.40	6.11	6.40	6.55	6.57	6.54	6.63	6.72	6.56	6.19	5.11	10.39
广东	7.29	7.30	7.25	7.26	6.97	6.10	6.95	6.02	6.10	6.80	7.44	9.16	8.24	12.54
广西	8.34	8.20	8.70	8.53	8.65	7.67	7.89	7.93	7.86	7.90	7.87	8.92	8.16	13.31
海南	8.86	8.91	8.99	8.96	8.98	8.97	8.85	8.69	8.61	8.57	8.57	8.72	8.47	12.87
重庆	3.40	3.80	3.80	3.70	2.77	3.17	4.00	3.60	3.62	3.86	4.53	3.91	3.48	10.48
四川	2.86	2.92	2.39	2.72	2.31	2.98	2.97	3.00	3.20	3.36	3.49	4.23	4.04	10.70
贵州	7.26	6.68	6.72	6.96	7.41	6.38	6.31	5.90	5.80	5.80	6.50	7.10	7.05	13.65
云南	6.90	6.86	6.32	6.08	6.54	6.35	6.22	6.17	6.20	6.40	6.61	6.85	6.87	12.63
西藏	11.70	11.30	10.30	10.24	10.25	10.26	10.27	10.38	10.55	10.65	10.68	11.05	10.64	14.60
陕西	4.04	4.05	4.08	4.00	3.72	3.69	3.88	3.86	3.87	3.82	4.41	4.87	4.43	10.55
甘肃	6.24	6.49	6.54	6.61	6.03	6.05	6.06	6.08	6.10	6.21	6.00	6.02	4.42	10.60
青海	8.97	8.80	8.35	8.32	8.63	8.31	8.24	8.03	8.49	8.55	8.52	8.25	8.06	13.66
宁夏	10.69	9.76	9.69	9.68	9.04	8.97	8.93	8.62	8.57	8.04	8.97	8.69	7.78	13.72
新疆	10.76	11.78	11.17	10.56	10.56	10.57	10.84	10.92	11.47	11.08	11.08	11.40	6.13	8.14

表 5　年末城镇登记失业人数及登记失业率

年份	登记失业人数合计/万人	失业青年/万人	比上年增长合计/万人	失业青年/万人	登记失业率/%
1978	530.0	249.1	—	—	5.3
1979	567.6	258.2	7.1	3.7	5.4
1980	541.5	382.5	−4.6	48.1	4.9
1981	439.5	343.0	−18.8	−10.3	3.8
1982	379.4	293.8	−13.7	−14.3	3.2
1983	271.4	222.0	−28.5	−24.4	2.3
1984	235.7	195.9	−13.2	−11.8	1.9
1985	238.5	196.9	1.2	0.5	1.8
1986	264.4	209.3	10.9	6.3	2.0
1987	276.6	235.1	4.6	12.3	2.0
1988	296.2	245.3	7.1	4.3	2.0
1989	377.9	309.0	27.6	26.0	2.6
1990	383.2	312.7	1.4	1.2	2.5
1991	352.2	288.4	−8.1	−7.8	2.3
1992	363.9	299.8	3.3	4.0	2.3
1993	420.1	331.9	15.4	10.7	2.6
1994	476.4	301.0	13.4	−93	2.8
1995	519.6	310.2	9.1	3.1	2.9
1996	552.8	—	6.3	—	3.0
1997	576.8	—	4.3	—	3.1
1998	571.0	—	−1.0	—	3.1
1999	575.0	—	0.7	—	3.1
2000	595.0	—	3.5	—	3.1
2001	681.0	—	14.4	—	3.6
2002	770.0	—	13.1	—	4.0
2003	800.0	—	3.9	—	4.3
2004	827.0	—	3.4	—	4.2
2005	839.0	—	1.5	—	4.2
2006	847.0	—	1.0	—	4.1
2007	830.0	—	−2.0	—	4.0
2008	886.0	—	6.7	—	4.2
2009	921.0	—	4.0	—	4.3

续表

年份	登记失业 人数合计/万人	失业青年 /万人	比上年 增长合计/万人	失业青年 /万人	登记 失业率/%
2010	908.0	—	−1.4	—	4.1
2011	922.0	—	1.5	—	4.1
2012	917.0	—	−0.5	—	4.1
2013	926.0	—	1.0	—	4.05
2014	952.0	—	2.8	—	4.09
2015	966.0	—	1.5	—	4.05
2016	982.0	—	1.7	—	4.02
2017	972.0	—	−1.0	—	3.90
2018	974.0	—	0.2	—	3.80
2019	945.0	—	−3.0	—	3.62

表 6　就业人员分布及基本情况

年份	年末第一产业 就业人员数/万人	年末第二产业 就业人员数/万人	年末第三产业 就业人员数/万人	城镇登记 失业率/%
2000	36 042.5	16 219.1	19 823.4	3.1
2001	36 398.5	16 233.7	20 164.8	3.6
2002	36 640.0	15 681.9	20 958.1	4.0
2003	36 204.4	15 927.0	21 604.7	4.3
2004	34 829.8	16 709.4	22 724.8	4.2
2005	33 441.9	17 766.0	23 439.2	4.2
2006	31 940.6	18 894.5	24 142.9	4.1
2007	30 731.0	20 186.0	24 404.0	4.0
2008	29 923.3	20 553.4	25 087.3	4.2
2009	28 890.5	21 080.2	25 857.4	4.3
2010	27 930.5	21 842.1	26 332.3	4.1
2011	26 594.2	22 544.0	27 281.9	4.1
2012	25 773.0	23 241.0	27 690.0	4.1
2013	24 171.0	23 170.0	29 636.0	4.1
2014	22 790.0	23 099.0	31 364.0	4.1
2015	21 919.0	22 693.0	32 839.0	4.1
2016	21 496.0	22 350.0	33 757.0	4.0
2017	20 944.0	21 824.0	34 872.0	3.9
2018	19 515.0	21 356.0	34 911.0	3.8
2019	18 652.0	21 234.0	35 561.0	3.6
2020	17 715.0	21 543.0	35 806.0	4.2

表 7　分地区城镇登记失业人员数/万人

地区	2007年	2008年	2009年	2010年	2011年	2012年	2013年	2014年	2015年	2016年	2017年	2018年	2019年
北京	10.6	10.3	8.2	7.7	8.1	8.2	7.5	7.4	7.9	8.0	8.1	7.91	7.4
天津	15.0	13.0	15.0	16.1	20.1	20.4	21.6	22.5	25.0	25.7	26.0	25.8	26.1
河北	29.3	32.2	34.5	35.1	35.9	36.8	37.2	38.3	39.4	39.7	39.9	38.0	36.0
山西	16.1	17.5	21.6	20.3	21.1	21.0	21.1	24.5	25.5	26.0	26.5	24.5	21.3
内蒙古	18.5	19.9	20.1	20.8	21.8	23.1	23.8	24.7	25.8	26.7	27.0	27.0	28.1
辽宁	44.5	41.7	41.6	38.9	39.4	38.0	39.5	40.9	46.1	47.3	42.7	44.4	45.6
吉林	23.9	24.3	23.4	22.6	22.2	22.3	22.6	23.1	23.8	25.7	26.2	26.8	23.9
黑龙江	31.5	32.1	31.4	36.2	35.0	41.2	41.3	39.8	40.9	39.5	39.7	39.4	34.7
上海	26.7	26.6	27.8	27.6	27.0	26.6	25.3	25.6	24.8	24.2	22.0	19.4	19.3
江苏	39.3	41.1	40.7	40.6	41.4	40.4	37.6	36.5	36.0	35.2	34.6	34.3	35.1
浙江	28.6	30.7	30.6	31.1	31.6	33.4	33.4	33.1	33.6	33.8	33.7	34.0	34.4
安徽	27.2	29.3	30.0	26.8	33.1	31.3	32.3	31.4	30.9	30.4	28.9	28.0	26.8
福建	14.9	15.0	15.1	14.4	14.6	14.5	14.7	14.3	15.4	16.2	17.1	17.3	16.8
江西	24.3	26.0	27.3	26.2	24.6	25.7	27.4	29.4	29.9	31.3	32.3	35.1	27.5
山东	43.5	60.7	45.1	44.5	45.1	43.4	42.1	43.0	43.6	45.8	45.7	46.5	44.2
河南	33.1	36.5	38.4	38.1	38.4	38.3	40.2	40.0	42.4	43.5	40.6	48.6	49.4

续表

地区	2007 年	2008 年	2009 年	2010 年	2011 年	2012 年	2013 年	2014 年	2015 年	2016 年	2017 年	2018 年	2019 年
湖北	54.1	55.1	55.2	55.6	55.1	42.2	40.1	37.8	33.4	32.9	37.0	36.1	37.6
湖南	44.4	47.0	47.8	43.2	43.1	44.1	45.6	47.2	45.1	44.9	44.4	40.3	31.1
广东	36.2	38.1	39.5	39.3	38.8	39.6	37.9	36.8	36.9	37.9	37.1	36.5	36.9
广西	18.5	18.8	19.1	19.0	18.8	18.9	18.0	18.6	18.1	18.1	14.7	16.7	19.7
海南	5.4	5.6	5.3	4.8	2.9	3.6	3.9	4.3	4.8	5.1	5.5	5.5	5.6
重庆	14.1	13.0	13.4	13.0	12.9	12.4	12.0	13.4	14.2	15.6	14.2	13.0	17.5
四川	34.5	37.7	36.2	34.5	36.9	40.6	42.8	54.3	54.6	56.2	55.7	53.3	50.4
贵州	12.1	12.5	12.3	12.1	12.5	12.5	13.6	14.0	14.4	14.7	14.9	15.0	15.3
云南	14.0	14.8	15.4	15.6	15.9	17.4	18.0	19.1	19.4	20.1	19.8	20.8	22.9
西藏	—	—	2.0	2.1	1.0	1.6	1.6	1.7	1.8	1.8	2.0	2.1	2.1
陕西	21.0	20.8	21.4	21.4	20.9	19.4	21.0	22.3	22.3	22.7	23.4	24.1	23.8
甘肃	9.5	9.4	10.2	10.7	10.7	9.8	9.3	9.7	9.5	9.8	9.7	10.0	10.8
青海	3.7	3.9	4.1	4.2	4.4	4.1	4.2	4.2	4.4	4.6	4.7	4.7	3.1
宁夏	4.4	4.8	4.8	4.8	5.2	4.6	4.7	5.0	4.9	5.1	5.1	5.4	5.0
新疆	11.7	11.8	11.8	10.9	11.1	11.8	11.9	11.2	10.2	9.7	10.0	9.6	8.4

表 8　分地区城镇登记失业率（年末数，%）

地区	2007年	2008年	2009年	2010年	2011年	2012年	2013年	2014年	2015年	2016年	2017年	2018年	2019年
北京	1.8	1.8	1.4	1.4	1.4	1.3	1.2	1.3	1.4	1.4	1.4	1.4	1.3
天津	3.6	3.6	3.6	3.6	3.6	3.6	3.6	3.5	3.5	3.5	3.5	3.5	3.5
河北	3.8	4.0	3.9	3.9	3.8	3.7	3.7	3.6	3.6	3.7	3.7	3.3	3.1
山西	3.2	3.3	3.9	3.6	3.5	3.3	3.1	3.4	3.5	3.5	3.4	3.3	2.7
内蒙古	4.0	4.1	4.0	3.9	3.8	3.7	3.7	3.6	3.7	3.7	3.6	3.6	3.7
辽宁	4.3	3.9	3.9	3.6	3.7	3.6	3.4	3.4	3.4	3.8	3.8	3.9	4.2
吉林	3.9	4.0	4.0	3.8	3.7	3.7	3.7	3.4	3.5	3.5	3.5	3.5	3.1
黑龙江	4.3	4.2	4.3	4.3	4.1	4.2	4.4	4.5	4.5	4.2	4.2	4.0	3.5
上海	4.2	4.2	4.3	4.4	3.5	3.1	4.0	4.1	4.0	4.1	3.9	3.5	3.5
江苏	3.2	3.3	3.2	3.2	3.2	3.1	3.0	3.0	3.0	3.0	3.0	3.0	3.0
浙江	3.3	3.5	3.3	3.2	3.1	3.0	3.0	3.0	2.9	2.9	2.7	2.6	2.5
安徽	4.1	3.9	3.9	3.7	3.7	3.7	3.4	3.2	3.1	3.2	2.9	2.8	2.6
福建	3.9	3.9	3.9	3.8	3.7	3.6	3.6	3.5	3.7	3.9	3.9	3.7	3.5
江西	3.4	3.4	3.4	3.3	3.0	3.0	3.2	3.3	3.4	3.4	3.3	3.4	2.9
山东	3.2	3.7	3.4	3.4	3.4	3.3	3.2	3.3	3.4	3.5	3.4	3.4	3.3
河南	3.4	3.4	3.5	3.4	3.4	3.1	3.1	3.0	3.0	3.0	2.8	3.0	3.2

续表

地区	2007年	2008年	2009年	2010年	2011年	2012年	2013年	2014年	2015年	2016年	2017年	2018年	2019年
湖北	4.2	4.2	4.2	4.2	4.1	3.8	3.5	3.1	2.6	2.4	2.6	2.6	2.4
湖南	4.3	4.2	4.1	4.2	4.2	4.2	4.2	4.1	4.1	4.2	4.0	3.6	2.7
广东	2.5	2.6	2.6	2.5	2.5	2.5	2.4	2.4	2.5	2.5	2.5	2.4	2.3
广西	3.8	3.8	3.7	3.7	3.5	3.4	3.3	3.2	2.9	2.9	2.2	2.3	2.6
海南	3.5	3.7	3.5	3.0	1.7	2.0	2.2	2.3	2.3	2.4	2.3	2.3	2.3
重庆	4.0	4.0	4.0	3.9	3.5	3.3	3.4	3.5	3.6	3.7	3.4	3.0	2.6
四川	4.2	4.6	4.3	4.1	4.2	4.0	4.1	4.2	4.1	4.2	4.0	3.5	3.3
贵州	4.0	4.0	3.8	3.6	3.6	3.3	3.3	3.3	3.3	3.2	3.2	3.2	3.1
云南	4.2	4.2	4.3	4.2	4.1	4.0	4.0	4.0	4.0	3.6	3.2	3.4	3.3
西藏	—	—	3.8	4.0	3.2	2.6	2.5	2.5	2.5	2.6	2.7	2.8	2.9
陕西	4.0	3.9	3.9	3.9	3.6	3.2	3.3	3.3	3.4	3.3	3.3	3.2	3.2
甘肃	3.3	3.2	3.3	3.2	3.1	2.7	2.3	2.2	2.1	2.2	2.7	2.8	3.0
青海	3.8	3.8	3.8	3.8	3.8	3.4	3.3	3.2	3.2	3.1	3.1	3.0	2.2
宁夏	4.3	4.4	4.4	4.4	4.4	4.2	4.1	4.0	4.0	3.9	3.9	3.9	3.7
新疆	3.9	3.7	3.8	3.2	3.2	3.4	3.4	3.2	2.9	2.5	2.6	2.4	2.1

表 9　各地区历年大专及以上从业人员占从业总人数比例/%

地区	2008 年	2009 年	2010 年	2011 年	2012 年	2013 年	2014 年	2015 年	2016 年	2017 年	2018 年	2019 年
北京	32.8	36.0	39.0	50.3	53.6	51.4	55.9	52.7	54.1	55.8	57.4	62.2
天津	16.9	18.0	21.5	26.7	27.8	31.8	34.2	34.4	34.3	34.5	38.4	43.2
河北	5.0	5.7	7.7	11.1	11.9	11.1	13.4	15.7	16.2	16.5	17.5	18.7
山西	7.2	7.9	10.8	12.9	15.4	15.3	16.8	20.8	21.3	21.2	22.4	24.3
内蒙古	7.8	8.2	12.4	16.6	17.0	17.3	18.5	18.1	20.0	21.3	21.6	25.4
辽宁	11.7	12.2	13.6	13.6	13.2	15.5	16.7	20.0	20.7	20.8	20.3	23.6
吉林	7.6	8.6	10.6	12.4	13.5	13.9	14.9	15.8	15.7	17.2	17.7	20.8
黑龙江	6.5	7.1	10.3	9.5	9.4	11.0	11.6	18.0	17.7	17.0	17.1	21.5
上海	29.2	31.3	28.3	32.1	33.7	35.0	42.9	43.9	44.6	46.2	48.1	50.8
江苏	6.6	7.3	12.0	13.7	15.4	16.9	18.3	22.9	24.6	25.2	25.5	27.7
浙江	8.9	10.4	11.6	15.9	17.6	19.2	21.5	24.7	25.2	26.5	27.4	30.6
安徽	4.1	3.9	7.5	8.7	9.7	10.1	11.6	13.3	13.8	12.7	14.6	18.9
福建	7.4	12.0	10.0	15.7	16.3	17.1	18.0	17.9	18.7	18.9	20.3	21.6
江西	6.9	7.4	7.2	8.0	9.0	10.8	10.9	12.6	11.9	11.4	12.7	16.3
山东	5.6	5.9	8.9	13.9	14.6	16.0	17.3	14.7	15.2	15.6	16.4	19.3
河南	4.5	5.0	6.8	8.6	9.0	10.2	12.0	12.8	13.2	12.5	13.3	17.9

续表

地区	2008 年	2009 年	2010 年	2011 年	2012 年	2013 年	2014 年	2015 年	2016 年	2017 年	2018 年	2019 年
湖北	7.1	7.9	9.2	14.1	13.8	13.5	16.0	16.3	16.5	15.8	17.1	20.7
湖南	5.6	5.7	7.9	14.8	14.3	14.8	15.6	14.8	15.6	16.3	16.6	21.9
广东	8.8	7.7	10.7	12.5	12.2	14.2	15.4	17.3	18.6	18.7	19.7	24.0
广西	3.7	4.5	7.4	8.0	9.0	8.3	10.5	13.5	13.2	12.9	12.3	15.3
海南	6.1	6.1	9.0	11.4	13.3	14.3	15.2	13.9	14.4	14.6	16.0	21.1
重庆	3.9	5.5	10.4	11.4	12.3	12.5	14.2	18.5	19.5	19.4	18.9	25.6
四川	3.3	5.5	7.0	8.8	9.6	10.7	11.0	12.0	13.3	13.1	12.7	18.6
贵州	4.5	3.6	7.1	8.4	8.2	9.3	10.2	9.5	10.2	10.2	10.5	14.6
云南	3.0	3.2	6.5	8.8	8.4	10.0	10.2	9.9	9.4	9.5	9.4	14.6
西藏	0.3	0.3	7.1	18.5	6.6	5.9	5.9	10.0	12.1	11.8	13.0	13.4
陕西	8.9	8.4	10.5	16.0	17.0	18.7	21.0	17.6	18.9	20.3	21.2	24.6
甘肃	5.2	5.0	8.1	11.5	12.1	13.8	14.4	13.4	14.1	14.4	15.9	17.9
青海	9.3	10.2	11.5	16.7	16.5	17.5	16.4	17.9	19.1	19.6	20.9	24.0
宁夏	9.3	9.3	12.7	15.0	14.3	14.1	15.4	19.4	21.3	21.8	22.8	29.1
新疆	11.3	11.3	13.9	16.0	18.0	18.1	17.7	23.0	23.1	23.8	24.9	26.6

表 10　全国就业训练中心结业与就业人数

年份	结业人数/人	就业人数/人	就业率/% （就业数/结业数）
2001	4 633 170	2 809 620	60.6
2002	5 034 090	3 181 555	63.2
2003	5 796 603	3 768 636	65.0
2004	7 155 655	4 662 924	65.2
2005	7 971 643	5 577 680	70.0
2006	8 896 578	6 488 160	72.9
2007	9 184 327	7 166 297	78.0
2008	8 632 205	7 044 980	81.6
2009	7 710 226	6 607 821	85.7
2010	7 257 643	5 995 558	82.6
2011	7 441 632	5 942 559	79.9
2012	7 558 849	6 925 624	91.6
2013	5 840 449	4 534 446	77.6
2014	5 023 349	3 710 579	73.9
2015	4 242 993	3 178 178	74.9
2016	4 084 783	2 911 629	71.3
2017	3 178 574	2 197 610	69.1
2018	10 564 779	7 157 706	67.8
2019	3 087 700	959 163	31.1

表 11　全国职业技能鉴定劳动者数量/人

年份	获得证书人数	初级	中级	高级	技师	高级技师
2000	3 726 619	1 553 035	1 743 885	393 201	34 175	2 323
2001	4 570 081	1 756 881	2 236 967	523 010	49 689	3 534
2002	5 562 607	2 036 748	2 712 382	761 195	48 852	3 430
2003	5 839 222	2 124 504	2 870 097	768 890	69 501	6 230
2004	7 360 975	2 691 946	3 516 786	975 155	140 816	36 272
2005	7 857 292	2 732 405	3 756 905	1 133 278	195 577	39 127

续表

年份	获得证书人数	初级	中级	高级	技师	高级技师
2006	9 252 416	3 124 130	4 390 924	1 440 591	260 830	35 384
2007	9 956 079	3 687 419	4 518 674	1 429 235	274 176	46 575
2008	11 372 105	4 492 273	4 891 989	1 606 473	318 047	63 323
2009	12 320 051	5 251 357	5 134 383	1 516 357	336 623	81 331
2010	13 929 377	5 899 097	5 544 598	2 097 432	316 663	71 587
2011	14 820 504	6 533 022	5 464 700	2 464 290	286 769	71 723
2012	15 487 834	6 655 352	5 604 790	2 760 639	336 187	130 866
2013	15 366 664	6 766 044	5 372 332	2 728 517	376 144	123 627
2014	15 542 766	6 094 580	5 707 155	3 117 737	429 024	194 270
2015	15 392 295	5 915 465	5 831 396	3 092 249	416 439	136 746
2016	14 461 529	5 549 708	5 481 352	2 963 711	350 596	116 162
2017	11 987 218	4 207 073	4 541 983	2 804 674	330 333	103 155
2018	9 031 831	3 245 567	3 333 132	2 099 864	277 673	75 595
2019	8 618 572	3 184 815	3 419 359	1 730 439	205 600	78 305

表 12　2019 年各行业就业人员受教育程度/％

受教育程度	未上过学	小学	初中	高中	大学专科	大学本科	研究生及以上
农、林、牧、渔业	7.4	38.8	45.9	6.8	0.8	0.2	0
采矿业	0.4	7.4	40.4	25.1	15.7	10.0	0.9
制造业	0.8	11.0	48.8	22.1	10.7	6.0	0.6
电力、燃气及水的生产和供应业	0.2	4.0	26.3	24.7	24.1	19.2	1.5
建筑业	1.0	17.9	55.2	14.9	6.6	4.2	0.2
交通运输、仓储和邮政业	0.2	7.4	47.4	26.1	12.1	6.5	0.2
信息传输、计算机服务和软件业	0	0.7	10.5	18.2	31.2	34.9	4.4
批发和零售业	0.6	7.7	42.1	28.9	14.1	6.3	0.3
住宿和餐饮业	0.8	11.2	53.5	24.3	7.7	2.4	0

续表

受教育程度	未上过学	小学	初中	高中	大学专科	大学本科	研究生及以上
金融业	0	0.8	9.7	19.2	28.6	36.5	5.2
房地产业	0.4	5.5	26.6	28.6	23.7	14.1	1.1
租赁和商务服务业	0.2	3.9	24.4	23.8	25.0	20.4	2.2
科学研究、技术服务和地质勘查业	0.1	1.1	9.9	15.7	25.8	36.7	10.7
水利、环境和公共设施管理业	2.8	18.2	35.7	18.7	13.0	10.4	1.2
居民服务和其他服务业	1.3	12.1	49.0	24.8	9.2	3.4	0.1
教育业	0.1	1.7	9.8	14.0	26.3	40.8	7.4
卫生、社会保障和社会福利业	0.3	2.2	9.2	19.7	33.4	30.8	4.3
文化、体育和娱乐业	0.3	4.5	24.1	24.9	21.6	22.3	2.3
公共管理和社会组织	0.2	2.3	12	19.5	28.9	33.9	3.1

表 13　2019 年按职业分就业人员受教育程度/%

受教育程度	未上过学	小学	初中	高中	大学专科	大学本科	研究生及以上
单位负责人	0.1	3.1	23.1	26.0	23.0	21.9	2.8
专业技术人员	0.1	1.0	9.3	16.3	29.5	37.6	6.3
办事人员和有关人员	0.2	2.9	17.3	23.0	27.7	26.4	2.5
商业、服务业人员	0.7	9.1	44.4	26.2	12.6	6.5	0.5
农林牧渔水利业生产人员	7.5	39.1	46.0	6.6	0.7	0.2	0
生产运输设备操作人员及有关人员	1.0	15.7	57.7	18.4	5.4	1.7	0.1
其他	3.0	21.3	47	18.2	7.1	2.7	0.7

表14 按行业分城镇非私营单位就业人员平均工资/元

项目	2010年	2011年	2012年	2013年	2014年	2015年	2016年	2017年	2018年	2019年
全国总计	36 539	41 799	46 769	51 483	56 360	63 241	67 569	74 318	82 413	90 501
农、林、牧、渔业	16 717	19 469	22 687	25 820	28 356	32 971	33 612	36 504	36 466	39 340
采矿业	44 196	52 230	56 946	60 138	61 677	59 920	60 544	69 500	81 429	91 068
制造业	30 916	36 665	41 650	46 431	51 369	55 192	59 470	64 452	72 088	78 147
电力、燃气及水的生产和供应业	47 309	52 723	58 202	67 085	73 339	80 528	83 863	90 348	100 162	107 733
建筑业	27 529	32 103	36 483	42 072	45 804	49 767	52 082	55 568	60 501	65 580
交通运输、仓储和邮政业	40 466	47 078	46 340	50 308	55 838	60 449	65 061	71 201	88 508	97 050
信息传输、计算机服务和软件业	64 436	70 918	80 510	90 915	100 845	112 935	122 478	133 150	147 678	161 352
批发和零售业	33 635	40 654	53 391	57 993	63 416	69 772	73 650	80 225	80 551	89 047
住宿和餐饮业	23 382	27 486	31 267	34 044	37 264	41 773	43 382	45 751	48 260	50 346
金融业	70 146	81 109	89 743	99 653	108 273	114 777	117 418	122 851	129 837	131 405
房地产业	35 870	42 837	46 764	51 048	55 568	61 381	65 497	69 277	75 281	80 157
租赁和商务服务业	39 566	46 976	53 162	62 538	67 131	71 410	76 782	81 393	85 147	88 190
科学研究、技术服务和地质勘查业	56 376	64 252	69 254	76 602	82 259	90 786	96 638	107 815	123 343	133 459
水利、环境和公共设施管理业	25 544	28 868	32 343	36 123	39 198	47 046	47 750	52 229	56 670	61 158
居民服务和其他服务业	28 206	33 169	35 135	38 429	41 882	45 524	47 577	50 552	55 343	60 232
教育业	38 968	43 194	47 734	51 950	56 580	68 090	74 498	83 412	92 383	97 681
卫生、社会保障和社会福利业	40 232	46 206	52 564	57 979	63 267	73 444	80 026	89 648	98 118	108 903
文化、体育和娱乐业	41 428	47 878	53 558	59 336	64 375	74 301	79 875	87 803	98 621	107 708
公共管理和社会组织	38 242	42 062	46 074	49 259	53 110	64 431	70 959	80 372	87 932	94 369

表 15　按行业分城镇非私营单位就业人员工资总额/亿元

项目	2010 年	2011 年	2012 年	2013 年	2014 年	2015 年	2016 年	2017 年	2018 年	2019 年
全国总计	47 269.9	59 954.7	70 914.2	93 064.3	102 817.2	112 007.8	120 074.8	129 889.1	141 480.0	154 296.1
农、林、牧、渔业	627.1	697.7	760.8	758.0	808.9	862.6	882.1	949.9	716.1	535.1
采矿业	2 458.8	3 174.2	3 600.7	3 833.2	3 728.2	3 318.2	3 038.1	3 208.6	3 413.4	3 388.2
制造业	11 140.8	15 031.4	17 668.1	24 566.6	27 011.4	28 341.6	29 088.9	29 740.6	30 385.0	30 197.5
电力、燃气及水的生产和供应业	1 468.3	1 755.7	1 999.6	2 715.3	2 965.8	3 137.4	3 235.7	3 406.6	3 704.0	4 030.1
建筑业	3 471.6	5 596.4	7 392.7	12 315.1	13 389.4	13 619.3	13 969.2	14 2843.9	15 949.5	14 431.7
交通运输、仓储和邮政业	2 542.0	3 074.1	3 271.3	4 451.9	4 931.4	5 324.6	5 681.2	5 980.1	7 273.3	7 913.9
信息传输、计算机服务和软件业	1 171.7	1 475.6	3 531.5	4 834.6	5 435.4	5 898.0	6 238.7	6 754.1	6 204.1	7 281.1
批发和零售业	1 783.0	2 594.8	824.4	1 038.3	1 079.1	1 130.0	1 167.9	1 212.0	6 628.5	7 402.2
住宿和餐饮业	484.7	655.2	1 769.4	2 957.7	3 375.8	3 912.7	4 431.8	5 198.4	1 293.0	1 330.5
金融业	3 219.0	4 007.0	4 669.0	5 269.0	6 017.4	6 730.1	7 557.3	8 295.0	8 907.3	10 711.3
房地产业	745.6	1 052.5	1 271.3	1 882.3	2 220.5	2 493.0	2 802.1	3 059.3	3 507.8	4 057.4
租赁和商务服务业	1 198.5	1 325.3	1 531.2	2 629.4	2 985.9	3 399.9	3 704.3	4 176.0	4 453.3	5 727.2
科学研究、技术服务和地质勘查业	1 619.3	1 879.6	2 259.4	2 940.3	3 339.7	3 665.8	4 037.3	4 491.5	5 045.1	5 740.5
水利、环境和公共设施管理业	555.9	659.8	784.6	933.7	1 049.9	1 177.7	1 278.2	1 394.3	1 456.5	1 491.2
居民服务和其他服务业	168.4	197.9	217.1	277.2	312.9	336.1	357.8	390.2	423.8	520.1
教育	6 136.5	6 938.8	7 851.0	8 721.1	9 722.5	11 492.1	12 787.1	14 324.4	15 928.1	18 445.3
卫生、社会保障和社会福利业	2 506.4	3 078.7	3 718.5	4 397.8	5 057.8	5 941.3	6 825.6	7 930.8	8 857.8	10 812.9
文化、体育和娱乐业	543.7	642.1	735.4	867.8	936.8	1 086.0	1 204.4	1 339.9	1 450.7	1 628.7
公共管理和社会组织	5 428.8	6 118.1	7 058.3	7 675.0	8 448.6	10 141.4	11 787.2	13 753.5	15 882.8	18 651.1

表 16　城镇单位就业人员平均工资及指数

年份	平均工资/元				指数(以上年为100)			
	合计	国有单位	城镇集体单位	其他单位	合计	国有单位	城镇集体单位	其他单位
1985	1 148	1 213	967	1 436	117.9	117.3	119.2	137.0
1986	1 329	1 414	1 092	1 629	115.8	116.6	112.9	113.4
1987	1 459	1 546	1 207	1 879	109.8	109.3	110.5	115.3
1988	1 747	1 853	1 426	2 382	119.7	119.9	118.1	126.8
1989	1 935	2 055	1 557	2 707	110.8	110.9	109.2	113.6
1990	2 140	2 284	1 681	2 987	110.6	111.1	108.0	110.3
1991	2 340	2 477	1 866	3 468	109.3	108.5	111.0	116.1
1992	2 711	2 878	2 109	3 966	115.9	116.2	113.0	114.4
1993	3 371	3 532	2 592	4 966	124.3	122.7	122.9	125.2
1994	4 538	4 797	3 245	6 302	134.6	135.8	125.2	126.9
1995	5 348	5 553	3 934	7 728	118.9	117.3	121.1	119.9
1996	5 980	6 207	4 312	8 521	111.8	111.8	109.6	110.3
1997	6 444	6 679	4 516	9 092	107.8	107.6	104.7	106.7
1998	7 446	7 579	5 314	9 241	115.5	113.5	117.7	101.6
1999	8 319	8 443	5 758	10 142	111.7	111.4	108.4	109.8
2000	9 333	9 441	6 241	11 238	112.2	111.8	108.4	110.8
2001	10 834	11 045	6 851	12 437	116.1	117.0	109.8	110.7
2002	12 373	12 701	7 636	13 486	114.2	115.0	111.5	108.4
2003	13 969	14 358	8 627	14 843	112.9	113.0	113.0	110.1
2004	15 920	16 445	9 723	16 519	114.0	114.5	112.7	111.3
2005	18 200	18 978	11 176	18 362	114.3	115.4	114.9	111.2
2006	20 856	21 706	12 866	21 004	114.6	114.4	115.1	114.4
2007	24 721	26 100	15 444	24 271	118.5	120.2	120.0	115.6
2008	28 898	30 287	18 103	28 552	116.9	116.0	117.2	117.6
2009	32 244	34 130	20 607	31 350	111.6	112.7	113.8	109.8
2010	36 539	38 359	24 010	35 801	113.3	112.4	116.5	114.2
2011	41 799	43 483	28 791	41 323	114.4	113.4	119.9	115.4
2012	46 769	48 357	33 784	46 360	111.9	111.2	117.3	112.2
2013	51 483	52 657	38 905	51 453	110.1	108.9	115.2	111.0
2014	56 360	57 296	42 742	56 485	109.5	108.8	109.9	109.8
2015	62 029	65 296	46 607	60 906	110.1	114.0	109.0	107.8
2016	67 569	72 538	50 527	65 531	108.9	111.1	108.4	107.6
2017	74 318	81 114	55 243	71 304	109.9	111.8	109.3	108.8
2018	82 413	89 474	60 664	61 666	110.9	110.3	109.8	111.4
2019	90 501	98 899	62 612	71 329	109.8	110.5	103.2	109.7
2020	97 379	108 132	68 590	92 721	107.9	109.3	109.5	106.3

表 17　全国就业人员受教育程度构成/%

性别	受教育程度	2010年	2011年	2012年	2013年	2014年	2015年	2016年	2017年	2018年	2019年
男性	未上过学就业人员占比	3.0	2.8	1.9	1.0	1.0	1.0	1.0	1.5	1.1	1.0
	小学文化程度就业人员占比	24.0	23.0	20.9	16.9	16.1	15.6	15.5	15.3	14.2	13.6
	初中文化程度就业人员占比	51.0	51.6	51.3	50.2	49.9	49.5	47.9	52	45.4	42.9
	高中文化程度就业人员占比	14.7	14.7	15.6	18.6	19.2	19.0	19.3	14.2	19.7	20.7
	大学专科文化程度就业人员占比	4.6	4.9	6.1	7.7	8.0	8.7	9.4	9.0	10.7	11.7
	大学本科文化程度就业人员占比	2.5	2.7	3.8	5.1	5.3	5.7	6.3	7.2	8.0	9.1
	研究生文化程度就业人员占比	0.2	0.3	0.4	0.5	0.5	0.5	0.6	0.8	0.8	1.1
女性	未上过学就业人员占比	7.9	7.1	5.2	3.2	3.1	3.0	2.8	4.6	3.8	3.8
	小学文化程度就业人员占比	31.3	30.2	27.6	23.1	22.5	22.0	21.4	21.0	19.3	18.5
	初中文化程度就业人员占比	44.1	45.3	45.8	46.7	46.4	46.1	45.2	40.1	40.0	37.6
	高中文化程度就业人员占比	10.4	10.5	11.7	14.3	14.4	14.7	14.7	16.3	15.7	16.2
	大学专科文化程度就业人员占比	4.1	4.5	5.8	7.6	8.1	8.4	9.3	9.4	11.1	12.4
	大学本科文化程度就业人员占比	2.0	2.3	3.6	4.7	5.0	5.4	6.1	7.9	9.0	10.4
	研究生文化程度就业人员占比	0.2	0.1	0.3	0.4	0.5	0.4	0.5	0.7	0.9	1.2

表 18　城镇专业技术人员周工作时间构成/%

周工作时间占比	2008年	2009年	2010年	2011年	2012年	2013年	2014年	2015年	2016年	2017年	2018年	2019年
1～8 小时人员占比	0.2	0.3	0.2	0.3	0.3	0.3	0.3	1.2	1.0	0.8	0.6	0.7
9～19 小时人员占比	0.3	0.3	0.2	0.4	0.3	0.4	0.4	0.7	0.5	0.5	0.4	0.4
20～39 小时人员占比	5.5	5.7	4.1	4.1	4.1	4.2	4.3	4.8	3.6	3.2	2.8	3.1

续表

周工作时间占比	2008年	2009年	2010年	2011年	2012年	2013年	2014年	2015年	2016年	2017年	2018年	2019年
40小时人员占比	64.0	63.9	67.7	62.0	60.5	59.0	59.0	62.2	61.6	64.6	64.6	60.6
41~48小时人员占比	16.1	16.3	12.0	16.1	18.3	18.2	18.5	15.3	15.7	16.0	16.9	19.9
48小时以上人员占比	14.0	13.5	15.7	17.1	16.5	17.9	17.6	15.8	17.5	14.8	16.6	15.2

表 19 按户口性质分城镇就业人员工作时间构成/%

	周工作时间占比	2008年	2009年	2010年	2011年	2012年	2013年	2014年	2015年	2016年	2017年	2018年	2019年
农业户口	1~8小时人员占比	0.9	0.9	0.9	1.0	0.7	0.8	1.0	1.8	1.5	1.5	1.2	1.1
	9~19小时人员占比	3.7	3.4	3.4	2.4	2.2	2.3	2.5	2.6	2.2	2.3	1.8	1.7
	20~39小时人员占比	22.2	20.3	10.6	13.4	12.7	13.1	12.2	10.6	9.7	9.5	8.9	8.3
	40小时人员占比	19.2	20.6	23.4	21.1	22.1	20.6	20.3	24.5	24.6	24.2	25.1	28.3
	41~48小时人员占比	19.2	18.7	16.9	20.2	20.9	20.4	21.2	18.5	19.7	20.2	20.6	20.3
	48小时以上人员占比	34.7	36.1	47.0	42.0	41.4	42.8	42.9	41.9	42.3	42.4	42.4	40.3
非农业户口	1~8小时人员占比	0.2	0.3	0.2	0.4	0.3	0.3	0.2	1.4	0.9	0.8	0.7	0.7
	9~19小时人员占比	0.6	0.5	0.3	0.5	0.4	0.4	0.4	0.8	0.6	0.6	0.5	0.5
	20~39小时人员占比	6.2	6.6	4.2	4.3	4.2	4.3	4.4	4.6	3.4	3.1	2.8	3.3
	40小时人员占比	49.5	50.8	54.6	52.0	50.0	49.5	49.9	51.5	50.8	50.8	50.1	48.7
	41~48小时人员占比	17.2	18.1	13.6	17.5	19.8	19.4	19.3	16.8	17.7	18.6	19.3	20.9
	48小时以上人员占比	26.3	23.6	27.1	25.3	25.4	26.0	25.8	24.9	26.5	26.2	26.6	25.8

表 20　城镇自营劳动者周工作时间构成/%

周工作时间占比	2008 年	2009 年	2011 年	2012 年	2013 年	2014 年	2015 年	2016 年	2017 年	2018 年	2019 年
1～8 小时人员占比	0.2	1.2	1.7	0.4	0.3	0.4	2.1	1.8	1.6	1.4	1.7
9～19 小时人员占比	1.1	4.9	4.2	1.0	1.0	1.1	3.9	3.1	3.2	2.7	2.6
20～39 小时人员占比	12.6	28.0	20.9	7.6	9.1	9.2	13.6	12.3	12.2	11.6	11.7
40 小时人员占比	16.6	19.3	17.2	16.6	16.0	15.1	23.6	23.8	23.5	23.8	26.5
41～48 小时人员占比	14.8	15.8	15.0	14.8	13.4	14.5	13.8	15.6	16.1	16.4	15.7
48 小时以上人员占比	54.8	30.7	40.9	59.6	60.2	59.7	42.9	43.4	43.3	44.1	41.8

表 21　城镇家庭帮工周工作时间构成/%

周工作时间占比	2008 年	2009 年	2011 年	2012 年	2013 年	2014 年	2015 年	2016 年	2017 年	2018 年	2019 年
1～8 小时人员占比	0.4	0.5	0.8	0.4	0.5	0.4	2.0	1.7	1.4	1.8	3.8
9～19 小时人员占比	2.5	2.3	2.6	1.3	1.9	1.7	4.3	3.1	2.7	2.0	6.6
20～39 小时人员占比	17.0	16.5	15.1	11.8	11.8	12.0	15.6	14.7	12.8	11.1	17.0
40 小时人员占比	17.5	18.3	19.2	19.6	16.9	16.2	24.7	22.5	23.7	23.6	30.0
41～48 小时人员占比	14.2	13.5	11.8	15.6	13.2	15.2	12.5	13.6	15.5	15.0	10.1
48 小时以上人员占比	48.5	48.9	50.5	51.5	55.6	54.5	40.9	44.2	43.9	46.5	32.5

表 22　城镇商业、服务业人员周工作时间构成/%

周工作时间占比	2008 年	2009 年	2010 年	2011 年	2012 年	2013 年	2014 年	2015 年	2016 年	2017 年	2018 年	2019 年
1～8 小时人员占比	0.2	0.2	0.2	0.4	0.3	0.3	0.3	1.5	1.1	0.9	0.8	0.7
9～19 小时人员占比	0.8	0.6	0.4	0.8	0.6	0.7	0.6	1.3	0.9	0.8	0.7	0.7
20～39 小时人员占比	8.4	7.6	4.9	5.7	5.0	5.6	5.5	5.5	4.6	3.8	3.6	4.2
40 小时人员占比	27.3	28.1	31.2	29.2	27.8	27.4	27.4	34.3	33.4	36.0	35.6	32.8
41～48 小时人员占比	18.7	20.0	16.2	19.9	21.5	20.8	20.9	18.3	19.5	19.8	20.4	22.0
48 小时以上人员占比	44.7	43.6	47.1	43.9	44.8	45.2	45.3	39.1	40.6	38.7	38.9	39.6

表 23   2019 年按受教育程度分组的城镇就业人员调查周平均工作时间(小时/周)

受教育程度	1~8 小时	9~19 小时	20~39 小时	40 小时	41~48 小时	48 小时以上
总计	0.9	1.0	5.3	40.4	20.7	31.8
未上过学	3.5	7.2	20.3	28.2	12.7	28.1
小学	2.1	3.3	13.5	25.5	16.4	39.2
初中	1.0	1.3	6.8	25.8	20.3	44.8
高中	0.7	0.6	3.9	36.5	23.5	34.8
大学专科	0.5	0.3	2.8	54.2	22.8	19.4
大学本科	0.6	0.2	2.8	67.4	17.8	11.2
研究生	0.6	0.4	2.1	74.6	14.7	7.6

表 24   各级人才服务机构介绍成功登记失业人员数/人

失业人员类型	人才服务机构层级	2010	2011	2012	2013	2014	2015	2016
城镇登记失业人员	市(地、州)及以上	1 908 174	1 908 533	1 820 906	1 879 477	1 592 166	1 514 543	1 404 593
	区(县)	3 444 059	3 556 895	3 797 862	3 034 059	3 017 442	2 400 834	2 460 687
	街道	614 666	638 792	637 309	511 275	535 768	386 555	472 224
	乡镇	276 977	297 970	291 961	298 278	232 803	219 727	200 637
	社区	317 711	280 722	279 665	275 611	332 529	311 657	329 019
	行政村	30 232	19 082	18 438	28 168	37 762	42 326	47 756
农村劳动者	市(地、州)及以上	2 731 743	2 439 753	2 711 992	1 634 731	1 508 298	1 384 074	1 346 242
	区(县)	6 535 073	5 882 494	6 463 506	4 549 601	4 443 409	3 567 463	3 800 915
	街道	547 251	384 220	508 990	303 793	396 034	327 812	304 938
	乡镇	1 764 627	1 667 648	1 839 401	1 480 934	1 485 001	1 175 007	913 777
	社区	277 594	138 409	134 408	99 806	95 565	183 764	154 819
	行政村	610 048	231 192	176 968	132 799	196 687	295 615	267 962

表 25   2019 年城镇按受教育程度分的失业人员寻找工作方式构成/%

受教育程度	为自己经营做准备	为找到工作参加培训、实习、招考	委托亲戚朋友介绍	查询招聘网站或广告
总计	7.3	5.6	48.2	18.5
未上过学	3.9	—	72.7	2.7
小学	6.6	1.3	66.4	4.5
初中	7.8	1.8	61.2	10.5
高中	7.5	3.7	50.1	20.1

受教育程度	为自己经营做准备	为找到工作参加培训、实习、招考	委托亲戚朋友介绍	查询招聘网站或广告
大学专科	7.8	9.9	27.4	30.7
大学本科	5.6	19.8	15.6	36.0
研究生	4.8	20.4	4.3	38.2

表 26　2019 年城镇按年龄、性别分的失业人员寻找工作方式构成/％

性别	年龄	为自己经营做准备	为找到工作参加培训、实习、招考	委托亲戚朋友介绍	查询招聘网站或广告	直接联系雇主或单位	联系就业服务机构	参加招聘会	其他
	总计	7.3	5.6	48.2	18.5	7.2	1.4	4.2	7.7
	16～19	2.8	10.3	47.0	17.8	7.5	1.2	3.6	9.9
	20～24	5.5	16.9	23.3	27.1	6.6	1.6	9.9	9.1
	25～29	7.9	9.8	33.6	26.1	5.6	1.0	5.4	10.5
男女合计	30～34	8.7	2.8	46.4	23.5	7.7	0.9	2.7	7.3
	35～39	9.4	2.5	49.2	20.1	6.1	1.7	4.0	7.0
	40～44	9.5	2.3	54.0	16.8	6.7	1.0	2.7	7.0
	45～49	8.9	1.5	58.2	12.2	8.9	1.2	2.6	6.5
	50～54	5.6	0.8	67.8	7.9	7.9	1.6	2.0	6.4
	55～59	4.3	0.6	69.5	7.8	8.3	2.0	1.4	6.0
	60～64	2.6	0.2	74.8	3.6	9.7	1.8	1.0	6.3
	65 以上	6.7	—	76.5	3.3	8.1	1.5	—	3.9
	总计	8.5	6.2	44.4	18.4	8.0	1.4	5.0	8.1
	16～19	1.9	10.4	49.7	17.2	6.2	1.8	3.0	9.8
	20～24	5.4	15.8	27.1	24.7	7.4	1.3	10.4	8.0
	25～29	8.3	10.9	28.7	27.5	7.7	1.1	6.8	9.0
	30～34	11.5	3.9	39.4	22.5	8.7	0.9	3.0	10.0
男性	35～39	15.4	2.1	42.1	18.5	7.1	1.8	5.9	7.0
	40～44	13.3	1.7	49.4	17.4	6.1	0.7	1.8	9.5
	45～49	12.0	1.3	52.5	13.7	9.0	1.6	2.9	7.0
	50～54	7.2	0.7	61.1	8.9	9.4	1.8	3.0	8.0
	55～59	4.0	0.5	66.5	9.8	8.5	2.3	23.0	6.2
	60～64	3.2	0.1	71.9	4.5	10.2	0.7	1.1	8.2
	65 以上	4.7	—	80.5	1.9	9.2	1.5	—	2.2

性别	年龄	为自己经营做准备	为找到工作参加培训、实习、招考	委托亲戚朋友介绍	查询招聘网站或广告	直接联系雇主或单位	联系就业服务机构	参加招聘会	其他
女性	总计	6.4	5.1	51.2	18.6	6.6	13.0	3.5	7.4
	16～19	4.7	10.0	41.1	19.0	10.1	—	4.9	10.0
	20～24	5.7	18.3	18.4	30.3	5.7	1.9	9.1	10.5
	25～29	7.6	8.9	37.8	24.9	3.8	0.9	4.3	11.8
	30～34	7.2	2.2	50.1	24.1	7.2	0.9	2.5	5.9
	35～39	63.0	2.6	52.8	20.9	5.5	1.6	3.1	7.0
	40～44	7.3	2.7	56.6	16.5	6.9	1.2	3.2	5.6
	45～49	7.0	1.7	61.7	11.2	8.8	1.0	2.3	6.2
	50～54	4.4	0.8	73.2	7.1	6.8	1.4	1.1	5.1
	55～59	4.6	0.9	73.5	5.1	8.1	1.7	0.4	5.7
	60～64	1.4	0.4	79.7	2.0	9.0	3.7	0.8	3.1
	65 以上	9.3	—	71.4	5.0	6.6	1.6	—	6.1

表27　2019 城镇按受教育程度、性别分的失业人员结束上一份工作的原因构成/%

性别	受教育程度	从没工作过	健康或身体原因	退休	辞职	被解聘	单位/个体经营户倒闭停产	季节性歇业	上一份工作任务完成（包括打零工）	承包土地被征用或流转	其他
男女合计	总计	17.5	8.2	4.0	37.0	3.0	11.8	3.6	11.2	0.8	3.0
	未上过学	21.7	10.8	0.9	21.1	4.6	5.9	9.9	20.4	3.1	1.6
	小学	10.8	12.6	2.9	25.8	3.7	10.8	7.0	20.7	2.3	3.4
	初中	10.5	10.0	4.0	35.0	3.1	13.7	5.5	14.2	1.2	2.7
	高中	13.8	8.0	6.4	38.1	3.4	14.3	2.5	9.2	0.3	4.0
	大学专科	25.9	4.7	3.1	45.5	2.5	9.7	1.0	5.3	0.1	2.3
	大学本科	39.9	4.4	1.2	40.3	1.6	4.4	0.3	5.6	0.1	2.2
	研究生	56.5	1.0	0.7	29.1	—	1.9	—	5.3	—	5.6
男性	总计	17.1	6.9	2.5	33.0	3.9	13.8	4.3	15.2	0.8	2.6
	未上过学	13.0	17.1	1.2	23.0	5.4	5.2	7.6	23.2	3.3	1.1
	小学	4.6	14.2	2.5	18.0	5.2	13.0	9.0	30.3	1.6	1.5

续表

性别	受教育程度	从没工作过	健康或身体原因	退休	辞职	被解聘	单位/个体经营户倒闭停产	季节性歇业	上一份工作任务完成（包括打零工）	承包土地被征用或流转	其他
	初中	7.6	9.7	2.6	29.0	4.2	16.9	6.8	20.2	1.3	1.7
	高中	14.5	5.6	3.3	35.5	4.4	16.7	3.2	11.9	0.5	4.4
	大学专科	29.2	3.0	1.9	41.2	3.0	9.8	1.3	8.1	0	2.5
	大学本科	42.0	1.0	1.4	38.9	2.2	5.1	0.6	6.7	0.1	2.0
	研究生	60.1	—	—	32.0	—	—	—	4.2	—	3.6
	总计	17.8	9.3	5.2	40.3	2.2	10.2	3.0	7.9	0.8	3.3
	未上过学	25.3	8.2	0.8	20.3	4.3	6.1	10.9	19.3	3.1	1.7
	小学	15.1	11.5	3.2	31.3	2.6	9.2	5.5	13.9	2.8	4.8
女性	初中	12.7	10.2	5.1	39.5	2.3	11.3	4.6	9.8	1.2	3.4
	高中	13.1	10.1	9.0	40.3	2.5	12.3	2.0	6.9	0.2	3.6
	大学专科	22.6	6.4	4.3	49.8	2.0	9.5	0.6	2.5	0.2	2.1
	大学本科	38.1	7.2	1.1	41.4	1.1	3.9	0.2	4.6	—	2.4
	研究生	54.4	1.5	1.1	27.4	—	3.0	—	6.0	—	6.7

表 28　历年各地区养老金社会化发放人数/万人

地区	2012 年	2013 年	2014 年	2015 年	2016 年	2017 年	2018 年	2019 年
全国	6 865.5	7 201.0	8 093.2	8 383.9	8 620.5	9 142.9	9 693.2	10 759.4
北京	210.7	212.6	228.9	236.7	242.8	249.5	258.8	267.0
天津	152.6	15.8	171.2	176.2	180.7	185.2	191.1	195.4
河北	268.8	286.8	313.7	317.3	312.5	266.8	289.5	352.1
山西	167.5	159.5	174.2	171.8	180.0	193.3	198.2	198.6
内蒙古	148.9	168.7	188.9	200.0	213.7	226.5	242.6	293.1
辽宁	478.4	524.6	572.1	604.6	642.4	665.8	699.0	723.6
吉林	234.6	242.9	260.5	273.7	286.7	301.9	315.5	325.8
黑龙江	378.1	397.7	423.5	445.5	459.2	481.6	501.4	521.4
上海	376.6	388.1	407.7	415.4	421.9	433.1	445.1	455.3

地区	2012 年	2013 年	2014 年	2015 年	2016 年	2017 年	2018 年	2019 年
江苏	512.0	557.0	607.0	610.0	648.7	718.3	739.0	782.1
浙江	321.5	328.9	444.1	541.0	612.5	684.2	740.3	788.2
安徽	201.2	204.8	228.8	238.0	248.0	260.1	276.2	325.6
福建	97.1	102.7	119.9	105.0	103.4	111.7	128.9	151.1
江西	184.6	202.4	216.9	228.5	241.5	261.8	285.3	348.4
山东	332.7	363.9	435.7	457.0	501.9	528.1	560.7	589.0
河南	277.3	295.8	316.3	294.9	243.0	282.5	297.8	351.7
湖北	351.4	373.7	404.2	420.5	439.5	471.1	477.3	495.1
湖南	243.6	259.9	296.0	304.9	182.1	293.0	363.1	368.4
广东	333.5	383.4	430.4	457.5	504.1	537.3	542.6	611.9
广西	162.4	170.2	180.2	186.5	192.2	196.3	201.1	268.4
海南	44.2	47.7	52.8	50.7	60.3	58.1	59.0	72.7
重庆	244.1	270.3	290.0	302.3	316.3	325.3	351.3	366.0
四川	500.3	561.8	614.9	614.6	649.0	623.6	710.2	909.6
贵州	77.0	81.3	86.4	94.1	98.8	103.2	109.8	155.8
云南	106.7	112.6	114.1	113.8	95.1	123.1	126.3	169.6
西藏	3.4	3.4	3.6	3.8	3.9	3.7	3.8	10.2
陕西	160.6	174.7	185.3	189.0	193.4	198.3	203.9	208.6
甘肃	92.5	100.0	104.9	109.2	113.5	119.1	125.0	128.5
青海	26.2	27.6	28.8	30.1	31.1	32.1	33.7	46.7
宁夏	40.3	40.7	43.8	46.4	48.7	50.5	53.4	66.0
新疆	81.3	84.9	88.9	85.3	95.9	98.5	101.9	147.3

表 29　历年全国失业保险基本情况

年份	年末参保人数 /万人	年末领取失业保险金人数 /万人	全年发放失业保险金 /万元
1999	9 852	109	318 722
2000	10 408	190	561 984
2001	10 355	312	832 563

年份	年末参保人数 /万人	年末领取失业保险金人数 /万人	全年发放失业保险金 /万元
2002	10 182	440	1 167 736
2003	10 373	415	1 334 448
2004	10 584	419	1 374 983
2005	10 648	362	1 366 801
2006	11 187	327	1 253 873
2007	11 645	286	1 294 405
2008	12 400	261	1 395 349
2009	12 715	235	1 457 592
2010	13 376	209	1 404 485
2011	14 317	197	1 598 544
2012	15 225	204	1 812 934
2013	16 417	197	2 032 389
2014	17 043	207	2 332 794
2015	17 326	227	2 698 012
2016	18 089	230	3 093 670
2017	18 784	220	3 182 181
2018	19 643	223	3 576 225
2019	20 543	228	3 967 704

表 30　历年工会开展合理化建议和劳动竞赛活动情况

	2014 年	2015 年	2016 年	2017 年	2018 年	2019 年
本年度职工提出合理化建议件数/件	12 363 265	10 856 053	10 913 451	9 542 491	8 234 042	8 828 015
本年度已实施的合理化建议件数/件	7 002 744	6 324 892	6 456 654	5 952 084	5 431 317	5 898 011
本年度开展了劳动竞赛的基层工会/个	866 306	870 927	935 721	874 308	803 934	662 214
本年度参加劳动竞赛的职工/人次	101 719 911	92 855 562	96 833 883	86 313 406	77 830 353	63 471 157

表 31 国际劳工组织估计的不同收入国家劳动参与率情况/%

		2010 年	2011 年	2012 年	2013 年	2014 年	2015 年	2016 年	2017 年	2018 年
15～24 岁人口	高收入国家	45.3	44.9	44.9	44.9	45.0	45.1	45.5	45.7	45.5
	中上等收入国家	50.0	49.3	48.5	47.4	46.3	45.5	44.8	44.4	43.9
	中等收入国家	44.9	44.0	43.1	42.3	41.5	40.8	40.0	39.5	39.1
	中低等收入国家	40.6	39.6	38.8	38.4	38.0	37.4	36.8	36.3	36.1
	低收入国家	58.5	58.2	57.9	57.8	57.4	57.2	57.1	56.9	56.9
15～64 岁人口	高收入国家	71.5	71.5	71.8	72.0	72.2	72.4	72.8	73.2	73.3
	中上等收入国家	71.3	71.3	71.4	71.3	71.2	71.3	71.3	71.4	71.3
	中等收入国家	65.8	65.5	65.4	65.3	65.2	65.1	65.0	65.1	65.0
	中低等收入国家	59.9	59.5	59.2	59.2	59.2	59.1	59.0	59.1	59.1
	低收入国家	73.6	73.4	73.2	73.1	73.0	73.0	73.0	73.0	73.0

表 32 国际劳工组织估计的不同收入国家分性别劳动参与率情况/%

		2010 年	2011 年	2012 年	2013 年	2014 年	2015 年	2016 年	2017 年	2018 年
15～24 岁女性人口	高收入国家	42.9	42.5	42.5	42.7	42.8	43.0	43.4	43.7	43.5
	中上等收入国家	43.6	42.9	42.1	41.0	39.9	39.2	38.6	38.3	37.8
	中等收入国家	34.1	33.1	32.2	31.5	30.7	30.2	29.6	29.2	28.8
	中低等收入国家	26.1	25.2	24.5	24.3	24.1	23.9	23.5	23.2	23.0
	低收入国家	54.4	54.1	53.8	53.7	53.3	53.3	53.2	53.1	53.0
15～64 岁女性人口	高收入国家	63.7	63.8	64.1	64.4	64.8	65.1	65.6	66.2	66.3
	中上等收入国家	61.2	61.2	61.3	61.2	60.9	61.0	61.1	61.2	61.0
	中等收入国家	49.9	49.5	49.3	49.2	49.1	49.1	49.1	49.2	49.0
	中低等收入国家	38.0	37.4	36.8	37.0	37.1	37.2	37.3	37.5	37.5
	低收入国家	66.1	65.9	65.7	65.7	65.6	65.8	66.0	66.1	66.1
15～24 岁男性人口	高收入国家	47.5	47.2	47.1	47.0	47.0	47.0	47.4	47.5	47.3
	中上等收入国家	56.0	55.3	54.6	53.4	52.3	51.5	50.6	50.0	49.5

续表

	2010 年	2011 年	2012 年	2013 年	2014 年	2015 年	2016 年	2017 年	2018 年
中等收入国家	55.1	54.2	53.3	52.4	51.5	50.6	49.7	49.1	48.7
中低等收入国家	54.3	53.2	52.2	51.7	50.9	50.1	49.2	48.6	48.2
低收入国家	62.5	62.3	62.0	61.8	61.4	61.2	61.0	60.7	60.6
高收入国家	79.1	79.0	79.2	79.3	79.4	79.5	79.8	80.0	80.0
15~64 岁 中上等收入国家	81.3	81.3	81.3	81.3	81.2	81.3	81.3	81.3	81.3
男性人口 中等收入国家	81.2	81.1	81.0	80.9	80.8	80.7	80.6	80.6	80.6
中低等收入国家	81.2	81.0	80.7	80.6	80.4	80.2	79.9	79.9	79.9
低收入国家	81.3	81.1	80.9	80.7	80.4	80.3	80.2	80.1	80.1

表 33　国际劳工组织估计的不同收入国家失业率/%

	2010 年	2011 年	2012 年	2013 年	2014 年	2015 年	2016 年	2017 年	2018 年
女性失业人数（占女性劳动力的比例）高收入国家	8.1	8.0	8.2	8.0	7.5	6.9	6.4	5.9	5.4
中上等收入国家	5.8	5.6	5.6	5.6	5.5	5.7	6.0	6.1	6.1
中等收入国家	5.4	5.3	5.3	5.3	5.3	5.6	5.7	5.7	5.7
中低等收入国家	4.8	4.8	4.8	4.9	4.9	5.3	5.2	5.1	5.1
低收入国家	4.3	4.2	4.1	4.0	3.8	3.9	3.8	3.6	3.6
男性失业人数（占男性劳动力的比例）高收入国家	8.3	7.8	7.7	7.7	7.0	6.4	5.9	5.4	4.9
中上等收入国家	6.0	5.8	5.8	5.7	5.7	5.9	6.1	6.1	6.0
中等收入国家	4.6	4.6	4.6	4.6	4.6	4.7	4.8	4.7	4.7
中低等收入国家	3.2	3.3	3.4	3.6	3.5	3.6	3.6	3.5	3.4
低收入国家	4.0	4.0	3.9	3.8	3.6	3.7	3.7	3.5	3.5
总失业人数（占劳动力总数的比例）高收入国家	8.2	7.9	7.9	7.8	7.2	6.6	6.1	5.6	5.1
中上等收入国家	5.9	5.7	5.7	5.7	5.6	5.8	6.1	6.1	6.0
中等收入	4.9	4.8	4.9	4.9	4.9	5.0	5.2	5.1	5.1
中低等收入人	3.7	3.8	3.8	4.0	3.9	4.1	4.1	4.0	4.0
低收入国家	4.2	4.1	4.0	3.9	3.7	3.8	3.7	3.6	3.6

表 34　主要国家历年全部就业人数/千人

国家	2010 年	2011 年	2012 年	2013 年	2014 年	2015 年	2016 年	2017 年	2018 年	2019 年
阿根廷	10 532	10 766	10 844	10 943	11 047	—	—	11 568	11 745	12 041
澳大利亚	11 022	11 214	11 351	11 457	11 540	11 766	11 973	12 252	12 584	12 874
巴西	—	—	88 735	90 035	91 377	91 271	89 100	89 443	90 764	92 603
加拿大	16 964	17 221	17 438	17 691	17 802	17 947	18 080	18 416	18 658	19 056
埃及	23 829	23 346	23 564	23 975	24 331	24 779	25 371	26 051	26 060	—
法国	25 731	25 759	25 805	25 785	26 377	26 442	26 597	26 833	27 063	27 176
德国	37 993	38 787	39 127	39 531	39 871	40 211	41 267	41 664	41 915	42 396
匈牙利	3 732	3 759	3 827	3 893	4 101	4 211	4 352	4 421	4 470	4 512
印度尼西亚	107 807	109 724	113 537	114 345	116 399	117 833	119 530	122 781	125 536	129 590
意大利	22 527	22 598	22 566	22 191	22 279	22 465	22 758	23 023	23 215	23 360
日本	62 570	59 760	62 700	63 110	63 510	63 760	64 400	65 300	66 640	67 240
韩国	24 033	24 527	24 955	25 299	25 897	26 348	26 551	26 868	26 925	27 231
马来西亚	11 777	12 352	12 821	13 545	13 853	14 068	14 164	14 477	14 776	—
墨西哥	46 122	47 139	48 707	49 227	49 415	50 611	51 595	52 341	53 721	54 994
荷兰	8 290	8 291	8 345	8 285	8 236	8 319	8 427	8 605	8 798	8 982
新西兰	2 157	2 188	2 184	2 226	2 302	2 351	2 454	2 544	2 598	2 635
挪威	2 501	2 536	2 585	2 602	2 627	2 641	2 638	2 644	2 686	2 716
菲律宾	36 035	37 192	37 600	38 118	38 093	39 143	30 761	40 334	41 157	42 428
葡萄牙	4 898	4 740	4 547	4 429	4 500	4 549	4 605	4 757	4 867	4 913
罗马尼亚	8 713	8 528	8 605	8 549	8 614	8 535	8 449	8 671	8 689	8 680
俄罗斯	69 934	70 857	71 545	71 392	71 539	72 324	72 393	72 316	72 532	—
南非	13 942	14 198	14 551	15 027	15 317	15 928	15 968	16 364	16 610	16 571
西班牙	18 724	18 421	17 633	17 139	17 344	17 866	18 342	18 825	19 328	19 779
瑞典	4 524	4 626	4 657	4 705	4 772	4 837	4 910	5 022	5 097	5 132
泰国	38 037	39 317	39 578	38 907	38 077	38 016	37 693	37 458	37 865	37 613
英国	29 125	29 282	29 596	29 954	30 671	31 197	31 648	31 965	32 354	32 695
美国	139 064	139 869	142 469	143 929	146 305	148 834	151 436	153 337	155 761	157 538

表 35　世界主要国家按三次产业分就业人员构成/%

国家	第一产业		第二产业		第三产业	
	2018 年	2019 年	2018 年	2019 年	2018 年	2019 年
孟加拉国	39.5	38.6	20.8	21.3	39.7	40.2
文莱	1.4	1.4	16.0	15.9	82.7	82.8
柬埔寨	33.7	32.3	28.3	29.0	38.1	38.7
印度	43.3	42.4	24.9	25.6	31.7	32.0
印度尼西亚	29.6	28.6	22.3	22.5	48.1	48.9
伊朗	17.6	17.9	31.4	30.6	50.9	51.5
以色列	1.0	0.9	17.2	17.0	81.9	82.1
日本	3.5	3.4	24.4	24.3	72.1	72.3
哈萨克斯坦	16.3	15.8	20.4	20.5	63.3	63.7
韩国	5.0	4.9	25.2	25.1	69.8	70.0
老挝	63.2	62.4	11.6	11.9	25.1	25.7
马来西亚	10.7	10.4	27.2	27.0	62.2	62.6
蒙古国	28.0	27.4	19.2	19.4	52.8	53.2
缅甸	49.7	48.9	16.0	16.1	34.3	35.0
巴基斯坦	37.4	36.7	25.0	25.3	37.6	38.0
菲律宾	24.3	23.4	19.1	19.4	56.6	57.2
新加坡	0.7	0.7	15.8	15.5	83.5	83.8
斯里兰卡	25.2	24.5	29.1	29.7	45.7	45.8
泰国	32.1	31.6	22.8	22.6	45.1	45.8
越南	38.6	37.4	26.8	27.6	34.6	35.0
埃及	24.3	23.8	27.2	27.7	48.5	48.5
尼日利亚	35.6	35.1	12.2	12.2	52.2	52.7
南非	5.2	5.1	23.1	22.9	71.7	72.0
加拿大	1.5	1.5	19.6	19.5	78.9	79.1
墨西哥	12.8	12.6	26.1	26.1	61.1	61.2
美国	1.4	1.3	19.9	19.8	78.8	78.9
阿根廷	0.1	0.1	21.9	21.4	78.0	78.5
巴西	9.3	9.2	20.1	19.8	70.6	71.0
委内瑞拉	7.9	8.3	17.7	16.6	74.4	75.1
捷克	2.8	2.7	37.5	37.3	59.7	60.0
法国	2.5	2.4	20.3	20.1	77.2	77.5
德国	1.2	1.2	27.3	27.0	71.4	71.7

续表

国家	第一产业		第二产业		第三产业	
	2018 年	2019 年	2018 年	2019 年	2018 年	2019 年
意大利	3.8	3.7	26.1	25.9	70.1	70.4
荷兰	2.1	2.0	16.2	16.0	81.7	82.0
波兰	9.6	9.2	31.8	31.9	58.6	58.8
俄罗斯	5.9	5.8	26.8	26.7	67.3	67.6
西班牙	4.2	4.1	20.3	20.3	75.5	75.6
土耳其	18.4	18.4	26.7	26.3	54.9	55.3
乌克兰	14.9	14.5	24.4	24.6	60.7	61
英国	1.1	1.0	18.1	17.9	80.8	81.1
澳大利亚	2.6	2.6	19.9	19.8	77.5	77.6
新西兰	5.8	5.7	19.8	19.6	74.4	74.8

表 36　主要国家历年失业率/%

国家	2000 年	2010 年	2015 年	2016 年	2017 年	2018 年	2019 年
文莱	5.7	6.7	7.9	8.7	9.3	8.9	9.1
以色列	11.1	8.5	5.3	4.8	4.2	4.0	3.9
日本	4.7	5.1	3.4	3.1	2.8	2.4	2.3
哈萨克斯坦	12.8	5.8	4.9	5.0	4.9	4.8	4.6
韩国	4.4	3.7	3.6	3.7	3.7	3.8	4.1
马来西亚	3.0	3.3	3.1	3.4	3.4	3.4	3.3
巴基斯坦	0.6	0.7	3.6	3.8	3.9	4.1	4.5
菲律宾	3.7	3.6	3.1	2.7	2.6	2.3	2.2
新加坡	3.7	4.1	3.8	4.1	4.2	4.0	4.1
斯里兰卡	7.7	4.8	4.5	4.2	4.2	4.1	4.2
泰国	2.4	0.6	0.6	0.7	0.8	0.8	0.8
埃及	9.0	8.8	13.1	12.4	11.7	11.6	10.8
南非	30.2	24.7	25.2	26.6	27.1	26.9	28.2
加拿大	6.8	8.1	6.9	7.0	6.3	5.8	5.6
墨西哥	2.6	5.3	4.3	3.9	3.4	3.3	3.4
美国	4.0	9.6	5.3	4.9	4.4	3.9	3.7
阿根廷	15.0	7.7	7.8	8.0	8.3	9.2	9.8
巴西	9.9	7.7	8.4	11.6	12.8	12.3	12.1

国家	2000 年	2010 年	2015 年	2016 年	2017 年	2018 年	2019 年
委内瑞拉	14.0	7.1	7.4	7.4	7.3	7.2	8.8
捷克	8.8	7.3	5.0	4.0	2.9	2.2	1.9
法国	10.2	8.9	10.4	10.1	9.4	9.1	8.4
德国	7.9	7.0	4.6	4.1	3.7	3.4	3.0
意大利	10.8	8.4	11.9	11.7	11.2	10.6	9.9
荷兰	2.7	5.0	6.9	6.0	4.8	3.8	3.2
波兰	16.3	9.6	7.5	6.2	4.9	3.8	3.5
俄罗斯	10.6	7.4	5.6	5.6	5.2	4.8	4.6
西班牙	13.8	19.9	22.1	19.6	17.2	15.3	14.0
土耳其	6.5	10.7	10.2	10.8	10.8	10.9	13.5
乌克兰	11.7	8.1	9.1	9.4	9.5	8.8	8.9
英国	5.6	7.8	5.3	4.8	4.3	4.0	3.9
澳大利亚	6.3	5.2	6.1	5.7	5.6	5.3	5.3
新西兰	6.1	6.6	5.4	5.1	4.7	4.3	4.1

表 37　历年分国别(地区)年末在境外从事劳务合作人员/人

国别(地区)	2016 年	2017 年	2018 年	2019 年
亚洲	469 996	474 146	483 956	507 138
巴林	2	2	—	1
孟加拉国	226	336	270	303
文莱		214	3 385	1 240
缅甸	1 271	1 031	550	897
柬埔寨	2 012	1 981	1 874	1 933
塞浦路斯	284	298	359	411
印度	139	165	249	227
印度尼西亚	1 002	1 371	1 935	3 845
伊朗	227	284	246	222
伊拉克	326	339	268	578
以色列	299	712	5 233	5 518
日本	145 488	143 384	141 010	143 662
约旦	246	106	204	64
科威特	2 110	887	1 465	1 403
老挝	2 060	2 908	2 659	2 691

国别（地区）	2016 年	2017 年	2018 年	2019 年
马来西亚	6 885	6 705	6 399	6 580
马尔代夫	—	123	1 246	1 517
蒙古	593	822	2 157	1 724
尼泊尔	366	284	297	421
阿曼	20	36	30	31
巴基斯坦	506	428	856	1 684
巴勒斯坦	1	9	—	—
菲律宾	207	208	290	572
卡塔尔	1 514	1 220	1 168	1 172
沙特阿拉伯	10 436	7 427	8 441	7 643
新加坡	96 537	91 900	94 368	96 949
韩国	11 029	11 002	10 497	9 706
斯里兰卡	586	603	695	821
泰国	694	863	615	880
土耳其	32	443	491	540
阿联酋	5 393	3 886	4 006	3 971
也门共和国	7	—	—	—
越南	3 452	2 108	2 246	2 609
东帝汶	—	13	7	7
哈萨克斯坦	961	1 614	967	500
吉尔吉斯斯坦	205	218	155	274
塔吉克斯坦	112	106	109	112
土库曼斯坦	—	—	46	46
乌兹别克斯坦	30	—	134	1 129
中国香港	47 066	58 001	53 449	60 809
中国澳门	121 209	127 302	130 919	134 728
中国台湾	6 462	4 807	4 661	9 718
亚洲其他国家（地区）	1	—	—	—
非洲	67 438	55 596	63 705	62 389
阿尔及利亚	32 966	16 946	21 114	14 038
安哥拉	10 030	8 695	12 325	12 143
贝宁	159	166	201	156
博茨瓦纳	29	29	30	8
布隆迪	268	264	251	293

国别(地区)	2016 年	2017 年	2018 年	2019 年
喀麦隆	104	81	65	117
佛得角	114	74	4	—
中非	—	36	—	—
乍得	899	142	142	147
刚果(布)	1 372	1 352	1 033	1 044
吉布提	206	355	374	320
埃及	1	1	26	354
赤道几内亚	1 376	1 069	960	905
埃塞俄比亚	839	1 027	802	1 034
加蓬	265	329	302	295
冈比亚	48	23	439	433
加纳	948	1 585	1 450	1 858
几内亚	467	554	581	1 584
几内亚(比绍)	1	1	1	2
科特迪瓦	108	120	107	150
肯尼亚	222	432	628	752
利比里亚	2 350	4 885	3 603	2 641
利比亚	28	47	3	27
马达加斯加	394	438	452	322
马拉维	49	44	33	70
马里	201	—	—	—
毛里塔尼亚	721	829	843	3 644
毛里求斯	687	605	605	454
摩洛哥	172	170	155	77
莫桑比克	710	740	824	930
纳米比亚	167	73	87	84
尼日尔	118	119	123	116
尼日利亚	2 882	3 921	3 908	4 479
卢旺达	897	992	1 099	1 119
塞内加尔	242	314	859	1 055
塞舌尔	73	27	25	106
塞拉利昂	610	772	614	442
南非	—	111	110	—

续表

国别（地区）	2016 年	2017 年	2018 年	2019 年
苏丹	1 377	1 474	1 975	2 815
坦桑尼亚	736	746	749	765
多哥	255	397	301	200
突尼斯	2	78	17	2
乌干达	1 181	1 512	1 580	2 048
刚果（金）	1 176	1 182	1 438	1 679
赞比亚	1 098	2 052	2 698	2 792
津巴布韦	62	80	99	129
莱索托	625	495	481	577
厄立特里亚	125	126	125	127
南苏丹共和国	78	86	64	56
欧洲	19 962	20 142	14 394	16 888
比利时	2	32	31	29
丹麦	62	76	142	123
英国	785	1 220	822	1 334
德国	5 090	4 905	5 633	6 451
法国	24	2	2	117
爱尔兰	—	—	—	79
意大利	650	1 256	816	1 224
卢森堡	—	1	1	—
荷兰	284	316	389	464
希腊	145	290	703	937
葡萄牙	1	13	11	12
西班牙	7	7	8	26
阿尔巴尼亚	—	—	246	293
奥地利	—	—	—	22
芬兰	18	13	3	1
直布罗陀	7	143	105	81
匈牙利	4	4	—	3
冰岛	1	9	12	12
马耳他	580	1 012	499	354
摩纳哥	24	20	13	186
挪威	548	521	244	250

国别（地区）	2016 年	2017 年	2018 年	2019 年
波兰	23	51	41	19
瑞典	50	16	5	16
瑞士	49	123	389	812
拉脱维亚	—	—	12	15
立陶宛	3	2	12	15
格鲁吉亚	550	550	—	—
白俄罗斯	25	12	11	19
俄罗斯	10 916	9 433	4 123	3 916
乌克兰	—	2	2	15
克罗地亚	2	2	—	—
捷克	—	—	—	5
北马其顿共和国	—	—	11	12
波黑	—	—	8	14
塞尔维亚	12	11	—	32
黑山	100	100	100	—
拉丁美洲	26 473	39 066	30 140	23 420
安提瓜和巴布达	20	10	12	27
阿根廷	112	147	163	163

后　记

　　2021 年是中国共产党建党 100 周年，也是"十四五"规划的开局之年，我国将开启全面建设社会主义现代化国家新征程，向第二个百年奋斗目标进军。处在这样一个重要历史交汇点上，《中国劳动力市场发展报告》研究团队一直在思考，要以什么话题作为今年报告的主题。几经讨论，我们决定以"新发展阶段劳动力市场变革新趋势"作为主题。这是因为，从 2021 年开始，我国进入新发展阶段，将贯彻新发展理念，构建新发展格局，实现高质量发展，这意味着国内外环境、增长动力、生产方式、产业结构等都将发生重要变化，劳动力市场变革也将呈现出许多新趋势。全面、深入、准确揭示这些新趋势，更好地理解新发展阶段劳动力市场的变化和运行，并采取积极措施加以应对，顺势而为，事关更加充分更高质量就业，事关经济高质量发展，事关美好生活和共同富裕，因此，具有重要的理论和现实意义。

　　对于这个主题，每位成员都感到很激动，并表现出了极大的写作热情和奉献精神，在自己的本职工作之余，高效率完成了各自的任务。这是一支具有很强责任感和执行力的队伍。对各位作者的努力，我要表达诚挚的谢意。我特别要感谢孟大虎编审和高春雷博士，他们对于书稿的处理，做了大量细致的工作。

　　各章作者如下：

　　第一章　赖德胜、李飚、孟大虎

　　第二章　高春雷、王琦

　　第三章　李长安

　　第四章　黄金玲

　　第五章　王轶、陆晨云

　　第六章　唐代盛、刘亚红、卜涛、王新媛

　　第七章　何勤、王琦、李飚

　　第八章　田永坡

　　第九章　石丹淅、赖德胜

　　第十章　常欣扬

　　第十一章　王轶、陆晨云

　　附录　苏丽锋　张倩倩

　　本报告的研究和写作，得到了很多人的帮助。特别感谢北京师范大学经济与工商管理学院党委书记孙志军教授和副院长蔡宏波教授，他们多年来一直支持报告的工作，并全程参与了2021年报告主题的确定和报告的定稿，报告字里行间凝结着他们的智慧。感谢北京师范大学的万海远教授、朱敏副教授、张爱芹副研究员和韩丽丽助理研究员，对外经济贸易大学的陈建伟副教授，中国人民大学的王强助理研究员，首都师范大学的廖娟副教授，北京信息科技大学的高曼讲师等，他们多次参加报告的研讨会，无私地贡献自己的意见和建议。

　　本书是我们连续完成的第十一本中国劳动力市场发展报告，能够坚持下来，与有关领导和专家的鼓励、支持是密不可分的。将这些领导和专家的名字罗列出来，会是一个很长的名单，就仅以2020年参加报告发布会的领导和专家为例。2020年12月12日在北京师范大学珠海校区举行的第五届中国劳动经济学年会期间，我们召开了第十届中国劳动力市场发展论坛暨《2020中国劳动力市场发展报告》发布会，中国社会科学院人口与劳动经济研究所所长张车伟研究员、浙江大学李实教授、中国劳动关系学院党委书记刘向兵教授、首都经济贸易大学党委副书记徐芳教授、北京大学继续教育学院院长章政教授、中国劳动关系学院经济管理学院院长纪韶教授、北京大学经济学院王大树教授、北京大学教育学院岳昌君教授、复旦大学经济学院封进教授、中山大学国际金融学院周天芸教授、中国社会科学院大学经济学院常务副院长高文书教授等在百忙之中出席，对报告给予充分肯定和高度评价，并提出了很多很好的建议。对他们的鼓励和支持，我们充满敬意和谢意。

　　感谢北京师范大学经济与工商管理学院、国家社科基金重大项目"中国经济下行阶段就业结构调整和防范失业战略研究"在经费上给予的资助，感谢北京师范大学出版集团高效高质量地出版本报告，策划编辑王则灵的专业水平和敬业精神给我们留下了深刻印象。

　　过去十本报告已经产生了比较好的影响，业已成为劳动力市场领域的一个学术品牌，先后获得北京市哲学社会科学优秀成果一等奖和二等奖、中国残疾人事业研究优秀成果奖、全国流动人口动态监测调查数据开发应用成果二等奖、教育部高等学校人文社科优秀成果二等奖、安子介国际贸易研究三等奖等多个奖项。希望2021年的报告能为劳动力市场领域的学术研究和实践发展做出新的贡献。

赖德胜

2021年11月3日